讓悲傷從你的世界路過

做最幸福的「普通人」，
用盡全力感受生命中的每一寸陽光

劉丙仁 著

只有在風雨中走過的人們，才知道痛苦和快樂意味著什麼
而那泥濘中留下的兩行印跡，證明了他們的價值——

我們無法決定出身，但我們有權選擇人生；

我們無法挽回失去的一切，但我們可以珍惜眼前的幸福；

我們無法擁有完美的人生，但我們可以擁有值得回憶的一生。

崧燁文化

U0078487

目錄

目錄

目錄

第十章　體驗快樂情緒，幸福不期而至

前言

前 言

什麼是幸福？

在人們心裡沒有統一的標準，每個人都有他自己對於幸福的定義。

商人說：「幸福就是擁有更多的金錢。」

戰士說：「幸福就是讓國家更加富強。」

學生說：「幸福就是放一天的假，讓我睡個好覺。」

孤兒說：「幸福就是擁有母愛。」

善良的人說：「幸福就是幫助別人之後的快樂。」

……

可見，幸福與否，並不能以任何標準去評判，人們對幸福的理解與追求也各有不同。其實，幸福就是一種心態。只要你肯用心發現生活中的美好，就能感受到幸福的滋味。

一個經濟學家，他利用心理問題研究經濟學，最後得了諾貝爾獎。他舉了一個例子，有個人之前生活得很幸福快樂，有一天，他參加了一個同學聚會，發現有同學比他賺得多，住的房子也比他大，他的幸福感立刻消失，心裡很難受；相反的他只要跟窮人一比，馬上高興起來。的確，幸福就是比較心態。你的生活是否幸福，並不由你的生活水準決定，反而是取決於你的心態。

幸福是一種來自心靈深處的愉悅的感覺，是一種積極樂觀的心態。只要心態是幸福的，那麼幸福就會成為「一種持續的狀態」，不斷的充盈著我們的人生。

很多時候，我們覺得自己不夠幸福，這是心態所造成的。其實，如果我們換一個角度，換一種思維，結果將會大相逕庭。如果你用樂觀的、積極的、正面的態度看世界，你就會天天都高興，你就會覺得生活幸福美滿；而如果你用悲觀的、消極的、負面的觀點看世界，你就會覺得自己是一個不幸的人，生活總是不如意的。所以說，心態對一個人的一生有著非比尋常的意義。不同的人有著不同的心態，不同的心態往往決定著不同的人生。我們只要掌握了自己的心態，學會以辯證思考來看待問題，幸福就會出現在我們身邊。

每個人的幸福與不幸福都是由自己決定的 ── 一個好的心態就是幸福的開始，有好的心態就會有好的行動，好的行動才會產生好的結果。雖然我們無法決定自己的出生，但我們有權選擇自己的人生；我們無法擁有完美的一生，但我們可以擁有值得回憶的一生；我們無法挽回失去的幸福，但我們可以珍惜眼前的幸福。我們若想獲得幸福其實很簡單：就看我們用一種什麼樣的心態過生活。

幸福是由心態決定的，學會對於生活中所發生的事，用幸福的心態和對身心有利的心態去思考，就會時時有幸福感覺。世界上並不缺乏幸福，而是缺乏一顆體會幸福的心。只要我們放寬心態，用一種平常心來看待生活，我們就會擁有幸福；只要我們擁有美麗的心情、陽光的心境，我們每天都會享受到幸福！

調整你的心態，
幸福之道在於心

幸福是一種感覺，一種對自身、對生活的認同感；幸福是一種心態，一種對人生、對環境的觀照。其實，幸福就在我們身邊。它存在於我們生活的每一個角落，每一個瞬間，它需要我們用心去發現，去感受。要創造幸福、得到幸福和享受幸福，我們需要從「心」開始。

幸福跟著心態走，心態決定幸福

　　幸福從改變心態開始。幸福是一種心態，而不是一種狀態。你的生活是否幸福，並不是取決於你的生活水準，反而是取決於你的心態。如果你感覺自己是幸福的。你就是幸福的，否則就是不幸福。所以，若想獲得幸福其實很簡單：就看你用一種什麼樣的心態去生活。

　　有位知名主持人曾邀請一位老人在他的節目中接受訪問。這位老者在節目中所說的話內容十分樸實且自然得體，每次話音未落，總會使人開懷大笑，受到了觀眾們的熱烈歡迎。當然，這位主持人也因感染了其中的溫馨氣氛而愉悅不已。主持人問這位老人：「你為何能如此幸福呢？你一定有關於創造幸福的不可思議的祕訣吧！」老人回答：「根本沒有什麼不可思議的祕訣，這件事就好比每個人的臉上都有一張嘴巴一般，是件非常正常的事。我只是在每天早晨起床時作一個選擇，只是選擇了『幸福』而已。」

　　這位老人的見解聽來似乎過於淺顯。但是，卻讓我們想起一件重要的事，那就是：「人們如果下定決心要擁有幸福，他就會那麼幸福。」你希望變得不幸，那麼你就會陷入不幸的深淵中。想獲得幸福的人應該採取積極的心態，這樣，幸福就會被吸引和聚集到他們的身邊，那些態度消極的人不會吸引幸福，只會排斥幸福。

　　馬雁喃和黃淑英是大學時代的好姐妹，畢業後很多年不見了。近日，她們在同學會上見面了。黃淑英說：「哎喲！妳怎麼變成這個樣子了，臉色這麼難看？心情不好嗎？」馬雁喃說：「苦悶死了！我離婚了！這輩子徹底完了！」「啊，妳離婚了？妳不知道吧，我也剛剛離婚。」「是嗎？妳也離婚了。那我看妳怎麼還是很快樂的樣子。」「為什麼不快樂啊！我終於自由了！我要好好得過我自己的日子！」

　　同樣是離婚，為什麼兩個人的生活會有如此大的反差呢？

　　原來，離婚後，馬雁喃認為自己是天底下最倒楣的女人，很長一段時間平復不了心情，也沒有去上班，她痛恨那個讓自己失去愛和家庭的男人，整天以淚洗面。家人與同事剛開始都好心好意的勸她，她一點兒也聽不進去，還很敏感的覺得大家都在取笑她、不關心她。本是一番好意卻換來尷尬和自討沒趣，也就沒有人再理她、再勸她了。心情一不好，工作業績自然也就下降了，不久後上司要她調到別部門，她心想上司一定是在是落井下石，就生氣的辭職了。

　　而黃淑英離婚之後覺得前所未有的輕鬆，她感到終於可以按照自己的想法過日子了。離婚後的第三天，她就邀請她的同事、同學、朋友到她家裡聚會，大家無拘無束，喝茶、聊天，好開心啊！她心情好，工作也積極，好多事她都搶著做。「出差嗎？我去！」上司說：「這樣太不好意思了，妳已經出差三四次了。這次就算了，還是讓別人去吧。」她卻說：「沒關係，他們都有孩子，有家庭，我單身貴族一個，還是我去吧！」於是不僅同事感謝她，上司也感激她。她的人緣好，態度好，開朗、熱心又陽光，客戶也變得越來越多了，業績更是逐步提高。業餘時間，她還自費參加工商管理碩士課程，並順利拿到學位證書。三不五時就約朋友一起去健身房運動，人也越來越有精神了。幾年過去後，黃淑英有了自己的公司，遇上了能真正相伴一生的男人，生活幸福而美滿。

　　同樣是離婚，兩個女人的態度卻大相徑庭。隨著時間的流逝，她們的境遇隨著心態慢慢的發生著變化，最後導致不同的人生命運。

　　幸福源於心境，心境源於自身。著名學者詹姆斯・艾倫說過：「我們的人生是靠自己的思想與行動創造的。正是我們的心境與心態決定著我們是幸福還是不幸，是堅強還是脆弱，是罪惡還是聖潔。如果一個人感覺到不幸福，

他肯定有那種深感不幸的心境，而那種心境源於他自身。」所以，幸福源自於一個好的心態，心態決定著你的幸福。

古希臘著名的唯物主義哲學家德謨克利特，是原子論的創始人之一。他提出了圓錐體、稜錐體、球體等的體積計算方法，同時對邏輯學的發展也作出了重要的貢獻。德謨克利特的著作涉及自然哲學、邏輯學、知識論、倫理學、心理學、政治、法律、天文、地理、生物和醫學等許多方面，後人因此讚美他是古希臘人中「第一個百科全書式的學者」。在生活中德謨克利特是個性格和樂的人，他接人待物都是彬彬有禮的，因而頗受眾人歡迎和喜愛。

有不少人曾經問德謨克利特，問他既不是很富裕又不是很有權勢，為什麼還會感到如此的幸福和快樂。德謨克利特是這樣回答的：「在人生的長河裡，我們不斷的打開心扉，但我們總感覺靈魂的葉片太小，不夠活躍，感覺跳躍的人生舞臺沒有自己想像中寬，感覺到自己只是扮演著人生的小角色，而不能有更多的改變，不能尋找靈魂更為寬廣的空間，也不能尋找自我的完美風景，這些在相當長的一段時間內困惑著我們，使我們不能真實的對待自己，我們心靈欲望的無休止的渴求與我們在完美的夢幻中的遐想。使我們不能正確的看待自身的不完美，從而錯失了生活的真實元素，其實生活中不完美的展現實際上是人生的和諧與自然，那裡面包含著我們人性的優點與缺點，包含著我們對人生的處世態度，包含著我們在天地間不停的去耕耘幸福，播種幸福的過程。幸福並不遙遠，幸福其實就在我們自己的心間。」

德謨克利特的話很好的展現了他的思想，既樸素又充滿哲理。幸福是主觀的，但它的存在又是客觀的，不論你是否能感覺到，幸福總在那裡，你有選擇權。也許我們改變不了天氣，但是我們的心情可以調整；也許我們不能改變容顏，但是我們可以展現笑容；也許我們改變不了別人，但是我們可以先讓自己改變；也許我們過去不夠幸福，但是我們可以讓幸福從今天重

新開始。

珍惜所有，感受幸福的味道

　　曾聽過有對夫妻的故事：

　　一天深夜，妻子腹痛不止，丈夫四處打電話叫車不成，只好親自背著妻子去醫院，這時，外面狂風暴雨，電閃雷鳴，妻子下身血流不止，丈夫背著妻子在風雨裡艱難行走，丈夫說：「我現在才明白，什麼是相依為命。」妻子伏在丈夫背上，微弱的說：「我現在才感覺到，什麼叫幸福。」 天哪！在狂風暴雨中，一個腹痛不止、血流不止的女人，她竟然說她幸福？這是對幸福的感動。

　　人的一生，是追求幸福的一生，沒有人會拒絕幸福，也沒有人會放棄幸福，每個人都喜歡幸福，所追求的幸福因人而異，不同的人有不同的幸福，不同的人追求不同的幸福，那麼什麼是幸福？幸福是什麼？

　　千百年來，無論是智者或是平民百姓都試圖為這一問題找到一個完美的答案，然而你問一千個人，可能會得到一千種對幸福的解讀。雖然人們對於幸福的理解不同，但人們追求幸福的目的是一樣的，幸福，是人類永恆的追求。

　　生活中，有人將錦衣玉食、高官厚祿視為幸福；有人把粗茶淡飯、家庭和睦、平安喜樂視為幸福；有人把放下當成幸福；有人把占有當成幸福；有人把履行職責視為幸福；有人把無官一身輕視為幸福；有人說被別人伺候著就是幸福；有人說幸福是為別人奔波……人們對幸福的感受之所以如此不同，說到底還是由於嗅覺和眼界受到了局限。其實幸福並不神祕，很多時候，它就在我們身邊，我們只需要站高一些，睜開慧眼，就會發現它的存在。

第一章　調整你的心態，幸福之道在於心

美國作家霍桑曾說：「幸福是一隻蝴蝶，你要追逐牠的時候，總是追不到；但是如果你靜悄悄的坐下來，牠也許會飛落到你身上。」其實，幸福就是內心的一種感受，一種略帶甘甜味道的享受。

曾看到這樣一個故事：

一位老師去學生家家訪，那個學生家很窮。當老師過去時看到這樣一幕：他們一家正圍坐在桌子邊，品嚐著最普通的水果 —— 柚子。母親慢慢的剝去柚子的皮，當她把剝好的柚子一片一片的遞給她的孩子們時，她的眼裡閃爍著一種光芒，那就是幸福！

我忽然明白，我們平時追求的幸福就是如此簡單，簡單到只要用心靈去細細品味。

幸福是每個人都嚮往的一種生活，但又有多少人能感覺到自己的幸福。幸福不是憑空得來的，也不要覺得幸福是順其自然就可能得到的，唯有緊抓住幸福，掌握現在，才是真正的幸福。

英國哲學家休謨說：「所有人類努力的偉大目標在於獲得幸福。」幸福感是一種積極的心理體驗，是對生活的客觀條件和所處狀態的一種感受，又是對生活的意義和滿足程度的一種主觀判斷。

有一個天使來到凡間，希望能感受到幸福的味道。

有一天，天使遇見一個農夫，農夫的樣子非常煩惱，他向天使訴說：「我家的水牛剛死了，沒牠幫忙犁田，那我怎麼能完成工作呢？」於是，天使賜給他一隻健壯的水牛，農夫很高興，天使在他身上感受到幸福的味道。

又有一天，天使遇見一個男人，男人非常沮喪，他向天使訴說：「我的錢都被騙光了，沒有錢回家鄉。」於是，天使送給他一萬元做路費，男人很高興，天使在他身上感受到幸福的味道。

天使又遇見一個詩人，詩人年青、英俊、有才華而且富有，妻子既貌美

又溫柔，但他卻過得不快樂。天使問他：「你不快樂嗎？我能幫你嗎？」詩人對天使說：「我什麼也有，只欠一樣東西，你能夠給我嗎？」天使回答說：「可以。你要什麼我都可以給你。」詩人直直的望著天使：「我想要的是幸福。」

這次把天使難倒了，天使想了想後說：「我明白了。」然後把詩人所擁有的都拿走。

天使拿走詩人的才華，毀去他的容貌，奪去他的財產和他妻子的性命，天使做完這些事後，便離去了。

一個月後，天使再回到詩人的身邊，他那時已經餓得半死，衣衫襤褸的在躺在地上掙扎。於是，天使把他的一切還給他，然後，又離去了。

半個月後，天使再去看看詩人。這次，詩人摟著妻子，不停向天使道謝，因為，他得到幸福了。

幸福就是這樣，當我們苦苦的追求時，往往卻遭遇到痛苦。然而，當我們輕鬆愉快的活著時，卻發現幸福時刻圍繞在我們身邊。其實，幸福可以很簡單，簡單到我們都忽略了它的存在！只要能夠掌握住你現在擁有的，便是人生最大的幸福。

美國教育家杜朗曾敘述過他如何尋找幸福。他先從知識裡找幸福，得到的只是幻滅；從旅行裡找，得到的只是疲倦；從財富裡找，得到的只是爭鬥與憂愁；從寫作中找，得到的只是勞累。直到有一天，他在火車站看見一輛小汽車裡坐著一位年輕婦女，懷裡抱著一個熟睡的嬰兒。一位中年男子從火車上下來，徑直走到汽車旁邊。他吻了一下妻子，又輕輕的吻了嬰兒 —— 生怕把寶寶驚醒。然後，這一家人就開車離去了。這時杜朗才驚奇的發現什麼是真正的幸福。他高興的鬆了口氣，從此懂得：生活的每一個日常活動都帶有某種幸福。

可見，幸福伴隨著你生活的腳步，幸福伴你走過人生的旅途。幸福就

是人生的一位匆匆過客，在平淡無奇的生活中一閃而過，快得使人來不及體會。因此，幸福就在於掌握現在，珍惜所有，要時時感悟幸福，及時抓住幸福。

幸福就在身邊，從來不曾離開

隨著生活水準的提高，我們原來的很多夢想變成了現實。甚至在某些方面，現實超過了我們的夢想。按理說我們現在應該比過去活得幸福和快樂，但是我們卻似乎沒有感覺到。這究竟是為什麼呢？看看下面這個故事，你或許能從中找到答案。

明朝的開國皇帝朱元璋，從小家境貧寒，總是食不果腹，衣不濟身。十七歲那年他又因父母雙雙死於瘟疫，變得無家可歸，被迫到皇覺寺當了一名小和尚，以圖有口飯吃，保全性命。誰知寺廟裡和尚等級森嚴，幼小的朱元璋除了幹活之外，仍是受飢挨餓，只好到寺外化緣維生。有一次，他一連三日沒討到東西，又餓又氣，在街上昏倒了，後來被一位路過的老婆婆救起帶回家，將家裡僅有的一塊豆腐和一點點菠菜一起煮成一碗粥，喂給朱元璋吃。朱元璋一陣狼吞虎嚥之後，舌唇之上還殘留著美味餘香，回味無窮，他問老婆婆那是什麼菜，老婆婆答道：「珍珠翡翠白玉湯」（珍珠即米飯粒，翡翠即青菜，白玉即豆腐塊）。日後，朱元璋當了皇帝，整天吃的是山珍海味，美酒佳餚，時間一長後覺得沒滋沒味。他經常會思念起那位老婆婆做的「珍珠翡翠白玉湯」的美味，於是他命御膳師傅做。結果一連殺了七、八個御膳師傅，那碗珍珠翡翠白玉湯的滋味也沒有人能做得出來。最後，他便叫人把那位老婆婆請到京城來，讓她再做「珍珠翡翠白玉湯」給他吃。朱元璋吃後，覺得平淡無味，沒有以前那麼鮮美爽口，問：「婆婆做的湯怎麼沒有從前那麼

美妙好吃了？」老婆婆笑說：「當時你正處在飢腸轆轆的情況之下，無論我給你什麼吃，你的感覺都是香甜的；現在你已經當了這麼多年的皇上，天底下的什麼珍饈佳餚你都嚐遍了，這粗茶淡飯的珍珠翡翠白玉湯怎麼能滿足你的口味呢？」朱元璋這才恍然大悟。

這個故事告訴我們，當我們處於較差的狀態時，一點微不足道的事情都可能會帶給我們極大的喜悅；而當我們所處的環境漸漸變好時，我們的需求、觀念、欲望等都會發生變化，同樣的事物卻再也不能滿足我們的需求，我們在其中再也找不到當初的幸福感了。這也許就是幸福明明在身邊，你卻依然活在一片陰影當中的原因吧。

有這樣一個小故事：

一隻小狗問牠的媽媽：「媽媽，幸福是什麼？」

媽媽說：「幸福是你的尾巴尖。」

於是小狗每天都試圖咬到牠的尾巴尖，以得到幸福。可無論牠怎麼努力，還是不能成功。

於是小狗又去問牠的媽媽：「媽媽，為什麼我追不到幸福？」媽媽說：「寶貝，你只要抬起頭往前走，幸福就會一直跟著你。」

人們總是在渴望幸福、追求幸福，卻從來不曉得幸福就在身邊，近到觸手可及的地方。有時，我們感覺到不幸福，只是因為我們得到的太多，反而讓它們從我們身邊輕易的溜走，繼而感覺不到幸福，開始抱怨起身邊的一切。

從前，有一個人覺得自己生活得很不幸福。於是，他決定離開家，到外面去尋找幸福。一天，他來到一座山前，看到一個老和尚正在那裡挖一塊地。他便走過去，向老和尚說了自己的痛苦。老和尚想了想說，這樣吧！你先替我挖完這塊地，我告訴你什麼是幸福。那人一聽，非常高興，自己苦苦

追尋的幸福馬上就能得到了。他就痛快的答應了。

老和尚坐在樹蔭下，雙手合十的打起坐來。太陽越升越高，那人挖得汗流浹背。他感到自己累得快不行了，渾身疼痛，胳膊每舉一下都覺得十分吃力。但他並沒有停下來的意思，因為他所追尋的就在眼前。好不容易，那塊地終於挖完了。

那人提著鋤頭，拖著疲憊的身子回到了樹下。老和尚這才睜開眼，讓他坐在旁邊，並把身旁的水瓶遞給他。那人此時是又飢又渴，嗓子乾得就像是要冒煙似的。他二話沒說，接過水瓶來，就是一頓狂飲。然後放下水瓶，連連說，真是舒服，從來沒有過得舒坦。

老和尚問他，你現在的感覺和剛才勞動時的感覺，哪一個好？那人連忙說，當然是現在的感覺好。老和尚又問，你覺得現在幸福嗎？那人似有所悟的說，和剛才比，現在太幸福了。老和尚雙手合十，阿彌陀佛，施主你已經找到了幸福。

幸福就是一種感覺，看不見，也摸不著，它沉澱在每個人的內心深處。所以，在日常生活中，我們不妨多聽聽自己內心深處發出來的聲音，只要心是滿滿的，生活中俯拾皆是幸福。

幸福就是做自己喜歡的事情

幸福的心態是：一輩子能夠做你想做的事，是最幸福的一件事。人生最大的幸福莫過於，你想到的事情都能做得到。也就是心想事成。亞伯拉罕‧林肯曾經說過：「我一直認為，如果一個人決心獲得幸福，那麼他就能得到這種幸福。」也許你對這一個說法感到非常奇怪，人怎麼能選擇自己的幸福？但如果你認真分析身邊的成功者和失敗者，你就會發現事實確實如此。

二〇〇一年三月十五日，一個名為「摩西奶奶在二十一世紀」的畫展，在華盛頓國立女性藝術博物館舉行。該展覽除了展出摩西奶奶的作品外，還陳列了一些來自其他國家的有關摩西奶奶的私人收藏品。其中最引人注目的是一張明信片，它是摩西奶奶一九六〇年寄出的，收件人是一位名叫春水上行的日本人。

這張明信片是第一次公布於眾人面前，上面有摩西奶奶畫的一座穀倉和她親筆寫的一段話：做你喜歡做的事，上帝會高興的幫你打開成功的門，哪怕你現在已經八十歲了。

摩西奶奶為什麼要寫這段話呢？原來這位叫春水上行的人想從事寫作，他從小就喜歡，可是大學畢業後，他一直在一家整容醫院裡忙碌，這讓他感到很彆扭。馬上就要三十歲了，他不知道該不該放棄那份令人討厭的職業，從事自己喜歡的寫作。收到春水上行來自日本的信，讓摩西奶奶很感興趣，因為過去的來信，都要是恭維她或向她索要繪畫作品的，只有這封信是謙虛的向她請教人生問題的，雖然當時她已一百歲了，還是立即回了信。

摩西奶奶是美國格林威治村的一位農婦，七十六歲時因關節炎放棄農活之餘喜歡的刺繡，開始了她夢寐以求的畫畫。八十歲時，到紐約舉辦畫展，引起了轟動。她活了一百零一歲，一生留下繪畫作品一千六百餘幅，在生命的最後一年還畫了四十多幅。

那麼，到底是什麼原因，使人們異常的關注那張明信片呢？原來那張明信片上的春水上行正是後來日本大名鼎鼎的作家渡邊淳一。

也許正是這個原因，每當講解員向參觀的人講解這張明信片時，總要附帶的說上這麼幾句話：你心裡想做什麼，就大膽的去做吧！不要管自己的年齡有多大和現在的工作狀況如何，因為你想做的那件事才是你真正的天賦所在，才是你人生的成功點，才是你生命的寄託和精神的家園。

第一章　調整你的心態，幸福之道在於心

　　心理學認為，當一個人從事自己所喜愛的職業時，他的心情是愉快的，態度是積極的，而且他也很有可能在所喜歡的領域裡發揮最大的才能，創造最佳的成績。日本作家渡邊淳一就是一個極有力的例證。

　　一位名人說過：「你一定要做自己喜歡做的事情，才會有所成就。」 當然，做自己喜歡做的事，並不是那麼容易的。事實上，大多數的人都在做他們不喜歡的事情，卻又必須逼自己把不喜歡的事情做得更好。 在這種乏味的情況下，他們會經常失去動力，時常遇到事業的瓶頸，卻沒有相應的解決方案。他們不斷的徵求別人的意見卻還是照著一般的生活方式生活。凡事沒有多大的進展，甚至是在原地徘徊。這些當然不是他們想要的，但是由於客觀的原因及條件的制約，他們當中很少有人試著去改變自己的狀況。

　　人的生命是有限的，抓緊時間去做自己想做的事情，把夢想變成現實，千萬不要將夢想帶進墳墓，讓自己後悔。因為，生活中最大的幸福，就是放手做自己真正想做的事情，並樂在其中，做到最好。那麼究竟是誰有能力決定你的未來是幸福還是不幸呢？答案只有一個 —— 你自己。

　　消化科病房裡同時住進來兩位病人，都是肚子不舒服。在等待化驗結果期間，甲說，如果是癌症，我要立即去旅行，首先就去布達拉宮。乙也同樣如此表示。結果出來了：甲得的是腸癌，乙得的是腸瘜肉。

　　甲列了一張告別人生的計劃表後離開了醫院，乙住了下來。甲的計劃表是：去一趟布達拉宮和敦煌；到夏威夷以椰子樹為背景拍一張照片，在哈爾濱過一個冬天；讀莎士比亞的四大悲劇；寫一本書等等，共二十七條。

　　他在這張清單背面這麼寫道：我的一生有很多夢想，有的實現了，有的由於種種的原因沒有實現。現在我剩下的時間不多了，為了不遺憾的離開這個世界，我打算用生命的最後幾年去實現最後的這二十七個夢。

　　當下，甲就辭掉了公司的職務，去了拉薩和敦煌。第二年，又以驚人的

毅力和韌性透過了托福考試。這期間，他登上過長城，去了夏威夷，現在甲正在實現他出一本書的夙願。

　　有一天，乙在報上看到甲寫的一篇散文，打電話去問甲的病況。甲說我真的無法想像，要不是這場病，我的生命將是多麼的糟糕。是它提醒了我，去做自己想做的事，去實現自己想要實現的夢想。現在我才體會到什麼是真正的生命和人生。你的生活過得也挺好的吧！乙沒有回答，因為他當時在醫院時說的去布達拉宮的事，早已因為患的不是癌症而拋到九霄雲外去了。

　　做自己喜歡的事才會實現理想的目標，才會活得更從容、更有幸福感。其實，幸福是一種感覺，只有你體會到了，那幸福才屬於你。人生有太多的事，如果你做的正是你喜歡的事，你就會從中得到很多樂趣，那你應該能體會到一種幸福的感覺。相反的，若你做的是你不喜歡的事情，你就不會有快樂的感覺，當然也就不會幸福。

　　加拿大少年瓊尼‧馬汶讀書總是很費勁。高中二年級時，一位心理學家把這個十六歲的少年叫到辦公室。「我一直很用功的。」馬汶苦惱的說。

　　「問題就在這裡，孩子。你一直很用功，但進步不大。看起來高中的課程你有點力不從心。再學下去，恐怕你就是在浪費時間了。」心理學家說，

　　孩子用雙手捂住了臉：「那樣，我爸爸媽媽會難過的。他們一直指望著我有出息。」

　　心理學家用一隻手撫摸著孩子的肩膀。「工程師不識五線譜，或者是畫家背不熟九九乘法表，這都是可能的。但每個人都有特長，你也不例外。終有一天，你會發現了自己的特長。到那時，你就會讓你爸爸媽媽為你感到驕傲了。」馬汶從此再也沒有去上學。

　　那時候的工作很難找。馬汶替人整建園圃，修剪花草。不久，雇主們開始注意到這位年輕人的手藝，他們稱他為「綠手指」，因為凡是經他修剪的花

草無不出奇的繁茂美麗。

一天，馬汶湊巧來到市政廳，又湊巧碰到參議員。他發現前面有一塊污泥遍布的荒地，就提出了可以把它改建成一個花園。

「市政廳缺少這筆錢。」參議員說。

「我不要錢。只需要交給我就行了。」馬汶說。

參議員大為驚訝，他從政以來，還不曾碰過哪個人辦事不要錢呢！他把這孩子帶進了辦公室，當即辦妥了批准手續。

當天下午，馬汶拿著幾樣工具，帶上種子、肥料來到目的地。一位熱心的朋友給他送來了一些樹苗；一些已是熟客的雇主請他到自己的花圃剪玫瑰用來插枝；有的提供籬笆用料。不久，這塊骯髒的荒地變成了一個美麗的公園：綠油油的草坪，在長條椅上坐下來還能聽到鳥兒的歌唱。附近的民眾都爭相誇讚馬汶這個年輕人。

不錯，馬汶至今還沒有學會說法語，也不懂拉丁文，微積分對他來說更是個未知數。但裝飾和園藝是他的特長，二十五年後的今天他已經成為一名園藝家。

做自己喜歡的事情，應該說是一種很高境界的幸福。一個人擁有再多的錢都不可能持續的快樂，一個人擁有再多的財富都不可能永遠的幸福，若想擁有持續的快樂和幸福只有一個方法：就是做你喜歡的事，做你想做的人。然而，更多的時候，由於各種主客觀因素的影響，並非人人都可以做自己喜歡的事。因此，如果你幸運的找到了你喜歡做的事，你就應該勇敢大膽的去做，而不必理會世俗的眼光。

你可能永遠都達不到頂峰，但是如果你正在做你喜歡的事情，那麼與其中蘊藏的快樂相比，財富或名聲又算得了什麼呢？所以，努力找到自己喜歡的事並為之奮鬥不息，你將會擁有一個充實快樂的人生！

與其盲目追求，不如享受眼前的幸福

幸福，在人們心裡沒有統一的標準，每個人都有他自己對幸福的概念。有些人，在別人眼裡他們已經是夠幸福的了，但他們自己沒感覺到，還在不停的追求幸福，到頭來，還是不知道幸福是什麼滋味。

有一個虔誠的基督徒。每天他都要向上帝祈禱，而且每回都是禱告兩次。但是他的弟弟卻不相信上帝，也不相信祈禱會帶來的好運，所以他從不禱告。

雖然幾十年的時間裡這個人都很虔誠的祈禱神靈的護佑，但是他並沒有擁有幸福的人生。

短短幾十年的時間，他的房子被燒毀了，生意失敗而導致破產。而且妻子也離家出走了，孩子因為無人管教變成不良少年。他的生活過得很落魄，最後身無分文的死去，狀況很淒慘。

可是，他那位從不禱告的弟弟卻與他截然相反，他的弟弟不但名利雙收、家庭和睦，而且身體健康。

那個基督徒死後來到上帝面前，他對自己的遭遇感到很不理解，在見到上帝的時候問道：「這是為什麼？我一生都在虔誠禱告，而且從來不間斷，但是為什麼我的下場卻是如此淒慘呢？」

「因為……」上帝忍住想說的話，但還是有些生氣的說：「因為你實在是太吵了！」

那個人更加不解了：「你怎麼說我吵呢，難道我每天跟你祈禱還有錯嗎？」

上帝說：「你每天都祈禱讓我給你幸福，但是你為什麼不去享受我給你的幸福呢？你擁有好好的幸福卻不知道去享受，反而天天折磨我，讓我給你

幸福，這不是自欺欺人嗎？」

　　那個人若有所思的說：「我不知道享受幸福？」

　　上帝無奈的搖搖頭說：「我給每個人的幸福都是相同的，但是你卻不懂得珍惜，也不知道享受眼前的幸福，所以你才會失去幸福。」

　　人生最大的幸福莫過於享受現在已經擁有的，只有屬於自己的幸福才是真正的幸福。

　　懂得享受生活的人就是享受幸福的人。人過得幸福不幸福，並沒有什麼評判標準，人對幸福的理解和追求也是沒有止境的。幸福，其實就是自己的一種心態。懂得知足，掌握住現在擁有的一切便是人生最大的幸福。

　　很久以前，有個年輕勇士出海航行，去尋找屬於自己的幸福。旅途中看到一個海島，島上有座雄偉的城堡，於是他下船來到島上。城堡裡有著數之不盡的財寶，還住著一位美麗的公主，如果勇士肯留下來定居，公主就嫁給他。但這位勇士沒有留下，他相信前方的旅途中會有更大的幸福在等著他。

　　又經過長久的航行，他來到了第二個海島，島上的城堡比上一個海島的城堡更大，更加富麗堂皇。城堡的國王熱情的邀請勇士留下，願意把自己的無數的寶藏和美麗的女兒全交給他。看著比上一個海島的更多的財富和更美麗動人的公主，勇士有些心動，但是他還是沒有留下，他堅信前方會有更好的。

　　終於他來到了一個更大的島嶼，城堡位於島的中央，比前兩個城堡都要高大。勇士激動的推開了城堡的大門。但迎接他的不是數不清的財寶和美麗的公主，而是一個邪惡醜陋的巫婆。巫婆用法術控制了他，強迫他做苦工，每天都過著苦不堪言的生活。他很後悔沒有珍惜當時眼前的幸福，可是時光不會倒流。

　　在尋找幸福的路上，我們每個人都是百折不撓的勇士，但有時，卻由於

我們的過分的執著和貪婪，使幸福一次一次的與我們擦肩而過。其實，幸福可以很簡單，就在你我的身邊，只是我們一直都身在福中不知福。我們需要認真的、感激的、寬容的對待人生和品味生活。要知道，在追求幸福的過程中，只有那些善於抓住幸福的人才懂得什麼是幸福，才知道如何去體會幸福。

從前，有一個年輕的王子，他擁有常人不曾擁有的財富，甚至擁有未來的王國，但他還是感受不到幸福，終於有一天他決定離開王宮，去尋找他想要的幸福。因為在國內有一位巫師跟他說：「幸福是一隻青色的鳥，有著世界上最美妙清脆的歌喉。如果找到牠，就要把牠馬上關進一個黃金做成的籠子裡，這樣，你就會感到幸福。」 王子聽了這位巫師的話後，不顧國王及王后的苦苦勸阻，就帶了一個黃金籠子踏上了尋找那隻代表幸福的青鳥之路。英勇的王子一路上遇到了許多艱難險阻，但是他都沒有退卻，只因為在他心中有一個一定要幸福的夢想。

王子走了很久，學到了很多以前從沒看過、從沒聽過的知識，成了一個見多識廣的人。

在這個過程中，他抓過很多青色的鳥，但是總在放進黃金鳥籠後不久，鳥便死去了。他知道，那根本不是他要尋找的幸福。

直到有一天，黃金鳥籠變得不再金光燦爛，王子也不再英姿煥發。他突然強烈的想念遠方的父母。於是他回到了自己的家鄉，才發現已經物是人非。國王和王后早在他離去沒多長時間，就因為過度悲傷和思念而離開了人世。由於沒有繼承人，而這個王國的人民又需要享有庇護，所以人們漸漸的離開了這裡，搬去了鄰國，這個王國最後只剩下一些老人和孩子。

王子很傷心，在荒涼的街頭落寞的走著，這時有一個鬚髮斑白的老人拉住了他的衣角，他盯著他懷裡的黃金鳥籠子。

「你是，你是大巫師！」王子認出了他，失聲叫道。

「尊敬的王子，是我對不起你，我真不應該叫你去尋找青鳥。」老人難過的說道，他從破舊的口袋裡掏出了一件物品，「這是國王和王后在去世前要我交給你的一樣東西，他們要你好好的珍藏。」說完，老巫師便搖著頭慢慢的離去了。

王子打開一看，便忍不住泣不成聲，原來那是他小時候國王為他雕的一隻黃鶯。剎那間，所有的回憶都在他腦中湧現，王子把這隻木鳥緊緊的抱在懷中，十分懊悔。突然，他感到懷裡的木鳥動了動，叫出了聲音，王子一驚，那就是幸福的青鳥，但他還沒來得及將牠放進黃金鳥籠，青鳥便飛向了天邊。

生活中，很多人都在盲目的追求幸福，結果往往得不到幸福，反而引來無盡的痛苦。幸福的心情就像晨光中的迷霧，看似朦朧卻又清晰，看似淺顯卻又真實，當探索發現的人少了以後，幸福就在某個時間點裡離開我們絕塵而去，不是我們自己在逃離幸福，而我們在忽略自身的心情與感受，忽略了我們原本可以獲取幸福的感動。

抱怨少一些，幸福多一些

生活中，每個人都在尋找自己的幸福，但又有多少人能夠真正的感受到幸福呢？大多數的人在不斷的追求中迷失了幸福的方向，忘記了幸福就是一種知足的心境；在不斷的索取物質財富中喪失了人性的根本，忘記了幸福是一種精神境界，結果反而離幸福越來越遠。錯位的幸福觀必然使人不懂得知足、不懂得捨得、不懂得珍惜，從而開始心生抱怨：抱怨自己的人生有太多的不順利，抱怨自己的住處很差，抱怨沒有一個好家庭，抱怨工作環境差，

抱怨自己空懷絕技卻沒人賞識……在這一聲聲的抱怨之中幸福正在悄然流走，剩下的只是張揚後的浮躁，留下的是怨天尤人的寂寥。

古希臘先哲曾經說過：「騷擾我們的，是我們對事物的意識，而不是事物本身。」這句話就是要告訴人們。抱怨不能幫助你解決任何問題，還會為你帶來很多莫名的苦惱。

相傳，有個寺院的住持，在寺院裡立下了一個特別的規矩：每到年底，寺裡新來的和尚都要對住持說兩個字，總結一年中的修行成果。這一年年初，寺院又來了一個小和尚。歲月如梭，一晃就到了第一年年底，住持問小和尚心裡最想說什麼，小和尚說：「床硬。」第二年年底，住持又問小和尚心裡最想說什麼，小和尚說：「食劣。」第三年年底，小和尚沒等住持提問，就說：「告辭。」住持望著小和尚的背影自言自語的說：「心中有魔，難成正果，可惜！可惜！」

住持說的「魔」，就是小和尚心裡沒完沒了的抱怨。這個小和尚只考慮自己要什麼，卻從來沒有想過別人給過他什麼。在現實生活中，像小和尚這樣愛抱怨的人很多，他們這也看不慣，那也不如意，怨氣沖天，牢騷滿腹，總覺得別人欠他的，社會欠他的，從來感覺不到別人和社會對他的生活所做的一切。這種人心裡只會產生抱怨，不會產生感恩。世界上最大的悲劇和不幸就是一個人大言不慚的說：「沒人給過我任何東西。」只有對生活心存感激，才會少一些煩惱，少一些牢騷，少一些抱怨，少一些不必要的仇恨，心胸才會開闊一些，生命才會變得更有意義。

很久以前，山裡住著一個大師和他的兩個弟子，大弟子是一個很喜歡抱怨生活的人。一天晚上，大師親自下廚炒了幾個菜，隨後大師和他的兩個弟子坐在一起吃飯。剛開始吃飯，大弟子就滔滔不絕的抱怨起來，一開始是抱怨下山的那條路太泥濘，然後抱怨因為乾旱要走很遠的路去挑水，後來又

第一章　調整你的心態，幸福之道在於心

抱怨化緣的時候常常遭別人的鄙視，最後還會抱怨他們廟裡的香火不如其他廟裡的香火鼎盛……大師就這樣聽著，一句話都沒有說，等大弟子發完牢騷後，大師就問兩個弟子：「今晚的飯菜做得怎麼樣啊？」大弟子這才猛然意識到，緊接著說：「我剛才只顧著說話了，沒有留意菜的味道如何。」 大師又轉過頭去問小弟子：「今晚的飯菜味道如何啊？」小弟子慚愧的搖搖頭說：「我剛才光顧著聽大師兄說話了，也沒有注意品嚐飯菜的味道。」 大師無奈的搖搖頭，說：「那你們現在好好的品嚐一下吧！」 兩位弟子都分別夾了大師做的這幾樣菜，用心的品嚐了一番，然後異口同聲的說：「師父，您今晚做的菜真是太好吃了！」 大師微微一笑，說：「當你們一個在不停的抱怨生活，而另一個在專心的聽別人抱怨的時候，你們就都忘了享受生活帶來的樂趣。」這就是抱怨最終帶來的「惡果」。

生活的幸福與否，取決於個人對人、事、物的看法，因為生活是由思想造就的。很多人都喜歡生活在抱怨和鬱悶中，那是因為他們總是對環境有著這樣或者那樣的不滿，因而看不到生活中的幸福的一面。

美國西雅圖有個很特殊的魚市，很多顧客和遊客都認為到那裡買魚是一種享受。原因就在於那裡的魚販們雖然整日被魚腥味包圍，但他們總是面帶笑容，而且他們工作時可以和馬戲團演員相媲美，個個身手不凡。他們就像合作無間的棒球隊員，讓冰凍的魚像棒球一樣，在空中飛來飛去，並且還互相開玩笑：「啊，五條帶魚飛到明尼蘇達州去了。」「明尼蘇達州收到，請再來一批。」

這種工作氣氛還影響了附近的居民，他們經常到這裡來和魚販用餐，感受他們的好心情。後來甚至有不少沒辦法提升工作士氣的企業主管專程跑到這裡來取經。

有一次，一位記者專程來採訪他們，記者問道：「你們在這種充滿魚腥

味的地方做苦工，為什麼心情還這麼愉快？」

一個魚販回答：「幾年前，這個魚市場也是一個沒有生氣的地方，大家整天都在抱怨。後來大家認為，與其每天抱怨沉重的工作，還不如改變工作的品質。於是我們不再抱怨生活的本身，而是把賣魚當成一種藝術。就這樣，我們變得越來越快樂，這裡也成了魚市場中的奇蹟。」

「實際上，並不是生活虧待了我們，而是我們期望太高，以至於忽略了生活本身。」另一位魚販補充道。

一個整天抱怨的人是不可能有好心情的，常常會感到不快樂，也不可能有幸福感。所以，與其整天抱怨，不如把心放寬一點，更自然灑脫一點。

其實，抱怨只是一種情緒的發洩，不停的抱怨於事無補，只能放大原來的煩惱。如果想抱怨，生活中的一切都可能成為你抱怨的對象，如果不抱怨，換一個角度想問題，你會發現，透過你的努力，你能改變事情，並獲得成功和幸福的體驗。

不比較，你就會感到幸福

有這樣一則寓言故事：

有一隻牛蛙長得很大，當牠吸足一口氣撐起肚皮，再也沒有其他的牛蛙比得上他。他最大的愛好就是撐起自己，然後接受眾蛙們「好大啊！」的讚美，牠就會因此而飄飄欲仙。可是一日，有一隻蛙看到了一頭牛，牠驚奇的告訴大家：「牛是才真的大啊！」大牛蛙聽了不服氣，便撐起肚皮問：「是牛大，還是我大？」那隻蛙回答：「牛大！牛大！」大牛蛙一聽更火大了，拼命吸氣，肚子越撐越大，可還是聽到那隻蛙說：「還是牛大！」大牛蛙怒髮衝冠，肝膽俱裂，最後猛吸一口氣，只聽到「啪」的一聲 —— 牠把自己

撐爆了。

盲目比較，大牛蛙自食惡果。動物的比較之心尚且如此，更何況人呢！

比較之心，人皆有之。但如果只是一味的盲目比較，只能會給自己帶來不必要的煩惱。俗話說「人比人氣死人」。無論在什麼場合，有的人總喜歡比較，這樣的人無論多麼富有，生活似乎總是痛苦的，這樣的人痛苦的本身在於自己太愛比較。

幾十年前，《巴爾的摩哲人》的編輯就曾說過，財富就是你比你妻子的妹夫多賺一百美元。行為經濟學家說，我們越來越富有，但並沒有更幸福的部分原因是，我們老是拿自己與那些物質條件更好的人比。

勛傑是某公司的小職員，每天過著安分守己的平靜生活。一天，他接到一個高中同學聚會的電話。自從高中畢業後，他們很多年沒有見過了，他滿懷喜悅的前往赴宴。在宴會上，有的同學經商有道，開著名車，住著豪宅，一副功成名就的樣子；有的仕途寬闊，前途似錦。這使得勛傑從心中莫名的浮起陣陣尷尬。

回到公司後，他像變了一個人，整天唉聲嘆氣，逢人便述說自己心中的煩惱。「那小子現在為什麼這麼厲害呀？以前考試總是不及格，為什麼他能住進豪宅，開著名車？」、「我們坐辦公室的真是命苦，按我們現在的收入，就是一輩子也買不起一輛特斯拉啊！」

他的同事開導他：「我們整天坐在辦公室，就是有錢也不用買車啊，再說我們每個月賺的錢也不少，是完全夠花的呀！」然而，勛傑還是整日鬱鬱寡歡，後來竟得了重病，臥床不起了。

人生最悲哀的事情就是拿自己的處境和別人作比較。比較不是罪過，但比較心太強必然煩惱叢生。跟在別人後面亦步亦趨，在越來越讓人眼花繚亂的欲望面前患得患失，將永遠也體會不到人生最值得珍視的內心和平。

比較源於對自己、對現狀的不滿，魯迅說：「不滿是向上的車輪」，有追求、有夢想是件好事。但是，這不等同於盲目比較。現在，有很多人不斷的去尋找、探索、追求幸福感，但終不得其果。心理學家認為，幸福與否主要是期望的反映，在很多情況下，是跟別人比較造成了幸福感的缺失。感受不到幸福是因為對幸福的期望太高，所設定的條件太苛刻，無法激發、啟動感知幸福的神經，甚至是對幸福的感覺反應遲鈍，所以有些人常常會不開心，感受不到幸福。

最近，慧敏參加同學朋友間聚會的次數明顯多了起來，因為老公這一次終於升上了教授。慧敏的自我感覺比以前好了很多。

以前，朋友相聚的時候，慧敏只能坐在一旁當一個聽眾。在同伴們談論和老公去國外旅遊，或者是老公又為自己買了一個名牌包包之類的話題的時候，慧敏只能附和性的笑笑。但是最近慧敏感覺自己的老公還是很不錯的，已經榮升為教授，這也是令人很興奮的事情。因此，在聚會的時候，她也會加入到談話過程中，而不是自卑的坐在一旁了。

這幾次，她從同學會回來後，心情都會很好，直到最近的這次的同學會。因為她在別的同學那裡得到消息，有一位同學的老公在幾年前就已經被升為教授了，現在又升為校長，這位同學現在已經是大學校長夫人了。因為這位同學平時不怎麼愛說話，慧敏和她自然也沒有什麼交流，她從來沒有聽說過這位同學的老公也是在大學裡工作，而且現在已經當上了大學校長。

別的同學正熱烈的談論著這位成為大學校長夫人的同學時，只有慧敏沒有出聲，因為她的心情已經跌到谷底了。

慧敏藉口去洗手間，她看著鏡子裡的自己，眉頭緊鎖，一臉憂鬱。她知道她這是嫉妒了，出來後，慧敏趕緊找藉口離開了。

回到家後，慧敏一邊為自己所產生的嫉妒心理而自責，一邊又暗暗決定

以後只要有這位同學參加的聚會，自己肯定是不去了。

這完全是盲目比較的心理在作怪，比較總是伴隨著抱怨，使我們的心理無法處於常態。比較是無止境的，如果永遠都抱著比較的心態生活下去，那麼每天的生活都將處在水深火熱之中。比較有時就像一把利劍，刺向自己心靈的深處，而且比較對人、對己都十分不利，最終傷害的只有自己的幸福和快樂。

其實，如果你想要幸福，有一件非常簡單的事你能做：那就是與那些不如你、比你更窮、房子更小、車子更爛的人相比，你的幸福感就會增加。但問題是，許多人總是做相反的事，他們老是在與比他們強的比，這會生出很大的挫折感，會出現焦慮，覺得自己不幸福。所以，我們要學會知足。無論貧或富，我們都不必和別人比較，不必奢求榮華富貴、錦衣玉食。只要過好自己的日子，感悟生活的真諦，享受生活帶來的快樂，你就會感受無比的幸福。

幸福的關鍵在於你的生活態度

幸福是人的一種精神享受，是人內心愉悅的滿足感。幸福源人的心理內部，而不是來自於人之外的其他事物。世界雖然相同，但每個人卻大異其趣。我們所處的世界如何，主要在於我們以什麼方式看待罷了。幸福的關鍵在於你的生活態度。同樣的一天，如果以不同的心情去面對，將會是不同色彩。

月色朦朧的深夜，一個靠海的山洞裡，一位老和尚正在盤膝打坐。他突然聽到了幾聲哭泣，聲音好像來自於山腳下的海邊，而且哭泣的人是一個年輕的女子。這麼深的夜了，情況肯定非比尋常！於是，老和尚從蒲團上立定

站起，急忙向海邊奔去。

果然，月色當空，海邊高高的岩石上，靜立著一個白色的身影。就在老和尚即將抓住輕生女子的衣袖之際，那女子縱身一躍，跳進海中。幸好老和尚會一些水性，幾經掙扎，幾度沉浮，才將她救上了岸。然而，被老僧救活之後，年輕女子不但不感激，反而一臉的憂傷，埋怨老和尚多管閒事！

老和尚問她：「年紀輕輕為何要選擇輕生之路？」年輕女人喃喃說道：「這裡是我的美夢開始的地方，所以也應該在這裡終結⋯⋯」

原來，三年前，這裡風光旖旎的群山，波浪層疊起伏的海濱，一切都如夢似幻。她與一個前來旅遊的年輕人不期而遇⋯⋯兩年前，他們愛情的結晶──一個像夏日的陽光一樣燦爛的兒子出世了⋯⋯然而，一年前，那個自己渴望和他共度餘生的愛人，卻因一次公差而不幸殉職。她日夜不停的哭泣，好像天塌下來一樣難以承受。但這還不是最後的苦難。讓她痛心不已的是，他們活潑可愛的寶貝兒子，也因疾病而亡⋯⋯

「我一個女人，沒了丈夫，沒了兒子，再也沒有了幸福，活在世上還有什麼意思？所以⋯⋯」年輕女人泣不成聲，悲痛欲絕。然而，老和尚不但沒有開導她、安慰她，反而放聲大笑：「哈哈⋯⋯」

女人，被他莫名其妙的笑嚇得愣住了，不知不覺停止了哭泣。老和尚笑夠了，問女人：「三年前，就在此地，妳有丈夫嗎？」女人搖搖頭。「三年前，踏上此地時，妳有兒子嗎？」女人再次搖頭。「那麼，妳現在不是與三年前一模一樣了嗎？那時候，妳獨自一人來到島上，是來自殺的嗎？」女人愣住了。

老和尚說：「三年前，妳既無丈夫，又沒有兒子，一人來到這裡。現在，妳與三年前一模一樣，仍是獨自一人。今天，就像三年前那一天的延續，只不過是還原了一個妳自己。所以，為什麼不能重新開始呢？妳增長了人生閱

歷，或許有更美好、更圓滿幸福的生活在等著妳。」

女人囁嚅道：「我還可以嗎？」老和尚斬釘截鐵的說：「當然可以！」

「我還可以獲得幸福！我還……」女人像是發現了新大陸似的，一路狂奔下了山。

積極的心態對一個人的影響是至關重大的。如果你是一個能保持積極的心態，能掌握自己的思想，並引導它為自己的生活目標運作的人，你就能夠獲得幸福。

生活中，人們總會遭遇到種種不幸、磨難和挫折，也因此會有各種不同的心態，而不同的心態往往影響著一個人的命運，尤其是在當今競爭日益激烈的社會中，心態往往能決定一個人的命運。

傑瑞是個酒店經理，他的心情總是很好。當有人問他近況如何時，他總是回答：「我快樂無比。」

如果哪位同事心情不好，他就會告訴對方怎麼看到事物的正面。人生就是選擇，你選擇如何去面對各種處境。歸根究底，就等於你選擇如何面對自己的人生。

有一天，他忘記了關酒店的後門，被三個持槍的歹徒攔住了。歹徒朝他開了槍。

幸運的是發現得還算早，傑瑞被送進了急診室。經過十八個小時的搶救和幾個星期的精心治療，傑瑞出院了，只是仍有小部分子彈碎片留在他體內。

六個月後，有位朋友見到了他。並問他近況如何，他說：「我快樂無比，想不想看看我的傷疤？」那位朋友看了傷疤，然後問當時他想了些什麼。傑瑞答道：「當我躺在地上時，我對自己說有兩個選擇：一是死，一是活。我選擇了活。醫護人員都很好，他們告訴我會好的。但在他們把我推進急診室

後，我從他們的眼中讀到了『他是個死人』。我知道我需要採取一些行動。」

「你採取了什麼行動？」

傑瑞說：「有個護士大聲得問我有沒有對什麼東西過敏。我馬上答：『有的。』這時，所有的醫生、護士都停下來等我說下去。我深深吸了一口氣，然後大聲吼道：『子彈！』在一片大笑聲中，我又說道：『請把我當活人來醫，而不是死人。』」

傑瑞就這樣活下來了。

我們從這個故事中可以發現：人生充滿了選擇，而生活的態度就是一切。你用什麼樣的態度對待你的人生，生活就會以什麼樣的態度來待你。在任何特定的環境中，人們還有一種最後的自由，就是選擇自己的態度。一個人只要改變內在的心態，就可以改變外在的生活環境和生存狀態，這是我們這代人最偉大的發現。

有一個作家初遇一個女子，臉色憔悴如舊紙。她無窮盡的向作家抱怨著生活的不公，剛開始作家還有點兒不以為然，但很快就沉入她洪水般的哀傷之中了。

你不得不承認，有些人就是特別倒楣，尤其是女人。災難好似一群鯊魚，聞到人傷口的血腥之後，就成群結隊而來，肆意分食他的血肉，直到將那人的靈魂吃成一架白骨。

「從剛開始，我就知道自己這輩子不會有好運氣的。」她說。

「妳如何得知的呢？」作家問。

「我小時候，一個道士說過 —— 這個小女孩面相不好，一輩子沒有好運。我牢牢的記住了這句話。當我找結婚對象的時候，一個很出色的年輕人愛上了我。我心想，自己會有這麼好的運氣嗎？沒有的。就匆匆忙忙的嫁了一個酒鬼，他長得很醜，我以為，一個長相醜陋的人，應該會多一些愛心，

應該會對我好。但霉運從此開始了。」

作家說：「妳為什麼不相信自己會有好運氣呢？」

她固執的說：「那個道士說過的……」

作家說：「或許，不是厄運在追逐著妳，而是妳在製造著它。當幸福向妳伸出雙手的時候，妳把自己的手掌藏在背後了，妳不敢和幸福擊掌。但是，厄運向妳一眨眼，妳就迫不及待的迎了上去。看來，不是道士預言了妳，而是妳的不自信引發了災難。」

她看著自己的手，遲疑的說：「我曾經有過幸福的機會嗎？」

作家無言。

幸福與否取決於個人的態度。你積極向上，生活就會給你許多快樂；你消極悲觀，生命便會暗淡。態度決定你是幸福或是不幸：你怎樣對待生活，生活就怎樣對待你。

總之，只要你擁有積極的心態，擁有一份好的心情，那麼你就是幸福的。當你用積極的心態對待生活的時候，幸福就會像你的影子一樣出現在你的身旁。

換個角度看生活，
幸福將無處不在

　　生活中許多事情並不盡如人意，我們常常抱怨擔憂，但生活不可能百分百的完美，幸福快樂與否，在很多時候，取決於你對事情的思維角度和方式。換個角度看問題，人生也許就會變得輕鬆許多。所以說，一個人的幸福與不幸是掌握在自己手裡的，懂得自我調整才是獲得幸福的關鍵。

保持樂觀的心態，生活一路陽光

　　樂觀是美好生活的泉源，也是「生活藝術」的最高境界。在這個世界上，唯有一種方法，能讓人們感覺到生活都是幸福美好的，那就是保持樂觀的心態。樂觀心態猶如一輪太陽，使人們沐浴在溫暖的陽光下。

　　日本人夏恩是一名治療師，也是一位大提琴演奏家。熟識夏恩的人和初識夏恩的人，都會被他的樂觀開朗、真誠熱情所點燃。但是，他曾經被診斷為患有癌症，是一個被判了死刑的人。起初，他試圖與病魔抗爭，但情況卻變得越來越糟。後來，夏恩決定愛上體內的每一個癌細胞，並每天早上為它們提供「叫醒服務」，大聲送上祝福和感謝。他還下定決心，要熱愛生活，熱愛身邊的每一個人。就這樣過了幾年，夏恩平安無事，而且令人意想不到的是，他體內的癌細胞已經奇蹟般的消失了。於是，他更加快樂開朗，更加珍惜生活。

　　人生會遇到許多難以預料的事，在這些事物面前，我們應當正面對待，多往好的一面想並為此而努力。有一位智者說過：「生性樂觀的人，懂得在逆境中找到光明；生性悲觀的人，卻常因愚蠢的嘆氣，而把光明給吹熄了。當你懂得生活的樂趣，就能享受生命帶來的喜悅。」樂觀的人，凡事都往好處想，以歡喜的心想歡喜的事，自然成就歡喜的人生；悲觀的人，凡事都朝壞處想，越想越苦，終於成就煩惱的人生。世間事都在自己的一念之間。我們的想法可以想出天堂，也可以想出地獄。

　　有一個叫米契爾的青年，一次偶然的車禍，使他全身三分之二的面積被燒傷，面目猙獰，手腳變成了肉球，面對鏡子中難以辨認的自己，他痛苦而迷茫。他想到某位哲人曾經說的：「相信你能，你就能！問題不是發生了什麼，而是你如何面對它！」

　　他很快的從痛苦中解脫出來，幾經努力、奮鬥，變成了一個成功的百萬富翁。一次，他不顧別人的規勸，非要用肉球似的雙手去學習駕駛飛機。結果，他在助手的陪同下升上天空後，飛機突然發生故障，摔了下來。當人們找到米契爾時，發現他脊椎粉碎性骨折，他將面臨終身癱瘓的現實。家人、朋友悲傷至極，他卻說：「我無法逃避現實，就必須樂觀的接受現實，這其中肯定隱藏著好的事情。我身體不能行動，但我的大腦是健全的，我還是可以幫助別人的。」他用自己的智慧，用自己的幽默去講述能鼓勵病友戰勝疾病的故事。他走到哪裡，笑聲就蕩漾在哪裡。一天，一位護校畢業的金髮女郎來為他護理，他一眼就斷定這是他的夢中情人，他把他的想法告訴了家人和朋友，大家都勸他：這是不可能的，萬一人家拒絕你多難堪。他說：「不，你們錯了，萬一成功了怎麼辦？萬一她答應了怎麼辦？」

　　多麼好的思考，多麼好的心態！他勇敢的向她約會、求愛。兩年之後，這位金髮女郎嫁給了他。米契爾經過不懈的努力，成為美國人心中的英雄，成為坐在輪椅上的美國國會議員。

　　心態的好壞對一個人的生活有著很大影響，持有樂觀心態的人幸福感高、做事積極主動、對未來充滿信心。人的一生不可能一帆風順，每個人都有脆弱和絕望的時候，關鍵在於你的心態，悲觀的人容易陷入絕望，而樂觀的人則往往看見希望。

　　康妮是一個很不幸的女人，但卻有著樂觀的心態。由於命運的安排，她幾乎經歷了一個女人所能遭遇的一切不幸，然而她卻用一顆滿盛著希望的心靈演繹了一個幸福美麗的人生。十八歲時，她嫁給了鄰村的一個生意人，但剛結婚不久，丈夫外出做生意，便如同飛出去的黃鶴，一去不返。有人說他死在了強盜的槍下，有人說他是病死他鄉了，還有人說他被一家有錢人招贅了當女婿。當時，她已經懷上了孩子。

第二章　換個角度看生活，幸福將無處不在

　　丈夫不見蹤影幾年以後，村裡人都勸她改嫁。家中沒有了男人，孩子又小，這寡居的生活該怎麼辦啊？但她沒有改嫁。她說丈夫生死不明，也許在很遠的的方做了大生意，說不定哪一天發了大財就回來了。她用這個念頭支撐著，帶著兒子頑強的生活著。她把家裡整理得更加井井有條。她總想，假如丈夫發了大財回來，不能讓他覺得家裡這麼凌亂破舊。

　　這樣過去了十幾年，在她的兒子十七歲的那一年，一支部隊從村裡經過，她的兒子就跟部隊走了。兒子說，他要到外面去尋找父親。

　　不料，兒子走後又是音訊全無。不久後有人告訴她說，她的兒子在一次戰役中戰死了，但她不信，她覺得一個大活人怎麼能說死就死呢？她甚至想，兒子不僅沒有死，而是做軍官了，等打完仗了，就會衣錦還鄉。她還想，也許兒子已經娶了媳婦，給她生了孫子，回來的時候是一家三口了。

　　儘管兒子依然杳無音信，但這些想像給了她無窮的希望。她平日做繡花線的小生意，勤奮的奔走各處，累積錢財。她告訴人們她要賺些錢把房子翻修了，等丈夫和兒子回來的時候住。

　　有一年她得了大病，醫生已經認定她無藥可救，但她最後竟奇蹟般的活了過來，她說，她不能死，如果她死了，兒子回來到哪裡找家呢？

　　這位老人一直在村裡健康的生活著，今年已經滿百歲了。直到現在，她還做著她的繡花線生意。她天天算著，她的兒子已經生了孫子，她的孫子也該生孩子了。這樣想著的時候，她那布滿皺褶與滄桑的臉上，即刻會綻開像繡花線一樣絢爛多彩的花朵。

　　可見，擁有積極樂觀心態的人是最幸福的人，也將是最長壽的人。生活的幸福與否，完全決定於個人對人、事、物的看法如何；因為，生活是由思想造成的。如果我們想的都是歡樂的念頭，我們就能歡樂；如果我們想的都是悲傷的事情，我們就會悲傷。

　　一個人能夠以平和的心態看待人生並不容易，這要積極的人才能夠堅持。當我們都能夠以淡然的心態去對待人生中積極的一面時，當我們能夠以愉悅的心情去享受生活中可愛的一面時，我們就已經擁有了一筆人生中最大的財富。

幸福由「心」製造，樂觀豁達就逍遙

　　渴望人生的幸福，追求人生的幸福，是人的天性，每個人都希望自己的人生是幸福的，充滿歡聲笑語的。可是在現實生活中並不如想像中那麼簡單，不如意的事情是難免的。所以，我們要以一種樂觀豁達的態度對待生活。

　　安徒生曾寫過這樣一則有趣的童話，叫《老頭了總是不會錯》。

　　有一對家境清貧的老夫婦，他們一直想把家中唯一值錢的一匹馬拉到市場上去換點更有用的東西。

　　有一天，老頭子牽著馬去市集，他先與人換得一頭母牛，又用母牛換了一隻羊，再用羊換了一隻肥鵝，又用鵝換了一隻母雞，最後又用母雞換了別人的一大袋爛蘋果。在每一次的交換中，他都想給老伴一個驚喜。

　　當他扛著大袋子來到一家小酒店休息時，遇上了兩個從英國來的商人。在他們的閒聊中老人談到了自己賣馬的經過，兩個英國人聽得哈哈大笑，他們一口認定，老頭子回到家一定會挨老婆婆的一頓數落。可是老頭子卻十分堅定的認為絕對不會發生這種事情。英國人就用一袋金幣打賭，如果他回家沒有受到老伴的任何責罰，金幣就算輸給他了。說完三個人一起回到老頭子家中。

　　老太太見到老頭子回來了，非常高興，又是給他擰毛巾擦臉又是端茶水

的，還一邊聽老頭子講賣馬的經過。老頭子毫不隱瞞，整個過程一一道來。

老太太津津有味的聽著，每聽老頭子講到用一種東西換了另一種東西時，她竟都十分激動的予以肯定：

「哦，我們有牛奶了！」

「羊奶也同樣好喝！」

「哦，鵝毛多漂亮！」

「哦，我們有雞蛋吃了！」

諸如此類。最後聽到老頭子背回一袋已經開始腐爛的蘋果時，她同樣不惱不惱，大聲說：「我們今晚就可以吃到蘋果餡餅了！」說完，摟著老頭子深情的吻了他的額頭⋯⋯結果不用說，英國人就這樣失掉了一袋金幣。

生活的真諦就是懂得享受生活，而享受生活的真正目的，就是使自己的心情達到一種舒暢或平靜的狀態。樂觀的人總是能從平凡和不幸中發現美，在他們的眼中，生活裡的每一處都是「樂觀之境」。「樂觀之境」便是一種幸福境界。這種幸福不是財富、權力、地位等所給予的，即使你貧窮、平凡，在別人看來一無所有，只要你能夠主宰自己的情緒，讓快樂做主，幸福便會由「心」製造。

英國有一個天性樂觀的人，從不拜神，令神非常生氣，因為神的權威受到了挑戰。

他死後，為了懲罰他，神便把他關在很熱的房間裡。七天後，神去看望這位樂觀的人，看見他非常開心。神便問：「身處如此悶熱的房間七天，難道你一點兒也不辛苦？」樂觀的人說：「待在這間房子裡，我便想起在公園裡曬太陽，當然十分開心啦！（英國一年到頭難得有好天氣，一旦晴天，人們都喜歡去公園曬太陽。）」

神更不開心了，便把這位快樂的人關在一間寒冷的房子裡。七天過去

了，神看到這位快樂的人依然很開心，便問他：「這次你為什麼開心呢？」這位快樂的人回答說：「待在這寒冷的房間，便讓我聯想起聖誕節快到了，又要放假了，還會收到很多聖誕禮物，能不開心嗎？」

神又不開心了，便把他關在一間既陰暗又潮濕的房裡。七天又過去了，這位快樂的人仍然很高興，這時神有點困惑不解，便說：「這次你能說出一個讓我信服的理由，我便不為難你。」這位快樂的人說：「我是一個足球迷，但我喜歡的足球隊很少有機會贏，有一次贏了，當時就是這樣的天氣。所以每當遇到這樣的天氣，我都會高興，因為這會讓我聯想起我喜歡的足球隊贏了。」

最後，神無話可說，只得給了這位快樂的人自由。

一個人擁有樂觀的態度，即便是身處逆境，也總能找到快樂的理由。從某種意義上說，真正聰明的人，並不在於他能解決多少問題，而是能保持積極樂觀的心態。擁有正確的人生態度，就能多幾分從容。

樂觀者遇到壞事，他們總會想到積極的一面，或者比這更壞的情況。失敗、霉運、挫折，在樂觀者的生活裡，似乎都變成了一種機會，讓他們可以獲得更多的成功，更好的生活。

生性開朗樂觀的吉米，終於實現了自己翱翔藍天的願望 —— 當上了飛行員。他十分高興，逢人便講。一天，他遇到了一個朋友，便告訴他：「前幾天，我在大草原的上空練習飛行，當時的景色真是美麗極了。飛在天上的時候，我發現什麼煩惱都沒有了。」

「那會不會有危險？」朋友擔心的說。

「飛行當然有一定的危險，不過飛機上安全設備很齊全，通常情況下，沒事的。」

「可是，萬一那些安全設施失靈了怎麼辦？」

「不會那麼巧。就算安全設施失靈了，還有緊急措施呢。即使一切都失靈了，還可以跳傘自救。」

「跳傘也有很大的危險啊。萬一跳傘失敗，可就是以性命為代價啊。你能保證你跳的每一次都一定有把握？」

吉米覺得這個朋友也太多慮了，就開玩笑的說：「草原上多的是乾草堆，就算跳傘失敗了，我也會想辦法落到乾草堆上去的。」

「怎麼能夠正好落上去呢？即使你能落在上面，但萬一草堆上碰巧插了一把糞叉，那可就危險了。」

「草堆那麼大，我也不一定就正好落到糞叉上啊。」

「要是萬一落到上面呢，那時候可是真的會沒命的。」

「就是有萬一，這所有的不幸也不會都讓我攤上吧！」飛行員聳聳肩。

拉伯雷說：「生活是一面鏡子，你對它笑，它就對你笑，你對它哭，它就對你哭。在現實生活中，如果你有樂觀的心態，日子過得就快樂，看著什麼都順眼，做起什麼事都順心，活著輕鬆自在。因為樂觀既是一種心態、一種情緒，更是一種素養、一種智慧。你有樂觀的心態，就能以幽默的眼光看待不愉快的事情，以輕輕一笑緩釋痛苦，甚至以不幸中的萬幸聊以自慰；你有樂觀的心態，就能在困難中看到光明，在逆境中找到出路；你有樂觀的心態，就能發揮自己的優勢，激勵自己的熱情，發掘自己的潛能；你有樂觀的心態，心中總是陽光明媚，總能吸引和感染周圍的人。境由心造，只要你能樂觀，就能輕鬆自在的享受人生的美妙。」

凡事往好的方面想，內心便充滿陽光

有這樣一個故事：

很久以前，有一個國王對打獵情有獨鍾。有一次，他帶領手下在雜草叢生的森林中追趕獵物時，不幸被樹枝戳瞎了一隻眼睛，國王本人悲痛難忍，隨行人員也為之惋惜。但有一個深受國王寵愛的大臣，他不論遇上什麼事，總是願意去看事物好的那一面，此時說了句口頭禪：「很好，這是件好事。」

國王聽了非常生氣的說：「你真是膽大包天，我的眼睛都沒了，你還認為這是好事！」

大臣解釋說：「大王啊！刺瞎一隻眼睛總比少了一條命來得好吧！再不好的事情都有好的一面，想開一點，一切都是最好的安排！」

國王說：「如果我把你關進監獄，這也是最好的安排？」

大臣微笑說：「如果是這樣，我也深信這是好事。」

國王勃然大怒，於是下令把他關進了牢房。這位大臣仍笑著說：「這很好，這是件好事。」人們都認為這位大臣神經有毛病，沒有再搭理他。

過了些日子，國王的傷口痊癒，又興致勃勃的帶領一幫大臣到山上去打獵。這次由於追逐獵物太遠，不知不覺迷了路，結果誤入了食人部落並被活捉。食人部落將這些入侵者的頭全部割下來作祭品供奉天神，當食人部落準備宰殺國王的時候，發現國王瞎了一隻眼，根據部落的規矩，不完整的祭品屬於冒犯神靈的不潔之物，供奉天神是會受到懲罰的。這個部落只好把國王拉下祭壇，並驅逐出境。大難不死的國王在山林裡轉了好幾天，終於找到了回家的路。

脫困的國王大喜若狂，飛奔回宮，忽然想起了那位被關入大牢的大臣說過的話，覺得很有道理，立即命令人把他從大牢裡放出來，在御花園設宴，

為自己保住一命而慶祝，同時向他道歉。

國王一邊向大臣敬酒說：「你說的真是一點也不錯，果然，一切都是最好的安排！如果不是曾被刺瞎了眼睛，今天連命都沒了。」

大臣笑著對國王說：「恭喜大王對人生的體驗有了新的境界。」

國王還是略帶不解的問大臣說：「我僥倖撿回一命，固然是好事，可是你在監獄裡蹲了一個月，難道這也是好事？」

「絕對是好事啊，臣應該感激大王才是。」

國王不明白為什麼自己誤會了大臣、讓他遭受坐牢之苦，他反而還感謝自己。大臣解釋說：「你把我關在牢中當然不是壞事。大王不妨想想，若不是您把我關起來，我一定會隨大王去打獵，一定會和其他大臣一樣被食人部落殺頭獻祭。正是因為大王把我關在牢裡，我才幸運的躲過一劫啊！」

凡事往好處想，內心便充滿陽光，這種樂觀的積極向上的心態，會激發我們的生命力，永遠擁有成功的信心和希望。即便是身處絕境的情況下，也能以豁達開朗的心胸面對未來。

從前，有一位秀才連續兩次進京趕考都沒有高中。這一年，他又趕赴京城考試，住在一個經常住的客棧裡。

由於考試前的緊張和焦慮，他每晚都做夢。就在臨考前兩天的一個晚上，他一連做了三個奇怪的夢：第一個夢是夢到自己在牆上種白菜，第二個夢是下雨天，他戴了斗笠還打傘，第三個夢是夢到跟心愛的表妹脫光了衣服躺在一起，但是背靠著背。

這三個夢似乎預示著什麼事情要發生，第二天，秀才就趕緊去找算命先生的解夢。算命先生聽了秀才的訴說後，連連搖頭說：「不妙，不妙！我看你還是趕緊收拾行李回家吧！你想想，高牆上種菜不是白費勁嗎？戴斗笠打雨傘不是多此一舉嗎？跟表妹都脫光了躺在一張床上了，卻背靠背，不是沒戲

嗎？與其在這裡耽誤時間，不如早點回家。」

聽了算命先生的解釋，秀才心灰意冷，回客棧收拾包袱準備回家。店老闆非常奇怪，問道：「明天就要考試了，你怎麼收拾行李呢？」秀才如此把算命先生的話又說了一遍，店老闆樂了：「原來如此。其實，我也會解夢的。我倒覺得，你這次一定要留下來。你想想，牆上種菜不是高中嗎？戴斗笠打傘不是說明你這次有備無患嗎？跟你表妹脫光了背靠背躺在床上，不是說明你翻身的時候就要到了嗎？」

秀才一聽，覺得更有道理，於是精神振奮的參加考試，居然中了個探花。

生活中很多情況就是如此，只要轉變一下思考方式，改變了看問題的心態，結果就會大大的不同。

有些人總是喜歡說，他們現在的狀況是別人造成的，環境決定了他們的人生位置，許多事情他們無法擺脫，也不能往好的方向想。這是因為他們從未真正的往好的方向想過，他們總是悲觀失望，有時即使有好的想法，也馬上會被自己所否定。說到底，如何看待人生，全由我們自己決定。

凡事都往好處想，做人也會開心的！凡事都往好處想，說起來容易，做起來難！有些人活在世上，恰恰總是把事往壞處想，結果也使自己整天處在高度緊張、猜疑、驚恐、戒備、鬥爭之中，具有這種心理狀態的人，還能開心嗎？把事情往好處想，這是開心的一個祕訣！

一個人去看心理醫生，他對醫生說：「我患了心理疾病，並且非常嚴重。」接著他講了自己的症狀：「女兒出門上學，如果沒能按時回家，我就非常擔心；如果再遲歸一些，我就坐臥不寧。」

醫生說：「這說明你非常疼愛你的女兒，並且是一個非常有愛心的人，我認為這不是疾病。」那人說：「不對，我不是在想她在補課或做別的什麼事情，

而是想她是不是被人綁架了？」

　　醫生聽完那人的訴說問道：「你做什麼職業？這種症狀有多長時間了？具體是從什麼時候開始的？」那人答：「我是個開發商，這種症狀從我賺到第一個一千萬起就開始了！但，我可以這樣向你保證，我賺的每一分錢都是乾淨的。」

　　醫生說：「你以上所有的擔心，不屬於心理恐懼，而是道道地地的心理疾病。這種病最容易在暴富的人群中出現，而且治療起來非常困難。」

　　那人說：「不論花再多的錢，我都願擺脫這種心理。」

　　醫生說：「西方心理學家曾經說過一句話，『一個人養成凡事往好處想的習慣，比每年賺一千萬還有價值。』可是，他接著又說了一句，『一個每年賺一千萬的人，想要養成凡事往好處想的習慣，比登天還難。』你如果想治好自己的病，不妨一試。」

　　至於心理醫生是如何教他試的，不得而知。不過，從此那個城市多了一家慈善基金會，並且還多了一個快樂的富人，這是大家所共知的。

　　「凡事往好處想」並不是解決一切問題的靈丹妙藥，卻是一種健康積極的人生哲學。有了它，也許問題本身不會減少，但卻為問題的解決找到了正確的方向。所以，我們應該培養樂觀的人生態度。凡事往好處想，事情自然會向好處發展。凡事都往好處想，就會以鎮定從容的心情享受生活，就可以準確找到生活的角度，展示生命的風采。

打開另一扇窗，看到不同的風景

　　人總會遇到一些不如意的事情，而我們唯一能做的，便是改變我們自己的心態。只要擁有樂觀的態度，總能找到快樂的理由。當你困惑時，打開心

靈的另一扇窗，去換個角度看生命，生命是非常美好的，你也會因此而心情愉悅的。

從前，有一個年輕人買了一套房子，那房子什麼都好，不論是結構、大小，還是座向。可美中不足的是，打開其中一扇窗子，眼前是一片荒涼的墓地。年輕人因此悶悶不樂，終於積鬱成疾，臥床不起。後來他的一位朋友來看望他，問起他生病的緣由。他抬起手，顫抖的指著那扇窗，要朋友打開。但是，朋友並未這樣做，而是走到對面打開了另一扇窗。「多美啊！這裡是天堂！」朋友驚嘆道。年輕人不相信，掙扎著挪到窗邊。他眼前的世界確實如天堂一般美：天藍得沒一點雜質，陽光溫柔的親吻著幾棵梧桐樹，風兒唱著歌吹過，帶走些許黃葉，寬闊的路像鋪了的毯子一般，時而有些孩子在這裡嬉戲、喊叫。年輕人愣住了，從未想過如此美麗的景物居然一直在自己身邊。從此，年輕人的病好了起來，生活得越來越好。

在人生的旅途中，我們要面臨很多開窗的機會，打開不同的窗，我們就會看到不同的風景，收穫不同的心境，擁有不同的人生。當你不小心打開了「讓你不愉快的窗」，請關上，試著打開另一扇窗。

有一個朋友乘船到英國，途中遇到暴風雨。船上的很多人都驚惶失措。然而一個老太太非常平靜的在禱告，神情十分安詳。等到風浪過去，朋友好奇的問這位老太太：「妳為什麼一點兒都不害怕？」老太太回答說：「我有兩個女兒，大女兒已經被上帝接走，回到天堂；二女兒還住在英國。剛才風浪大作的時候，就向上帝禱告：如果神要接我回天堂，我就去看大女兒，如果留住我的性命，我就去看二女兒。不管去哪裡都一樣，都可以和最心愛的女兒在一起，我怎麼會害怕呢？」

在面對這麼重大的困境時，老太太竟然能以這樣平和的心態看待問題，她一定是一個充滿智慧的老者，她的精神世界一定美麗與安寧。

第二章　換個角度看生活，幸福將無處不在

　　生活中，有很多煩惱和痛苦是很容易解決的，有些事只要你肯換角度、換個心態，你就會另有一番光景。所以，當我們遇到苦難挫折時，不妨把暫時的困難當作黎明前的黑暗。只要以積極的心態去觀察，去思考，就會發現，事實遠沒有想像中的那樣糟糕。換個角度去觀察，世界會更美。

　　一個生活潦倒的推銷員，每天都埋怨自己「懷才不遇」，覺得命運在捉弄他。

　　耶誕節前夕，家家戶戶都充滿節日的熱鬧氣氛。他坐在公園裡的一張椅子上，開始回顧往事。去年的今天，他也是孤單一個人，以醉酒度過了他的耶誕節，沒有新衣服，也沒有新鞋子，更別談新車子、新房子。

　　「唉！今年我又要穿著這雙舊鞋子度過耶誕節了！」說著準備脫掉這雙舊鞋子。這個時候，他突然看見了一個年輕人自己滑著輪椅從他身邊走過。他突然頓悟到：「我有鞋子穿是多麼幸福呀！他連穿鞋子的機會都沒有啊！」

　　之後，這個推銷員每做任何一件事都以樂觀的心態，積極的對待，發憤圖強，力爭上游。數年之後，生活在他面前終於徹底改變了，他成了一名百萬富翁。

　　人生之路就是一條曲折之路，當被絆倒時，我們應打開心靈的另一扇窗，去以一種積極、樂觀的態度去站在人生道路的最前線，以另一種角度看生活。

　　海倫·凱勒是美國學者，她在一歲半的時候突患急性腦充血，連日的高燒使她昏迷不醒。當她醒來後，眼睛被燒瞎了，耳朵也燒聾了，小嘴也說不出話來了，成了一位集聾、啞、盲於一身的特殊兒童。對這樣的兒童要進行教育是特別困難的。但海倫依靠自身頑強的毅力學習點字，靠手的觸摸來體會文字的含義和別人說話的意思。她在聾人學校學習了數學、自然、法語、德語，能夠用法語和德語閱讀小說。考大學時英文和德文還得了優等成績。

一九〇四年，海倫以優異的成績從大學畢業。然後把自己的一生獻給了盲人福利和教育事業。她先後寫了十四部著作。《我生活的故事》、《走出黑暗》、《樂觀》等都產生了世界性的影響。海倫所面臨的是常人無法想像的困境，但她勇於面對現實，敢於拼搏，譜寫了一曲激盪人心的生命之歌，贏得了世界輿論的讚揚。聯合國還曾發起「海倫‧凱勒」世界運動。海倫面對逆境不自卑，在挫折面前不低頭，成為了生活的強者。

挫折與苦難或許是為你關上了希望之門，但同時也敲開了夢想之窗。如果我們以積極的態度面對生活，逆境帶給自己的就不僅是悲傷，還有希望，為自己的心靈打開另一扇窗，樂觀的面對一切困難、麻煩、危機，那麼，轉機往往就潛藏在困境中。

事實上，我們在生活中所遭遇的種種困難、挫折、危機，就像是壓在我們身上的「泥沙」。然而，只要我們積極面對，鍥而不捨的將它們抖落，然後站上去，即使是掉落到最深的井，我們也能安然的脫困。所以，不要屈服於眼前的困境，困境帶給你的不僅僅是苦悶，還有一顆頑強不屈的心，做個爭氣的人，挑戰自己；為自己打開心靈的另一扇窗，善待自己，快樂過每一天！

把臉迎向陽光，你就不會看到陰影

有這樣一個故事：

一個小孩子為了超越自己的影子，不停的跑。可是，無論他跑得多快，影子總是跟在他的後面。後來有一位老爺爺告訴他一個很簡單的方法：「你只要面對太陽，影子就會移到你的後面去了。」這個小孩子聽了老爺爺的話，第二天就按照老爺爺的話去做，果然如此。

是的，事實確實是這樣：面對光明時，陰影永遠只能落在我們的後面。

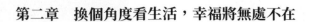

如果我們心懷朝陽，我們就能夠看到生活中光明的一面，即使在漆黑的夜晚，我們也知道星星仍在閃爍。生活中，不管遇到什麼困難，只要我們用樂觀積極向上的心態去面對，我們離幸福的距離就會更近一些。

鄉下有一位陶瓷匠，聽說城裡人喜歡用陶罐，便決定將自己燒製得最好的陶罐賣到城裡。陶罐燒製好後，陶瓷匠租來一艘輪船，準備將所有的陶罐都運到城裡。想到自己賣掉陶罐後馬上過上富裕日子，陶瓷匠興奮不已。但誰也沒想到輪船中途竟遇到暴風雨，風雨過後，輪船靠了岸，船上的陶罐卻全成了碎片。

陶瓷匠非常沮喪，捶胸頓足之後，他又想，失去了那些陶罐本來就夠不幸，現在如果再因此不快樂傷害身體，豈不是更加不幸？他決定趁機到城裡好好玩幾天。在玩的時候，陶瓷匠卻意外發現，城裡人用來裝飾牆面的東西很像自己燒製陶罐的材料。他便決定把那些陶罐碎片再砸碎，做成馬賽克磚出售給建築公司。最後，陶瓷匠不但沒有因陶罐破碎而虧本，相反，他因出售馬賽克磚而大賺了一筆。

這個世界就像個多稜鏡一般，這一面是不幸，另一面可能就是幸運，如果能以一顆積極樂觀的心態去看待，不幸就可以轉化為幸運。生活裡，只要我們學會坦然面對不愉快的事，抱著一種樂觀的態度，那麼一切的好運都會湧向你。

有一個年輕人，滿懷著大志到外地經商，經過了三年的奮鬥，終於能夠有所成就，他的心裡一直夢想著衣錦榮歸光耀門楣的景象。不料，一場無情的大火把他三年的努力化為灰燼，美夢頓時成為泡影，傷心之餘他興起了尋死的念頭。

他想找一個山崖從上面跳下來，結束他這一事無成的一生。到了山崖，他發現已經有一個老人，在山崖上徘徊著。他好奇的走近問老人，獨自一個

人在此徘徊的原因，那老人告訴他：

「我本來有一個小康的家庭，一家四口和樂的生活著，不料，幾年前自己卻生了一種怪病，看盡了名醫都束手無策，花盡了家產也沒有一點起色，現在為了醫好我的病，妻兒們連三餐都得盡量節省，以籌措我的醫藥費，我成了家中的累贅，我想如果我死了，他們就可以不必再過這種生活了。」

聽了那老人的話，年輕人的內心感觸很多。

就在此時，不遠處有個乞丐，手中提著包子興高采烈的向山上一跛一跛的走來。看他的樣子，好像是趁著太陽正好的時候上山來走走玩玩的。那乞丐看見年輕人與老人，毫不介意的在他倆的旁邊坐了下來，一邊打開手中所提的包，一邊口中念叨著：

「今天天氣真好，二位大哥興致真高，這麼早就來遊山玩水。」

近身一看才知道，這乞丐不只是缺了一條腿而已，肩膀上還少了一條手臂，原來那包包子是綁在他的袖子上的。看了這情景後，那年輕人想了想那老人的情形，再想想自己，心中不禁盤算著：

「我不過是失去了三年奮鬥的結果，但我還年輕，還有機會再來一次，而那老人家，不過只是暫時失去了健康，但他卻擁有孝順的兒女和賢慧的妻子；那乞丐，雖然缺胳膊缺腿，無依無靠，但卻能自由自在的生活。比起他，我們實在是連死的資格都沒有。」

他就對那老人說：「我不想死了！我覺得我們兩還不是天下最可憐的人，我們不過是沒鞋穿而已，要知道世界上還有的人沒腳；沒腳的人都不願意死，沒鞋穿的人更沒資格去死。」

老人略有所悟的點了點頭，邁著腳步和那年輕人一起下山去了。

生活中，無論你的境遇多麼悲慘，你也不是最不幸最可憐的傢伙，世界上比你更慘的人或許就在你身邊，只不過他們比你更懂得珍惜，因而你在他

們臉上看到的始終只是燦爛的微笑。

湯姆在二十二歲那年，進入軍中服役，並且奉命參加了一次戰役。但不幸的是，在那次戰役中，他受了嚴重的傷，眼睛因此看不見東西。雖然他承受著巨大的傷害和痛楚，個性仍然十分明朗。他常常與其他病人開玩笑，並把自己的香菸和糖果贈給病友。

醫生們都盡心盡力想幫助湯姆恢復視力，但仍然沒有效果。有一天，主治醫師親自走進湯姆的病房，對他說道：「湯姆，你知道，我一向喜歡對病人實話實說，從不欺騙他們。我現在要告訴你，你的視力是不能恢復了。」

時間似乎停止下來，病房裡呈現出可怕的靜默。

「我知道。」湯姆終於打破沉寂，他平靜的回答道，「其實，我一直都知道會有這個結果。但我還是要非常謝謝你們為我費了這麼多的精力。」

幾分鐘之後，湯姆對其他的病友說道：「我覺得我沒有任何理由可以絕望。不錯，我的眼睛瞎了。但和聾子相比，我能聽見聲音；和下肢癱瘓者相比，我能行走；和啞巴相比，我能說話。據我所知政府還可以協助我學得一技之長，以讓我維持生計。既然生活如此善待我，我更要好好的活著。其實，我現在所需要的，就是適應一種新生活罷了。」

湯姆面對不幸，沒有怨恨，沒有自卑，只有對生活的感激 —— 感激在命運給予他不公平的同時，生活恰如其分的填補了這份缺陷，賜予他一顆樂觀豁達的心。

在現實生活中，我們每個人都會遇上這樣或那樣的困難、挫折、悲傷、疾病以及死亡等，然而，只要我們能夠正確面對，只要我們能用積極樂觀的心態去對待，所有的一切都只能是暫時的。

消極的人看到絕望，積極的人看到希望

　　在我們生活的周圍有一些人，當他們受到挫折時，馬上就會失去信心，他們沒能認識到只有那些用積極的心態努力不懈的人才能取得成功。的確，成功取決於心態。一個總是懷著消極心態的人很難得到成功的垂青。若想超越自己，取得人生的成功，必須突破消極心態的阻礙。

　　日本的水泥大王淺野一郎，二十三歲時從鄉下來到繁華的東京時，看到有人用錢買水喝，感到很奇怪，水還需要用錢買嗎？面對此景，有的人會這樣想：東京這個鬼地方，連用點水都要用錢買，生活費用太高了，怕是難以久居，於是就離開東京。但是淺野一郎並不這麼想，他從這件事中看到了商機：東京這個地方，連水都能賣錢，他一下子振奮起來，從此開始他的創業生涯，後來終於成為東京的水泥大王。

　　這就是一位積極樂觀的人的態度。積極樂觀對人就像太陽對植物一樣重要，積極樂觀就是心中的太陽，這種心靈中的陽光構築生命、美麗，促進它範圍所及的一切事情的發展。我們的心靈能在這種心靈陽光的照射下茁壯成長，正如花草樹木在太陽照射下茁壯成長一樣。

　　有什麼樣的態度，決定著有什麼樣的人生。人的一生中，關鍵之處只有幾步，如何使自己的生命更有意義，成為真正的「幸福人」，對於每個人來說，採取或積極或消極的態度就顯得至關重要。

　　美國加州有位剛畢業的大學生，在二〇〇三年的冬季大徵兵中他依法被徵召，即將到最艱苦也是最危險的海軍陸戰隊去服役。這位年輕人自從獲悉自己被海軍陸戰隊選中的消息後，便顯得憂心忡忡。在加州大學任教的祖父見到孫子一副魂不守舍的模樣，便開導他說：「孩子啊，這沒什麼好擔心的。到了海軍陸戰隊，你將有兩個機會，一個是留在內勤部門，一個是分配到外

勤部門。如果你分配到了內勤部門，就完全用不著去擔驚受怕了。」年輕人問爺爺：「那要是我被分配到了外勤部門呢？」爺爺說：「那同樣會有兩個機會，一個是留在美國本土，另一個是分配到國外的軍事基地。如果你被分配在美國本土，那又有什麼好擔心的？」年輕人問：「那麼，若是被分配到了國外的基地呢？」爺爺說：「那也還有兩個機會，一是被分配到和平而友善的國家，另一個是被分配到動盪地區。如果你分配到和平友善的國家，那也是件值得慶幸的好事。」年輕人問：「爺爺，那要是我不幸被分配到動盪地區呢？」爺爺說：「那同樣還有兩個機會，一個是安全歸來，另一個是不幸負傷。如果你能夠安全歸來，那擔心豈不是多餘？」年輕人問：「那要是不幸負傷了呢？」爺爺說：「你同樣擁有兩個機會，一個是依然能夠保全性命，另一個是完全救治無效。如果尚能保全性命，還擔心它做什麼呢？」年輕人再問：「那要是完全救治無效怎麼辦？」爺爺說：「還是有兩個機會，一個是作為敢於衝鋒陷陣的國家英雄而死，一個是唯唯諾諾的躲在後面卻不幸遇難。你當然會選擇前者，既然會成為英雄，有什麼好擔心的？」

由此可見，人生充滿了選擇，而生活的態度就是一切。你用什麼樣的態度對待你的人生，生活就會以什麼樣的態度來待你。你消極悲觀，生命便會暗淡；你積極向上，生活就會給你許多快樂。

一個人如果能靠積極的態度征服消極心態，對他的個人成長將是大有益處的。當你處於消極狀態的時候，用積極的思考轉換感覺，調整方向，是自我慰藉的唯一方法。所以，我們要用積極的心態改變自己。在看待事物時，應想到生活中既有好的一面，也有壞的一面，但是強調好的方面，就會產生良好的願望與結果。當你朝好的方面想時，好運便會來到。積極思考是一種對任何人、情況或環境所把持的正確、誠懇而且具有建設性的人生態度，同時也符合積極進取的思想、行為或反應。積極思考允許你擴展你的希望，並

克服所有消極思考。它給你實現你的欲望的精神力量、感情和信心。

宇棋在一匙靈實習剛滿一個星期，由於對這個行業簡直就是一無所知，幾乎沒有任何出色的業績，僅僅出售了幾瓶洗衣精，看著旁邊其他品牌的促銷員，心中真不是滋味。學習經濟管理四年，期間的刻苦努力不說，只為將來能做出一番業績來。可是剛小試人生，就對自己的才智與能力打了一個折扣。其實他一點也不比別人笨，行銷的理論都知道，為什麼在實際的銷售中沒有業績呢？面對一天不如一天的業績，他的信心開始動搖了，自己到底能不能繼續勝任這份工作。

宇棋和經理談了自己的想法，經理勸他要對自己充滿信心，不要放棄，如果自己對自己都沒有信心，那麼別人對你還會有信心嗎？他希望宇棋能夠再堅持一個星期，並且參加全體員工工作會議，每個人都要講自己在銷售中遇到的實際情況，再談談是如何思考、如何解決的。經理的話使他感受到一種自我激勵，沒有人可以幫他，只有靠自己了。他終於找到了困擾他的主要問題：面對失敗，總是悲觀的想問題，一味的認為自己不行，為何不能讓自己換個角度來看呢？

「天降大任於斯人也。」這或許是上天對自己的一種考驗，為什麼不能用積極的態度去面對，用足夠的熱情來改變自己的心情。如果能夠對每個顧客都抱有十二分的熱情和努力去對待，讓自身的狀態達到最佳，就能夠去感染周圍的人。

於是，他發誓要在一個星期內改變現狀。這幾天他做得十分輕鬆，每天都對自己說：「今天是美好的，我一定要拿第一。」付出總有會有回報，在第五天，他拿了第一，他將這個好消息告訴了經理，經理鼓勵他說：「相信自己，繼續努力。」這是十分平常的一件小事，可是對他來說卻不然。這讓他明白自己是有能力有潛力的，只要堅持自己的信念去努力的話，沒有辦不到

的事情。

　　換個角度看問題，生活或工作就會出現另一種景象，另外一種局面。生活中，我們常常會遇到一些挫折，請你多往好的一面想，不要沉浸在沮喪和失敗的情緒中，換個角度看看，你就能培養出觀察入微的眼光，就會看到所有的事情都在往好的一面發展。

既然無法改變環境，那麼就改變心境

　　人生之路並非坦途一條，獲得幸福之路絕非暢通無阻。人生有順逆境之分，幸福的取得也有難易之分。但不管在怎樣的環境下，人們都不應放棄對幸福的追求。順境中，人們以舒暢的心情謀求幸福；逆境中，人們依然應當堅忍不拔的追求幸福。幸福既可以在順境中順利的實現，也可以在逆境中艱難的獲得。

　　生活中，有些人總是喜歡說，他們現在的狀況是別人造成的，環境決定了他們的人生位置，許多事情他們無法擺脫，也不能往好的方向想。這是因為他們從未真正的往好的方向想過，他們總是悲觀失望，有時即使有好的想法，也馬上會被自己所否定。說到底，如何看待人生，全由我們自己決定。納粹德國某集中營的一位倖存者維克多・弗蘭克說過：「在任何特定的環境中，人們還有一種最後的自由，那就是選擇自己的態度。」

　　塞爾瑪陪伴丈夫駐紮在一個沙漠的陸軍基地裡。她丈夫奉命到沙漠裡去演習，她一個人留在陸軍的小鐵皮屋裡，天氣熱得讓人受不了，就算待在仙人掌的陰影下也有華氏一百二十五度。她沒有人可談天，只有墨西哥人和印第安人，而他們不會說英語。她非常難過，於是就寫信給父母，說要丟開一切回家去。她父親的回信只有兩行，這兩行信卻永遠留在她心中，完全改

變了她的生活：兩個人從牢中的鐵窗望出去，一個看到泥土，一個卻看到了星星。

塞爾瑪一再讀這封信，覺得非常慚愧，她決定要在沙漠中找到星星。塞爾瑪開始和當的人交朋友，他們的反應使她非常驚奇，她對他們的紡織、陶器表示興趣，他們就把最喜歡但捨不得賣給觀光客的紡織品和陶器送給了她。塞爾瑪研究那些令人入迷的仙人掌和各種沙漠植物，又學習有關土撥鼠的知識。她觀看沙漠日落，還尋找海螺殼，這些海螺殼是幾萬年前，這片沙漠還是海洋時留下來的 —— 原來難以忍受的環境變成了令人興奮、流連忘返的奇景。

是什麼使這位女士內心有這麼大的轉變？

沙漠沒有改變，印第安人也沒有改變，但是這位女士的念頭改變了，心態改變了。念頭之差使她把原先認為惡劣的情況轉而想成一生中最有意義的冒險。她為發現新世界而興奮不已，並為此寫了一本書以《快樂的城堡》為書名的書出版了。她從自己造的牢房裡看出去，終於看到了星星。

態度就像磁鐵，不論我們的思考是正面的還是負面的，我們都受著它的牽引。而思考就像輪子一般，使我們朝一個特定的方向前進。雖然我們無法改變人生，但我們可以改變人生觀；雖然我們無法改變環境，但是我們可以改變心境。雖然我們無法調整環境來完全適應自己的生活，但我們可以調整態度來適應一切的環境。選擇了一種積極的生活態度，你將獲得的一個別樣的人生。

有位老太太請了一個油漆匠到家裡粉刷牆壁。油漆匠一走進門，就看到她的丈夫雙眼失明，頓時流露出憐憫的眼光。可是男主人開朗樂觀，油漆匠在那裡工作的幾天，他們談得很投機，油漆匠也從未提起男主人的缺陷。

工作完畢，油漆匠取出帳單，老太太發現比起原來談妥的價錢，帳單打

了一個很大的折扣。她問油漆匠：「怎麼少算這麼多呢？」油漆匠回答說：「我跟你先生在一起覺得很快樂，他對人生的態度，使得我覺得自己的處境還不算最壞，所以減去的那一部分，算是我對他表示的一點謝意，因為他使我不再把工作看得太辛苦！」

油漆匠對她的丈夫的推崇，使得這位太太淌下了眼淚。因為這位慷慨的油漆匠，自己只有一隻手。

只要我們樂觀的面對人生，不論遭遇怎樣的逆境或磨難，都以樂觀的心態面對，就會發現，生活裡原來到處都可以充滿陽光。

人生過程中的挫折、逆境是無法避免的，而我們唯一能做的，便是改變我們自己的心態。只要擁有樂觀的態度，總能找到快樂的理由。所以，我們應該用樂觀的態度看待人生，用開朗的心情去感受生命，用虔誠的情緒去感激生活。

得失之間話人生，
幸福就在轉瞬間

　　生活中，我們既要享受收穫的喜悅，也要坦
然面對失去的無奈。失去是一種痛苦，但也是幸
福的開始。因為失去的同時你也在得到。失去了
太陽，我們可以欣賞到滿天的繁星；失去了綠色，
我們可以得到豐碩的金秋；失去了青春歲月，我
們走進了成熟的人生......

捨與得之間藏有大智慧

「捨得」者，實無所捨，亦無所得，是謂「捨得」。捨得本是佛教用語，教導人們放下執著，一切皆是虛幻又何必執迷不悟，但捨得又何嘗不是歷經世事之後的頓悟。人生中有所得必會有所失，失中也會有得，得就是失，失就是得。捨捨得得，得得捨捨，其中自有奧妙與智慧待我們去發現，去領悟。

有個人外出尋寶，終於，在一個神祕的山洞口，他找到了看護寶藏的神，在他的乞求下，神同意賜給他一盒珍寶，然而神對他說：「你進入山洞就會看到珍寶，珍寶有很多種，有好的也有不太好的，你只有半小時的時間去選擇一種裝進盒子，選擇之後，我就會讓你出來。」那個人感激涕零，連聲答應。神念動咒語，他走進了山洞。

轉過一個彎，他看到一個石臺上堆滿了光芒閃爍的金幣，他高興極了，跑過去抓起了一大把，就想放進盒子，但他又想，這才是第一個石臺，說不定後面還有更好的。於是，他放下金幣，繼續向前走。下一個轉彎，石臺上堆滿了大塊大塊血紅的寶石，他欣喜萬分，抓起就想放進盒子，但他又想：「後面一定還有更好的！」於是，他又走了下去。又是一個轉彎，石臺上堆滿了大塊大塊翠綠的翡翠，他欣喜若狂，但尚存的一絲理智告訴他，後面還有更好的，於是，他一路跑過，放棄了銀光閃閃的大珍珠，彩色斑斕的瑪瑙石，澄澈多彩的水晶石、羊脂般凝滑溫潤的和闐玉，甚至是光芒閃爍的大塊鑽石……又到了一個石臺前，他看到了石臺上只放著一顆藥，神告訴他，這顆藥是不死神藥，吃了可以升仙。他看了看錶，時間才過去十五分鐘，但思考一番後，他毅然把藥放進了盒子。

一眨眼，他站在了山洞外，神饒有興趣的看著他，說：「你為什麼不再走

下去呢？後面可能還有更好的啊！」他笑了笑，說：「後面的，我捨了。」神哈哈笑了，說：「還好你捨了，再不捨的話，後面的可能你就無福消受了。」神一揮手，這個人看到了後面還藏著的一些寶物，有燃燒著火焰的金槍，有冒著寒氣的寶刀，有龍飛鳳繞的鎧甲，有百蛇盤纏的玉環……神說：「這些都是仙器，你只要一靠近祂們，立刻就會魂飛魄散，消失無蹤。」這個人大驚失色，嚇出了一身冷汗，神說：「吃了這顆藥吧，你馬上就能成仙。」他擦了擦額頭上的汗珠，吃下了藥，果然成了一個逍遙的神仙。

　　人一生中的每時每刻，都是在選擇與捨得中度過的。在人生的每個重要關頭，正確的取捨，可以使人飛黃騰達，生活在幸福之中。因為懂得捨得，所以才能獲得！

　　捨得是一種情義，一種精神，一種藝術，一種領悟，它不僅是生活中的哲學，也是為人處世的大智慧，更是一種人生的境界。捨得，有捨必有得，有得必有失；小捨小得，大捨大得，有捨有得，不捨不得；欲求有得，先學施捨。捨得捨得，先捨後得；捨在前，得在後，也就是說，「捨」與「得」雖是反義詞，卻是一物的兩面。捨得是對等的，你先捨，然後才能得。一個人只有施予才能獲得，不管是哪一種方式的施予，這就是「捨得」的真理。

　　有這樣一個故事：

　　某花農歷盡艱辛培育出一種新品鬱金香，色澤豔麗，花冠碩大，香氣襲人，一上市便成了搶手貨，村裡其餘花農自嘆不如。有人建議他申報專利，有人出天價買斷他家的全部種苗，而他卻召集全村花農，給每戶都無償贈送了一小包這種新品鬱金香種子，鼓勵大家回去種下。此後，他家和這個村所有的花圃都開遍了這種美豔絕倫的鬱金香，整個小村成了超級大花市，外地的客戶紛至遝來，於是其餘花農也都走上了富裕之路。有電視臺記者問他：「為什麼要放棄「壟斷」，而去幫助其他花農？」他說：「其他花農也幫助了我。

再好的花也要靠蜂蝶來會授粉，如果鄉親們的花種不好，那麼時間一長我的新品種就會慢慢被同化，最終將被市場無情的淘汰……」

可見，當你捨棄一些利益時，會獲得更大的利益。這就是捨與得之間的辯證關係。

捨與得之間，真的包含著很深的哲理。捨得捨得，有捨才會有得。一件東西，總是緊緊的抓在手裡，不捨放下的話，手裡就沒有多餘的空間來接其他的東西。「舍」與「得」是辯證關係，舊的不去，新的不來。所以，為了獲大利，就不能計較一時一事的得失。

某清潔公司的經理長期承包那些大公司的清潔工作，對這些公司的重要人物常常施以小恩小惠，這位經理的交際方式與一般企業家的交際方式的不同之處是：不僅奉承公司要人，對年輕的職員也殷勤款待。

誰都知道，這位經理並非無的放矢。事前，他總是想方設法將合作公司中各員工的學歷、人際關係、工作能力和業績，做一次全面的調查和瞭解，若是認為這個人大有可為，以後會成為該公司的要員時，不管他有多年輕，都盡心款待。這位經理這樣做的目的是為日後獲得更多的利益作準備。

這位經理明白，十個欠他人情債的人當中，有九個會給他帶來意想不到的收益。他現在做的「虧本」生意，日後會利滾利的收回。

所以，當自己所看中的某位年輕職員晉升為主管時，他會立即跑去慶祝，贈送禮物，同時還邀請他到高級餐館用餐。年輕的主管很少去過這類場所，因此對他的這種盛情款待自然倍加感動，心想：我從前從未給過這位經理任何好處，並且現在也沒有掌握重大的決策權，這位經理真是位大好人！無形之中，這位年輕主管自然產生了感恩圖報的意識。

正在年輕主管受寵若驚之際，這位經理卻說：「我們公司能有今日，完全是靠貴公司的抬舉，因此，我向你這位優秀的職員表示謝意，也是應該的。」

這樣說的用意，是不想讓這位職員有太大的心理負擔。

就這樣，當有朝一日這些年輕職員晉升至經理等要職時，還記著這位經理的恩惠。因此在生意競爭十分激烈的時期，許多承包商倒閉的倒閉，破產的破產，而這位經理的公司卻仍舊生意興隆，其原因是由於他平常關係投資的多的結果。

人生在世，最難掌握的就是「捨得」這兩個字了。人生有捨才有得，當你懂得了「捨」時，你就會「得」到更多。捨與得之間，關鍵是捨，然後才是得，要捨棄許多小利的迷惑，才能有大的得利。

學會給予也是一種幸福

有這樣的一個小故事：

當有兩個要投胎的靈魂到了上帝那裡，上帝告訴他們，你們有兩個選擇：一個人將來一輩子只會得到，而另外的人將來一輩子只有付出。有個靈魂搶先跟上帝表示要做只會得到的人，而另一個靈魂只能選擇做後一種人了。很多年以後，前一個人成了乞丐，一輩子只有從別人那裡得到，而後一個人成了慈善家，不斷的為別人付出。

這個故事告訴我們一個淺顯的道理：要從別人那裡得到是多麼的不幸啊，而能夠付出是多麼的快樂啊！

生活中，人們總是說：我很幸福，因為我得到了。而極少有人說：我很幸福，因為我給予了。其實，某些時候，給予比接受更幸福。

有對年輕的兄弟倆，從農村到都市裡行乞。飢腸轆轆的他們來到一戶人家的門口，這家人在門口說：「自己工作賺了錢才有飯吃，不要來麻煩我們。」他們走到另一戶人家的門口，裡面的人說：「我們不給乞丐任何東西。」

在好多家門口都遭到拒絕和斥責，他倆很傷心。最後一位好心的太太對他們說：「可憐的孩子，我去看看有什麼東西能給你們吃。」過了一會兒，她拿了一罐牛奶送給他們。

他倆坐在馬路旁，像過節一樣高興。弟弟對哥哥說：「你是哥哥，你先喝。」他半張著嘴望著哥哥，用舌頭舔著嘴唇。

只見哥哥睜大眼睛看著弟弟，拿著牛奶瓶假裝喝奶的樣子。其實他緊閉雙唇，沒讓一滴牛奶入口。然後他把瓶子給弟弟，說：「現在輪到你了，你只能喝一點點。」

弟弟拿起瓶子喝了一大口，說：「牛奶真好喝。」哥哥接過瓶子，假裝喝了一口，又遞給弟弟。牛奶在兩人手中傳來傳去，哥哥一會兒說：「現在輪到你了。」一會兒說：「現在輪到我了。」

一罐牛奶都被弟弟喝完了，哥哥一滴也未喝。但哥哥很快樂，他把那個空牛奶瓶當足球踢。他是那樣的興高采烈。因為他的肚子雖然空空如也，心裡卻裝滿了快樂。因為給予的人得到的回報是幸福。

給予是幸福之源，更是生活之本。當每個人都樂於給予，善於奉獻時，就會驚喜的發現自己正如流經山澗的泉水，在生活的山野歡快的流淌。生命因為給予而精彩，生活因為給予而快樂。

耶誕節時，保羅的哥哥送他一輛新車。耶誕節當天，保羅離開辦公室時，一個男孩繞著那輛閃閃發亮的新車，十分讚嘆的問：

「先生，這是你的車？」

保羅點點頭：「這是我哥哥送給我的耶誕節禮物。」男孩滿臉驚訝，支支吾吾的說：「你是說這是你哥送的禮物，沒花你一毛錢？天哪，我真希望也能……」

保羅當然知道男孩他真希望什麼。他希望能有一個像那樣的哥哥。但是

小男孩接下來說的話卻完全出乎了保羅的意料。

「我希望自己能成為送車給弟弟的哥哥。」男孩繼續說。

保羅驚愕的看著那男孩，脫口而出的說：「你要不要坐我的車去兜風？」

「哦，當然好了，我太想坐了！」

車開了一小段路後，那孩子轉過頭來，眼睛閃閃發亮，對我說：「先生，你能不能把車子開到我家門前？」

保羅微笑，他知道孩子想做什麼。那男孩必定是要向鄰居炫耀，讓大家知道他坐了一部大轎車回家。但是這次保羅又猜錯了。「你能不能把車子停在那兩個臺階前？」男孩要求道。

男孩跑上了階梯，過了一會兒保羅聽到他回來了，但動作似乎有些緩慢。原來把他跛腳的弟弟帶出來了，將他安置在第一個臺階上，緊緊的抱著他，指著那輛新車。

只聽那男孩告訴弟弟：「你看，這就是我剛才在樓上對你說的那輛新車。這是保羅他哥哥送給他的哦！將來我也會送給你一輛像這樣的車，到那時候你就能自己去看那些在耶誕節時，掛在櫥窗上的漂亮飾品了，就像我告訴過你的那樣。」

保羅走下車子，把跛腳男孩抱到車子的前座。興奮得滿眼放光的哥哥也爬上車子，坐在弟弟的身旁。就這樣他們三人開始一次令人難忘的假日兜風。

那個聖誕夜，保羅才真正體會聖經所說的「施比受更有福」的道理。

給予本身就是快樂，給予的人也是最幸福的人。俗話說：「送人玫瑰，手留餘香。」成人之美，學會付出，你會覺得自己原來也很偉大，這是一種光輝燦爛的人性的展現，同時也是一種處世智慧和快樂之道。

春天的一個週末，一個小女孩被爸爸媽媽帶到一個花園裡玩耍，小女孩

在一片草地上，看見一隻蝴蝶被荊棘弄傷了，她小心翼翼的拔掉扎在蝴蝶身上的刺，放牠飛向大自然。後來，蝴蝶為了報答小女孩的恩情，化作一位仙女，對小女孩說：「因為妳的善良與仁慈，請妳許個願，我將幫妳實現它。」小女孩想了一會兒說：「我希望我一生都過得快樂。」於是，仙女彎下腰在他耳邊悄悄細語了一番，然後消失了。

小女孩果真很快樂的度過了一生。當她年老時，鄰居問他：「請告訴我們，仙女到底說了什麼，讓妳一生都這麼快樂？」她只是笑著說：「仙女告訴我，我周圍的每個人，都需要我的關懷。這麼多年，我才明白，原來給予就是一種快樂。」

給予比得到的更快樂，相信懂得給予的人會有同感。因為，快樂具有傳染性，你只有讓別人快樂，才能使自己快樂。相反的，如果你只活在自己的世界裡，那你只會抱怨這個世界沒有讓你開心。正如鏡子和窗戶，鏡子中看到的永遠只是自己，而透過窗戶你才能看到別人。

世界著名精神醫學家阿爾弗雷德‧阿德勒曾經發表過一篇令人驚奇的研究報告。他常對那些孤獨者和憂鬱病患者說：「只要你按照我這個處方去做，十四天內你的孤獨憂鬱症一定可以痊癒。這個處方是 —— 每天想想，怎樣才能使他人快樂？讓他人感到人世間愛心的力量。」原來給人愛，使他人快樂，就是給自己快樂。所以，每個人從現在起，開始學習如何愛別人，多對身邊的人好一些，自己心裡就會很開心，因為，施比受更有福，愛比被愛更幸福。

不在乎得和失，就無謂喜和悲

有這樣一個故事：

　　戰國時期，靠近北部邊城，住著一個老人，名叫塞翁。一次，他養的一匹好馬突然失蹤了。鄰居和親友們聽說後，都跑來安慰他。老人並不焦急，他笑了笑說：「馬雖然丟了，怎麼知道這就不是一件好事呢？」鄰居聽了老人的話，心裡覺得很好笑。馬丟了，明明是件壞事，他卻認為也許是好事，顯然是在自我安慰而已。

　　過了幾天，丟失的馬不僅自動返家，還意外的帶回一匹匈奴的駿馬。這事轟動了全村，人們紛紛向老人祝賀。塞翁聽了鄰人的祝賀，反而一點高興的樣子都沒有，憂慮的說：「白白得了一匹好馬，不一定是什麼福氣，也許會惹出什麼麻煩來。」

　　幾天之後，老人的獨生子騎著那匹好馬玩，這匹馬不熟悉牠的新主人，亂跑亂竄，將年輕人摔下來，把腿摔瘸了。

　　人們聽說後，又跑來安慰老人。可是老人仍然不急的說：「沒什麼，腿摔斷了卻保住性命，或許是福氣呢！」鄰居們覺得他又在胡言亂語。他們想不到摔斷腿會帶來什麼福氣。

　　不久，邊境上發生了戰爭，很多青年人被應徵入伍，上了前線，傷亡了十之八九，只有老頭兒的兒子因為身體殘廢，留在家裡，才僥倖活了下來。

　　「塞翁失馬，焉知非福。」生活中的得與失或許左右你生活的過程。塞上老翁這種透過長遠時空、利弊並重的思考問題的方式，自然產生「不以物喜，不以己悲」、順其自然的平常心。面對得失就應當有一個正常、豁達的態度，既不要在得到時喜不自勝，也不能在失去時悲痛欲絕。能夠正視得失，對你的人生觀會很有幫助。

　　生活猶如萬花筒，喜怒哀樂與酸甜苦辣是相依相隨的，無須過於在意。重要的是做到得而不喜，失而不憂。得與失在我們的心中，其實只有一線之隔，我們意以為得，就是得意；意以為失，就是失意。人生最大的得意與失

意，其實都是由我們自己來左右的。得與失是天平的兩端，若想有好的結果其實很簡單，就看我們如何往上放砝碼了。

《莊子》中有這樣一篇文章：

肩吾與孫叔敖是同鄉，兩人在一個村子裡長大，但是也算不得什麼深交。

孫叔敖長大後到外面謀生，直到退休才又再回到村子來安度餘年。有一天，兩人在樹下乘涼飲茶，肩吾問孫叔敖說：「一般做過官的人衣錦還鄉都興建豪宅，圍起高高的籬笆，深怕別人搶奪他的錢財，危害他的生命；而你曾經三度為相，當你做宰相時，我感覺不出你家的老宅子有什麼改變，當你三度罷相，這一回，你告老還鄉後，我也感覺不出你有什麼悵然若失之態。剛開始的時候，我還懷疑你是深藏不露，喜怒不形於色，可是這一段時間，你天天在這裡喝茶乘涼，顯得一副悠閒自得的樣子，我才相信，你是真的不把在朝在野這檔事放在心上。榮華富貴，歸隱鄉林都不能影響你，你到底是怎麼做到的呢？」

孫叔敖說：「我哪有什麼過人之處呢？不過是因為官職來到我身上，我不能推卸；官職要離開我，我也留不住。我覺得得官失官都不是我能決定的，所以就沒有憂愁。再說，得與失究竟是在令尹的職位上呢，還是在我身上？如果是在令尹的職位上，那就與我無關；如果是在我身上，那就與令尹的職位無關。我所要考慮的是做到心滿意足，從容自得，哪有閒心想什麼人的貴賤呢？」

得之淡然，失之泰然，順其自然，爭其必然。人生總是有得有失，這本是無可厚非的，但如何正確對待個人得失，卻是我們應該深思和慎重對待的。有道是：避苦求樂是人性的自然，多苦少樂是人生的必然，能苦會樂是凡人的坦然，化苦為樂是智者的超然。一個人有了海闊天空的心境和虛懷若

谷的胸懷就能自信達觀的笑對人生的種種苦難與逆境。視世間的千般煩惱，萬種憂愁如過眼雲煙，不為功名利祿所縛，不為得失榮辱所累，就能從苦境或困惑中解脫出來。

清朝名臣謝濟世，他一生四次被誣告，三次入獄，兩次被罷官，一次充軍，一次刑場陪斬，經歷不可謂不坎坷。雍正四年（一七二六年），謝濟世任浙江道監察御史。上任不到十天，他上疏彈劾河南巡撫田文鏡營私負國，貪虐不法，列舉田文鏡十大罪狀。因田文鏡深獲雍正倚重、寵信，謝濟世的彈劾引起雍正不快，謝濟世不看皇帝臉色行事，仍然堅持彈劾。雍正認定謝濟世是「聽人指使，顛倒是非，擾亂國政，為國法所不容」，就免去謝濟世官職，下令大學士、九卿、科道會審。嚴刑拷打之下，雖然沒有拿到證據，但仍然以「要結朋黨」的罪名，擬定斬首。後改為削官謫戍邊陲阿爾泰。

經過漫長艱難的跋涉，謝濟世與一同流放的姚三辰、陳學海終於到達陀羅海振武營，他們準備去拜見將軍。有人告訴他們：戍卒見將軍，要一跪三叩首。姚三辰、陳學海聽後很是淒然，為自己一個讀書人要向人行下跪磕頭的大禮而難過。唯獨謝濟世倒像是沒事似的，心情輕鬆，不以為意。他對自己的兩個同伴說：「這是戍卒見將軍，又不是我見將軍。」等見到將軍，將軍對這幾個讀書人很是敬重，免去了大禮，還尊稱他們為先生，又是賜座，又是賞茶。出來的時候，姚三辰、陳學海很是高興，臉上露出得意神色，謝濟世倒是一臉平靜。他說：「這是將軍對待被罷免的官員，不是將軍對待我，沒什麼好高興的。」兩個同伴問他：「那麼，你是誰呀？」謝濟世回答說：「我自有我在。」

在謝濟世眼裡，沒有得意，沒有失意，有的是對自我的肯定，淡淡的來，淡淡的去，換來靈性的清淨，對人生、對社會的寬容和不苛求，得到的是自己內心的寧靜和有條不紊。

「得之淡然，失之泰然」是一種心境，是面對一切的不計較，無論是金錢、名利、地位；坦然，是面對現實的一種從容不驚，是一種泰然。人生之路並不都是充滿陽光鮮花的大道，有時也會有溝溝坎坎、磕磕絆絆，許多的成敗得失，並不都是我們能預料到的，也不是我們都能夠承擔起的，但只要我們努力去做，求得一份付出後的坦然，得到的也會是一種快樂。

得與失本來就是不可分割的一體兩面，得即是失，失即是得，面對得失，我們要以「得而不喜，失之不憂」的精神來看待，滿足於現在，活好今天，人生才會快樂，才會有進步。

人生是一場選擇之旅

人的一生，也就是選擇的一生。在我們短暫而又漫長的一生中，無時無刻不處於選擇或被選擇的狀態中。

選擇，這兩個字看上去很簡單，但要以實際行動來做選擇，有時比攀登高峰還要艱難。我們每做一次選擇，都要有強烈的思想鬥爭，如果做錯了一次選擇，都會影響一個階段，甚至於整個人生。

二十世紀最偉大的哲學家尚 - 保羅 · 沙特說過一句富於哲理的話，他說：「人有選擇的自由，但是人沒有不選擇的自由。」這大師的話道出了這樣一個真理：人生處處有選擇。

選擇是掌握人生命運的最偉大的力量。在人生的十字路口，誰能夠理性的作出選擇，誰就掌握了人生的命運。

名震世界的男高音歌唱家帕華洛帝，就是因正確的人生選擇而極大的向人們展示了他歌唱方面的才華。

帕華洛帝小時候的就顯現出了唱歌的天賦。長大後，他仍然喜歡唱歌，

但是他更喜歡孩子，並希望成為一名教師。於是，他考上了一所師範學校。

臨近畢業的時候，帕華洛帝問父親：「我應該怎麼選擇？是當教師呢，還是成為一個歌唱家？」他的父親這樣回答：「孩子，如果你想同時坐兩把椅子，你只會掉到兩個椅子之間的地上。在生活中，你應該選定一把椅子，並且在選定之後，就要義無反顧的堅持到底。」

聽了父親的話，帕華洛帝選擇了唱歌這把椅子。可是要遺憾的是，七年的時間過去了，他還是無名小輩，他甚至想要放棄歌唱事業了。但帕華洛帝想起了父親的話，於是他堅持了下來。

又經過了一番努力後，帕華洛帝終於嶄露頭角，並且名氣節節上升，成為了活躍於國際歌劇舞臺上的最佳男高音。

當一位記者問帕華洛帝成功的祕訣時，他說：「我的成功在於我在不斷的選擇中選對了自己施展才華的方向，我覺得一個人如何去展現他的才華，就在於他要選對人生奮鬥的方向。」

人生成敗，源於選擇。在這個世界上，通向成功的道路何止千萬條，但你要記住：所有的道路不是別人給的，而是你自己選擇的結果。所以，你有什麼樣的選擇，也就有了什麼樣的人生。

有三個人要被關進監獄三年，監獄長給他們三個一人一個要求。

美國人愛抽雪茄，要了三箱雪茄。

法國人最浪漫，要了一個美麗的女子相伴。

而猶太人說，他要一部與外界溝通的電話。

三年過後，第一個衝出來的是美國人，嘴裡鼻孔裡塞滿了雪茄，大喊道：「給我火，給我火！」原來他忘了要火了。

接著出來的是法國人。只見他手裡抱著一個小孩子，美麗女子手裡牽著一個小孩子，肚子裡還懷著第三個。

最後出來的是猶太人，他緊緊握住監獄長的手說：「這三年來我每天與外界聯繫，我的生意不但沒有停頓，反而增長了 2 倍，為了表示感謝，我送你一輛勞斯萊斯！」

今天的生活源於我們昨天的選擇，明天的發展源於今天的選擇。人生是一種選擇，不一樣的選擇，有不一樣的結果。

選擇是明智者的詮釋，它可以決定你的事業和生活的成敗！人的一生，只有一件事不能由自己選擇 —— 自己的出身。其他的一切，皆是由自己選擇而來。因為選擇的權力在我們自己的手中。

有一位哲人說過，上帝在人出生後都給每個人一幅人生的的圖，這些的圖的起點和終點都是相同的，中間的許多岔路要靠我們自己去選擇。

在這個精彩又複雜的世界裡，無論是強者還是弱者，無論是成功者還是失敗者，無論是大人物還是小人物，他們之間最重要的區別就是對人生之路選擇的差別。

有一位富有的商人在去世前，將兩個兒子叫到床前，從枕頭底下拿出一把鑰匙，對他們說道：「我一生所賺得的財富，都鎖在這把鑰匙能打開的箱子裡。可是現在，我只能把這把鑰匙給你們兄弟二人中的一人。」

兄弟倆驚訝的看著父親，幾乎異口同聲的問道：「為什麼？這太殘忍了！」

「的確有些殘忍，但這也是一種善良。」父親停了一下，又繼續說道：「現在，我讓你們自己選擇。選擇這把鑰匙的人，必須承擔起家庭的責任，按照我的意願和方式，去經營和管理這些財富。拒絕這把鑰匙的人，不必承擔任何責任，生命完全屬於你自己，你可以按照自己的意願和方式，去賺取我箱子以外的財富。」

兄弟倆聽完，心裡開始有了動搖。接過這把鑰匙，可以保證你一生沒有

苦難，沒有風險，但也因此而被束縛，失去自由。拒絕它？畢竟箱子裡的財富是有限的，外面的世界更精彩，但是那樣的人生充滿不測，前途未卜，萬一……

父親早已猜出兄弟倆的心思，他微微一笑：「不錯，每一種選擇都不是最好，有快樂，也有痛苦，這就是人生，你不可能把快樂集中，把痛苦消散。最重要的是要瞭解自己，你想要什麼？要過程，還是要結果？」兄弟倆豁然開朗。哥哥說，我要這把鑰匙。弟弟說，我要去闖蕩。二人權衡利弊，最終各取所需。這樣的結局，與父親先前的預料不謀而合。

二十多年過去了，兄弟倆經歷、境遇迥然不同。哥哥生活得舒適安逸，把家業管理得井井有條，性格也變得越來越溫和儒雅，特別是到了人生暮年，與去世的父親越來越像，只是少了些銳利和堅韌。弟弟生活得艱辛動盪，幾經起伏，受盡磨難，性格也變得剛毅果斷。與二十年前相比，相差很大。最苦最難的時候，他也曾後悔過、怨恨過，但已經選擇了，已經沒有退路，只能一往無前，堅定不移的往前走。經歷了人生的起伏跌宕，他最終創下了一份屬於自己的事業。這個時候，他才真正理解父親，並深深的感謝父親。

人生是一種選擇。不一樣的選擇，就有不一樣的結果。向左走？向右走？選擇權在你的手中。人生的地圖上，處處是十字路口。你的每一個選擇都是在為自己種下一顆命運的種子。

得中有失，失中有得

人的一生仿佛就是得失的輪迴，得失就像是跳躍的、充滿靈性的音符，不停的編織著人生樂章中每一個悠揚的旋律。生活中，有得必有失，有失也

必有得。只有從來沒有的東西，才永遠不會失去。「百得終有一失，百失也終有一得。」這句話雖談不上是至理名言，但也從一個側面說明了得與失相互轉化的關係。

有位父親因冒犯了官府，被抄了家、封了房，不得不帶著兒子上街行乞以維持生活。這時，兒子為了淪落為乞丐而悲傷至極。此時，父親說：你應該高興才對，以前我們父子倆守著那一攤子家業，天天擔心被人侵害，每天睡覺都睡不安穩，你讀書也讀得不安心，現在這些家業沒了，也就不用再擔驚受怕了，可以天天睡好覺，你也可以靜心讀書了，這樣何樂而不為呢？兒子一聽，覺得有道理，也就不再悲傷，只安心跟著父親邊乞討邊讀書。有一天，他們家那條街失火，包括他們家的房子在內的整條街全被火燒了，而恰好在火災後不久，他們的案子平反了，官府撥了銀子補償了他們家的損失，讓他們重建了房子，而其他人家的房子全要靠自己掏錢重修。這時，兒子得意了，但父親對兒子說，我們雖然能得到官府的賠償，但我們只得到了原本屬於我們的，即使得到更多的也沒有什麼好得意的，因為得到的東西總有一天也會失去的，你還是安心讀書吧！兒子雖然不喜歡父親這樣說，但還是聽了父親的話，沒有再得意。

過了沒多久，官府要徵收一處房子做皇上的行宮，以備皇上來巡之用，官府選來選去，就看中了這父子家的房子好，就把父子倆趕了出去。兒子這時忍不住要去找官府論理，父親又勸，我們雖然失去了房子，但這房子被徵收是為了給皇上住，我們的房子能給皇上住，說明我們享過和皇帝一樣的福了，我們應該感到滿足和榮幸才對。兒子又聽了父親的話，沒有去找官府理論，而把心思放在讀書上了。後來皇上出巡住進這個行宮，聽說了這所房子主人的事，於是便吩咐把原來的主人找來。父子倆面見皇上時，一身破爛，骨瘦如柴，皇上頓生憐憫之心，便下令搬出行宮，屋歸原主，並當場賞銀千

兩以作為補償，而且當知道這家的兒子年已十八且飽讀詩書時，便要下詔封他為官。這一切是父子倆做夢也沒想到的，當然高興不已，特別是兒子，收回了房子又得到官位，甚是得意。但父親勸兒子要保持冷靜，也不能接受官職。兒子又聽了父親的話，婉拒了皇上的旨意，然後潛心讀書，追求學問。又過了幾年，兒子終於考上了進士。知道兒子高中的消息，父親既不道喜也不祝賀，只給兒子寫了四句話：「得意莫張狂，失意莫悲傷，世間多少事，得失最平常。」這位兒子就是後來官至工部尚書、翰林院學士，再遷任刑部尚書大名鼎鼎的大清名臣劉統勳，也是後來也成為大清朝一品內閣大學士的劉墉劉墉的父親。

人生是一個不斷得到和失去的過程，有得必有失，有失必有得，對於得到的應該知道珍惜，對於失去的，也沒必要耿耿於懷，這才是明智之舉。

有一個阿拉伯的富翁，在一次大生意中虧光了所有的錢、並且欠下了債。他賣掉房子、汽車，還清債務。

此刻，他孤獨一人，無兒無女，窮困潦倒，唯有一隻心愛的獵狗和一本書與他相依為命。在一個大雪紛飛的夜晚，他來到一座荒僻的村莊，找到一個避風的茅棚。他看到裡面有一盞油燈，於是用身上僅存的一根火柴點燃了油燈，拿出書來準備讀書。但是一陣風忽然把燈吹熄了，四周立刻漆黑一片。這位孤獨的老人陷入了黑暗

這位孤獨的老人陷入了黑暗之中，對人生感到痛徹的絕望，他甚至想到了結束自己的生命。但是，依偎在身邊的獵狗給了他一絲慰藉，他無奈的嘆了一口氣沉沉睡去。

第二天醒來，他忽然發現心愛的獵狗也被人殺死在門外。撫摸著這隻相依為命的獵狗，他突然決定要結束自己的生命，世間再沒有什麼值得留戀的了。於是，他最後掃視了一眼周圍的一切。這時，他發現整個村莊都沉寂在

一片可怕的寂靜之中。他不由得急步向前，啊！太可怕了，屍體，到處是屍體，一片狼藉。顯然，這個村莊昨夜遭到了匪徒的洗劫，整個村莊一個活口也沒留下來。

看到這可怕的場面，老人不由心念急轉，啊！我是這裡唯一倖存的人，我一定要堅強的活下去。此時，一輪紅日冉冉升起，照得四周一片光亮，老人欣慰的想，我是這個世界裡唯一的倖存者，我沒有理由不珍惜自己。雖然我失去了心愛的獵狗，但是，我得到了生命，這才是人生最寶貴的。

老人懷著堅定的信念，迎著燦爛的太陽又出發。

從這個故事中我們可以得到這樣的感悟：人的一生，總輾轉在得失之間，在失去的同時，也往往會另有所得，只有認清了這一點，就不至於因為失去而後悔，就能生活得更快樂。

有這樣一個故事：

風浪中，船沉了，唯一一位倖存者被風浪沖到了一座荒島上，每天，這位倖存者都翹首以待，希望有船來將他救出。然而，他盼到「花兒都謝了」，還是沒有船來。

為了活下去，他辛辛苦苦的弄來了一些樹木枝葉給自己搭建了一個「家」，每天，他默默的向上帝祈禱著。然而，不幸的事發生了。一天當他外出尋找食物時，一場森林大火頃刻間把他的「家」化為了灰燼，他眼睜睜的看著滾滾濃煙消散在空中，悲痛交加，眼中充滿了絕望。

第二天一大早，當他還在痛苦中煎熬時，風浪拍打船體的聲音驚醒了他。一隻大船正向他駛來，他得救了。「你們是怎麼知道我在這裡的？」他問。「我們看見了你燃放的煙火訊號。」

人生沒有絕對的事。在某些時候，失去的同時也得到了，而且得到的遠遠比失去的更多。

在人生的道路上，很多時候得亦是失，失亦是得，得中有失，失中有得。在得與失之間，我們無須不停的徘徊，更不必苦苦的掙扎，我們應該用一顆平常心來看待生活中的得與失。我們要清楚對自己來說什麼才是最重要的，然後主動放棄那些可有可無、不觸及生命意義的東西，求得生命中最有價值、最純粹的東西。

吃點眼前虧，享受長遠福

在人生的歷程中，吃虧和受益是互相存在、互相轉換的。一個人不可能事事都受益，有些事情即使當時真的受益了，最終導致的結果仍有可能是吃虧；而有些事情表面上看，可能是吃虧了，但事後仍有可能會出現一個受益的結果。

漢武帝時期，有個在朝官吏叫主父偃，時任郎中。他為人忠厚老實，遇事謙虛禮讓，在朝野中人緣不錯。有一年臨近除夕，皇上賜給群臣每人一隻外番進貢的活羊。

分配時，負責人傷腦筋了。因為這批羊有大有小，肥瘦不均，難以分配。大臣們紛紛獻策：

有人主張把羊通通殺掉，肥瘦搭配，人均一份；

有人主張抽籤分羊，好壞全憑運氣……

朝堂上七嘴八舌的爭論不休。這時，主父偃說話了：「分隻羊有這麼費事嗎？我看大家就隨便牽一隻羊走算了。」說完，他率先牽了最瘦小的一隻羊回家過年。

眾大臣紛紛效仿，羊很快被分發完畢，眾人皆大歡喜。就這樣，擺在大臣們面前的一道難題一下子就迎刃而解了。從此，他也贏得了眾大臣

的尊敬。

後來，這件事傳到漢武帝的耳中，漢武帝很是欣賞，他又被朝廷提拔為中大夫。

這位大臣既得到了眾大臣尊敬，又得到了皇帝的器重。對於這位大臣來說，虧己不正是福嗎？

吃虧是福，關鍵在於心，在於不計較小小得失。吃虧不但是一種胸懷、一種品質、一種風度，更是一種坦然、一種達觀、一種超越。願意吃虧、不怕吃虧的人，總是把別人往好處想，也願意為別人多做一些，在其看似傻氣、迂腐、軟弱的背後，是一個宏大、寬容、純淨的世界。在這個世界裡，他享受著永久的快樂和幸福。吃虧的人，一般來說都會得到旁觀者的同情，不但贏得好人緣，還會在道義上得到更多人的支援，為自己構築了堅實的人脈。

亨利‧霍金士是美國亨利食品加工公司的總經理。有一次他突然從化驗報告單上發現，他們生產食品的配方中，起保鮮作用的添加劑有毒，雖然毒性不大，但長期服用對身體有害。如果不用添加劑，則又會影響食品的新鮮度。亨利‧霍金士考慮了一下，他認為應以誠對待顧客，於是他毅然的把這一個有損銷量的事情告訴了每位顧客，隨之又向社會宣布，防腐劑有毒，對身體有害。他做出這樣的動之後，使他自己承受了很大的壓力，產品銷量銳減不說，所有從事食品加工的老闆都聯合起來，用一切手段向他反撲，指責他別有用心，打擊別人，抬高自己，他們一起抵制亨利公司的產品，亨利公司一下子跌到了瀕臨倒閉的邊緣。苦苦掙扎了四年之後，亨利的食品加工公司已經傾家蕩產，但他的名聲卻家喻戶曉。這時候，政府站出來支持霍金士了。亨利公司的產品又成了人們放心滿意的熱銷商品。公司在很短的時間內便恢復了元氣，規模擴大了兩倍。亨利食品加工公司一舉成了美國食品加工

業的「龍頭公司」。

可見，懂得吃虧的人才是真正的智者。現實生活中，能夠主動吃虧的人實在太少，這並不僅僅是因為人性的弱點讓人很難拒絕擺在面前的誘惑；更是因為大多數人缺乏高瞻遠矚的眼光，不能捨棄眼前小利而爭取長遠利益。其實，學會吃虧，善於吃虧，樂於吃虧，這並不通通是一個人無能、無用、無知的表現，很大程度上這也是一個人的品行偉大於否，思想高尚否，行為善良於否的寫照。

王琳是一個剛剛畢業大學生，受聘於某知名出版社擔任編輯一職。他不但文筆很好，而且工作積極主動。那時，出版社正在進行一套大型百科叢書的編輯，每個人都很忙，但社長並沒有增加人手的打算，於是編輯部的人也被派到發行部和業務部幫忙，但整個編輯部只有王琳接受社長的指派，其他的人都是去一兩次就抗議了，甚至還有人說王琳太傻，做無用功。但王琳卻說：吃虧就是占便宜嘛！事實上也看不出他有什麼便宜可占的，因為他要幫忙包書、送書，像個苦力一樣！他真是個可隨意指揮的員工，後來他又去業務部，參與行銷的工作。此外，連跑印刷廠、郵寄……只要社長開口要求，他都樂意幫忙！反正吃虧就是占便宜嘛！他總是這麼說。

兩年後，王琳自己成立了一家出版公司，生意很興旺。原來，他是在吃虧的時候，把一家出版社的編輯、發行、行銷等工作都摸熟了。他果真是占了便宜的啊！

吃虧就是占便宜。我們都應該記住，這是累積工作經驗，提高自己做事能力，擴大人際關係網路的最好辦法。如果樣樣都想占便宜，那最後一定會吃虧，而且還可能會吃大虧。

華人首富李嘉誠曾說：「有時候看似是一件很吃虧的事，往往會變成非常有利的事。」這就是吃虧是福，這就是現實生活的得失之道。小處吃虧，大

處受益，暫時吃虧，長遠受益。如能將個人的得失置之度外，便可寬心自如的對待周遭的人與事，時時從大局著眼，從長遠利益來考慮問題 —— 這就是智者的選擇。生活中總有一些聰明的人，能從吃虧中學到智慧。

「吃虧是福」是一種處世的智慧。我們要調自己整心態，坦然的面對吃虧，從而讓我們能在人生路上走得一帆風順。

幸福就在一拿一放之間

在人生的旅途中，我們所承載的東西或者說供我們選擇的東西實在太多太多。一個人要敢於擔當，也就是說要拿得起。同樣的，我們在需要執著的時候，也要有放得下的勇氣和智慧。五彩繽紛生活中，放得下和拿得起一樣重要。

世界上沒有十全十美的選擇，無論我們怎樣審慎，終歸都不會盡善盡美，總會留有缺憾。人生的幸福往往就在一拿一放之間，為了得到其中「一半」，你必須放棄另外「一半」。若是過多的權衡，患得患失，到頭來將兩手空空，一無所得。最最明智的選擇，不是選擇那些貌似美好的，而是選擇自己真正需要的。

一天，老和尚帶著小和尚出門化緣，路過一條小河時，見到一名女子站在河邊不敢過河。老和尚就對女子說，「我來背妳過河。」便將女子背在身後涉水過河。小和尚見到老和尚的這一舉動很是驚訝，心中百般不解，卻又不敢輕易打探，只得一路跟隨在後。走出數十里後，小和尚實在忍耐不住，便開口問師傅，「剛才你背女子過河，難道不怕觸犯了戒律？」老和尚並沒有正面解釋，只是輕描淡寫的笑答「到了岸邊我就已經放下了，你怎麼背了幾十里路，到現在還沒有放下呀？」

　　在這個世界上，為什麼有的人活的輕鬆，而有的人活得沉重？前者是拿得起，放得下；而後者是拿得起，卻放不下，所以沉重。很顯然，故事中的老和尚屬於前者，而小和尚屬於後者。所以，我們要拿得起，更要放得下。

　　老人帶著他的學生打開了一個神祕的倉庫。這個倉庫裡裝滿了放射著奇光異彩的寶貝，也不知存放者是誰。仔細看，每個寶貝上都刻著清晰可辨的字紋，分別是：驕傲、正直、快樂、愛情……

　　這些寶貝們都是那麼漂亮，那麼迷人，年輕人見一件愛一件，抓起來就往口袋裡裝。

　　可是，在回家的路上，他才發現，裝滿寶貝的口袋是那麼的沉。沒走多遠，他便感覺到氣喘吁吁，兩腿發軟，腳步再也無法挪動。

　　老人說：「孩子，我看還是丟掉一些寶貝吧，後面的路還長著呢！」

　　年輕人戀戀不捨得在口袋裡翻來翻去，不得不狠心丟掉兩件寶貝。但是，寶貝還是太多，口袋還是太沉，年輕人不得不一次又一次的停下來，一次又一次咬著牙丟掉一兩件寶貝。「痛苦」丟掉了，「驕傲」丟掉了，「煩惱」丟掉了……口袋的重量雖然減輕了不少，但是年輕人還是感到它很沉很沉，雙腿依然像灌了鉛一樣的重。

　　「孩子，你再翻一翻口袋，看還可以丟掉些什麼？」老人又一次勸道。

　　年輕人終於把沉重的「名」和「利」也翻出來丟掉了，口袋裡只剩下「謙虛」、「正直」、「快樂」、「愛情」……一下子，他感到說不出的輕鬆和快樂。

　　但是當他們走到離家只有一百公尺的地方，年輕人又一次感到了疲憊，在前所未有的疲憊，他真的再也走不動了。

　　「孩子，你看還有什麼可以丟掉的，現在離家只有一百公尺了。回到家，等恢復體力還可以回來拿。」

　　年輕人想了想，拿出「愛情」看了又看，戀戀不捨的放在路邊。

他終於走回了家。

可是他並沒有想像中的那樣高興，他在想著那個讓他戀戀不捨的「愛情」。老人過來對他說：「愛情雖然可以給你帶來幸福和快樂。但是，它有時也會成為你的負擔。等你恢復了體力還可以把它取回的，對嗎？」

第二天，年輕人恢復了體力，按著來時的路拿回了「愛情」。他真是高興極了，他歡呼雀躍。他感到了無比的幸福和快樂。這時，老人走過來撫摸著他的頭，舒了一口氣：「啊，我的孩子，你終於學會了放手！」

在生活中，我們應該學會放下，而不要一味的索取。懂得放下才會輕鬆快樂，背著包袱走路總是很累的。

從前有個書生，一度因為相愛的人嫁給了別人而一病不起，家人用盡各種辦法都無濟於事，眼看他奄奄一息。這時路過一個僧人，得知情況，決定點化他一下。僧人走到書生床前，從懷裡摸出一面鏡子，叫書生看。書生看到茫茫大海，一名遇害的女子衣不蔽體的躺在海灘上。這時路過一人，看了一眼，搖搖頭，走了……又路過一人，將衣服脫下，給屍體蓋上，也走了……再路過一人，他走過去，挖了個坑，小心翼翼的將屍體掩埋了。

書生不明白其道理。

僧人解釋道，「那具海灘上的女屍，好比是你深愛的女人。你，好比是那第二個路過的人，你們之間的愛只是一件衣服的恩情與緣分，而那個最後將她掩埋的人，才是她想要與之共度一生一世的人，因為在擦身而過的人們當中，只有他一個人給了她徹底的體恤，永久的心安。」

書生大悟，一下子從床上坐起來，病不藥而癒。

人生就是這樣，有的東西你再喜歡也不會屬於你，有的東西你再留戀也註定要放棄，有些註定要失去的緣分永遠都不會有結果。人生就像是我們在列車上的一次長途旅行，到了站，你就必須下車。沉迷過往的人將永遠

生活在痛苦和遺憾之中。所以，我們必須學會人生的一堂重要課程 —— 懂得放下。

佛陀住世時，有一位名叫黑指的婆羅門來到佛前，運用神通，雙手拿了兩個一人高的花瓶，前來獻佛。

佛陀對黑指婆羅門說：「放下！」於是婆羅門就把左手拿的那個花瓶放在地上。佛陀又說：「放下！」婆羅門又把右手拿的那個花瓶也放在地上。佛陀又說：「放下！」黑指婆羅門丈二和尚摸不著腦袋：「世尊，我已經兩手空空，把兩個花瓶都放下了！」

佛陀說：「我並沒有叫你放下花瓶，我要你放下的是你的六根、六塵和六識。當你把這些通通放下，就再沒有什麼了，你將從生死桎梏中解脫出來。」

黑指婆羅門這才瞭解佛陀的真意，趕緊頂禮。

佛陀要黑指婆羅門放下的不是手中的花瓶，而是心裡的執著。一個人高的花瓶，普通人單手是拿不了一個的，就算兩隻手抱起來也很困難，可是黑指婆羅門為了展示自己的神通，一隻手一個的就把兩個花瓶都拿起來了，還拿給了佛陀看，這就是執著，太想炫耀自己了。

人生有太多的誘惑，不懂得放下，只能在誘惑的漩渦中傷神。人生有太多的欲望，不懂得放下，就會在人生的道路上迷失方向。人生有太多的無奈，不懂得放下，就只能與憂愁相伴。但願我們都能學會放下，學會選擇我們的生活。

放棄也是人生的一種勝利

「人生最大的智慧是懂得放棄，我們每個人都有難以割捨的東西。放棄

了，也許是一種勝利。」美國十九世紀著名哲學家、文學家愛默生如是說也。的確，人生面臨許多選擇，而選擇的前提是懂得放棄，正確而果斷的放棄，即是選擇的成功。

有一個學校舉行智力競賽，校長對參加決賽的六名選手說：「我現在把你們分別關在六間教室裡，門外有人把守。我看你們誰有辦法，只說一句話，就能讓門衛把你放出來。不過有兩個條件，一是不准硬闖出門，二是即使放出來，也不能讓門衛跟著你。」

三個小時過去了，仍沒有一個人發出聲響。有個學生很慚愧的低聲對門衛說：「叔叔，這場比賽太難了，我不想參加這場競賽了，請您讓我出去吧。」

門衛聽了之後，打開房門讓他走了出來。然而走出大門的小傢伙隨即又回來了，他走到大廳裡對校長說：「校長，您看，按您的要求，我辦到了！」

校長高興的說：「好孩子，你確實是這次競賽的勝利者！」

可見，放棄也是一種勝利。

放棄是面對人生、面對生活的一種清醒的選擇，只有學會放棄那些本該放棄的東西，生命才會輕裝上陣，才能一路高歌；只有學會放棄走出煩惱，生活才會倍感絢麗富有朝氣。

生活在五彩繽紛、充滿誘惑的世界上，每一個心智正常的人都會有很多的理想、憧憬和追求。否則，他便會胸無大志，自甘平庸，無所建樹。然而，歷史和現實生活告訴我們：必須學會人生的一堂重要課程——懂得放棄。

放棄的目的是為了更好的選擇，更長遠的收穫。放棄並不是消極的放手，而是需要睿智的思想和博大的胸懷。生活有時會逼迫你，不得不交出權力，不得不放走機遇，甚至不得不拋下愛情。你不可能什麼都得到，生活中

應該學會放棄。放棄會使你顯得豁達豪爽。放棄會使你冷靜主動，放棄會讓你變得更智慧和更有力量。

有一天晚上，一個母親正在廚房清洗晚飯後的碗盤。她有一個五歲的兒子，正自得其樂的在臥室裡玩耍。

廚房的工作還沒有忙完，母親就聽到了兒子的啼哭的聲音。究竟發生了什麼事呢？母親放下手中的工作，顧不上將帶水的手擦乾，就衝到臥室裡，看兒子到底發生了什麼事情？原來，兒子的手伸進了放在茶几上的花瓶裡。花瓶是上窄下闊的款式，所以，他的手可以伸進去，但抽不出來。母親用了各種不同的辦法，想把兒子卡住的手拿出來，但都不得要領。

母親非常焦急，她只要稍為用力一點，兒子就痛得叫苦連天。在無計可施的情況下，母親想了一個下策，就是把花瓶打碎。可是她仍在猶豫，因為這個花瓶不是普通的花瓶，而是一件價值連城的古董。不過，為了兒子的手能夠拔出來，這是唯一的辦法。結果，她忍痛將花瓶打破了。雖然損失不菲，但兒子平平安安的，母親也就不太計較了。她叫兒子將手伸給她看看有沒有受傷。雖然兒子完全沒有任何皮外傷，但他的拳頭仍是緊握住似的無法張開。是不是抽筋呢？

母親再次驚惶失措。

當兒子慢慢鬆開緊緊握住的拳頭時，母親知道了：原來，兒子的手不是抽筋。他的拳頭張不開，是因為他緊握著一個硬幣。他是為了拿這一個硬幣，所以讓手卡在花瓶的瓶口。

小孩子的手抽不出來，其實，不是因為花瓶口太窄，而是因為他不願意放棄手中的硬幣。

很多時候，人正是因為不懂得捨棄才會有許多痛苦。當懂得了捨棄和整理自己的智慧時，就會豁然開朗，生命馬上會展現出另外一種截然不同的景

致。要知道，放棄心中那份執著是另一種意義上的擁有，只有放棄執著和壓抑於心的東西，才能去承載許許多多更美好的禮物。世上有失必有得，有得必有失，而我們也該在這內心的平衡中找到和諧與快樂。

對無法得到的東西，忍痛放棄，那是一種豁達，也是一種明智。必須割捨而不肯割捨，則是疑慮與執迷，對自己有害無益。能在必須割捨時，毅然的割捨，乃是堅強與灑脫。不要以為只有能「取得」的人才是大智大勇，那些能毅然「割捨」的人，其實具有更高的智慧與更大的勇氣。

人生有所失才能有所得，放棄也是一種美。學會放棄，才能使自己真正的懂得珍惜現在所擁有的一切，只有痛苦的放棄才能使自己卸下包袱輕鬆前進。

從前，有一個年輕人，他背著一個大包袱千里迢迢跑去找孔雀大師，他說：「孔雀大師，我該怎麼辦啊？痛苦、寂寞、無助和眼淚時常陪伴著我，長期的跋涉使我疲倦到極點：我的鞋子破了，荊棘割破雙腳；手也受傷了，流血不止；嗓子因為長久的呼喊而嘶啞……為什麼我還不能找到心中的陽光？」

孔雀大師問：「你的大包袱裡裝的是什麼呢？」年輕人說：「它對我可重要了。裡面是我每一次跌倒時的痛苦，每一次受傷後的哭泣，每一次孤寂時的煩惱……靠著它，我才有勇氣走到您這裡來。」

於是，孔雀大師帶著年輕人來到河邊，他們坐船過了河，上岸後，孔雀大師說：「你扛著船趕路吧！」年輕很驚訝道：「什麼？不是開玩笑的吧！它那麼沉，我扛得動嗎？」「是的，年輕人，你扛不動它。」孔雀大師微微一笑說道：「過河時，船是有用的，但過了河，我們就要放下船趕路。否則，它會變成我們的包袱。同樣的道理：痛苦、寂寞、災難、眼淚，這些對人生都是有用的，它使生命得到昇華，但須臾不忘，就成了人生的包袱，放下它吧！年輕人，生命不能太負重。」

　　聽了孔雀大師的教誨，年輕人似乎略有所悟，他放下包袱，繼續趕路。此時，他發覺自己的步伐輕鬆而愉悅，比以前快得多了。

　　一個行囊，如果已經裝的太滿了，就會很沉、很重。每個人生命所能夠背負的重量是固定的，你既然不能得到所有你所想要的東西，所以就必須學會有所捨棄。放棄那些紛亂的雜念和欲望，放棄那些不是太重要的東西，卸去負擔輕鬆前行讓自己活得輕鬆、簡單一些。

　　快樂是懂得放棄。放棄也是一種智慧，懂得放棄的你也能尋獲另一種釋然的快樂。放棄小的是為了得到大的，放棄眼前的局部是為了得到將來的整體。放棄了一棵樹木，我們卻能夠得到一片森林；放棄了一座孤島，我們卻能夠擁有一片汪洋大海。學會了放棄，你豁然開闊的眼界裡將會發現人生中更多更美的風景，而且你也就學會了在簡單的生活中尋找快樂。

第三章　得失之間話人生，幸福就在轉瞬間

第四章

釋放你的心靈，
幸福在不遠處等你

　　生活中，我們每個人的心靈總會或多或少的存在著層層桎梏，並一直遭受著囚禁，所以我們常常感到不幸福。但令人感到可笑的是，囚禁我們心靈的牢籠不是別人給的，而是由我們自己鑄就的。其實，只要我們釋放心靈，給自己一片晴空，幸福就在不遠處。

放慢生活的腳步，欣賞沿途的風景

有這樣一個小故事：

一個旅行者來到一處古老的部落，發現這裡的人們還生活在一種緩慢的原始狀態中。於是他熱情的向這裡的人們介紹起外面的世界是多麼的精彩，生活的節奏是多麼的快。可這裡的人靜靜的反問：「我們都有一個共同的終點，那就是死亡，你們為什麼要走得那麼快呢？」

是啊，我們為什麼要走得那麼快啊？既然人生的終點都是一樣的，與其匆忙趕路，不如放慢腳步，放鬆心情，來欣賞一下路邊的風景。

從前，有一個年輕人，總是抱怨生活過得太慢。於是，他找上帝訴苦，並懇求上帝的幫助。

上帝給了他一個任務，叫他牽一隻蝸牛去散步。年輕人不能走得太快，蝸牛已經盡力的爬了，每次總是只挪一點點。

年輕人催牠，唬牠，責備牠，蝸牛用抱歉的眼光看著他，仿佛說：「人家已經盡了全力！」年輕人拉牠，扯牠，甚至想踢牠，蝸牛受了傷，牠流著汗，喘著氣。

年輕人對著天空大聲喊道：「上帝啊！為什麼叫我牽一隻蝸牛去散步？」天上一片安靜。

「唉！也許上帝去抓蝸牛了！好吧！鬆手吧！反正上帝都不管了，我還管什麼？」年輕人在蝸牛後面獨自生著悶氣，任蝸牛自己往前爬。

就在這時，年輕人聞到了花香，原來這邊有個花園。他感到微風吹來，原來這裡的風這麼溫柔。他聽到了鳥聲，他聽到了蟲鳴，他看到了滿天的星斗，多麼漂亮。咦？以前怎麼沒有體會到這些原本存在的東西？

這個年輕人忽然感悟到：「莫非是我弄錯了！原來是上帝叫蝸牛牽我去

散步。」

　　放慢自己的腳步，是為了好好感受那些美好的事物。美好的事物，是在匆忙走過的時候不會被注意到的。當你放慢腳步時，會真正聽到鳥兒的好聽歌聲是那麼的悅耳和諧，會看到天空的湛藍，看到樹梢在微風下輕輕搖動，會真正看到每一朵花都是活生生的。

　　放慢腳步是為了享受生活。放慢生活的腳步，生命一樣會精彩。當我們疾步向前奔的時候，往往錯失沿途美妙的風景；當我們悠閒的漫步時，才發覺原來路上的景色是如此迷人。

　　有一天，寺廟通向外面的山路與剛修建好的高速公路連在了一起了，小沙彌看到了，就興高采烈的對師父說：「師父，你看，寺裡通向外面的山路和高速公路連在一起了，以後，信眾們來寺裡就更加方便了。既然這樣，是不是也應該把寺外的山路修一下，讓它變得更直、更寬一點，方便信眾們呢？」

　　師父回答說：「寺廟外的山路修得窄一點、彎彎曲曲的，這是祖師們傳下來的規矩，其中自然有他們的道理。」

　　小沙彌又說：「師父，可是，又窄又彎曲的山路很難走，會讓人覺得很累啊。」

　　誰知，師父卻說：「不是這樣子的，實際情況恰恰相反。」

　　小沙彌茫然不解，又問道：「師父，又窄又彎曲的山路走起來，不但浪費時間，而且浪費力氣，不是很累嗎？」

　　師父說：「實際上，正因為山路彎彎曲曲，才能讓人們時不時的停一下。我佛超度人，不是為了讓人們急匆匆的趕路，而是要讓人們放慢腳步，感悟身邊的一切。」

　　小沙彌似懂非懂的點了點頭。

在前進的道路上，放慢你的腳步，去欣賞兩邊的風景，或許會有一番「驚喜」。

其實，人生就像一場旅行，不必在乎目的地，在乎的是沿途的風景，以及看風景的心情，這是一種令人羨慕的灑脫。在人生旅途中，適時的放慢腳步，感受一下沿途的風景，感悟一下美麗的人生，你就會覺得生活更加充實。

有三個人比賽煮紅豆湯，時間限定一天，看誰煮的紅豆湯最好吃。他們三個人中有一個是廚藝精湛的大師，另兩個則是學徒。大家一開始都認為那位大師會勝利。也許他自己也是這麼想的。於是他把他高超的技藝全都展示在那碗紅豆湯裡。沒多久，他的紅豆湯就完成了。評委們一嚐，雖然味道不錯，色澤也很鮮豔，卻始終嚐不出那種軟糯的口感，且軟硬程度不一，甚至有幾顆還未熟。其中的一個學徒，看到大廚這麼快就完成了，心中一急，把火調大也迅速的完成了。結果可想而知。他既沒有大廚精湛的廚藝，也沒有好好的去想到底該如何製作這碗湯，結果因為最後一下子用了大火，使紅豆入嘴即化，還帶有沙沙的感覺。第三個人看他們都完成了，心裡自然也很著急。但他也看到了第二個人的結果，知道如果他現在草草了事，也不會有好結果的。於是他把心一橫，乾脆就不停的攪拌紅豆，隔一段時間就加入適量的糖。比賽的時間已經過去多時了，評委們也早已不耐煩了，終於他把他的紅豆湯盛了出來。一股濃郁的香味撲鼻而來。評委們舀起一勺，看到勺子上還有如「藕斷絲連」般的湯汁。放入嘴中，甜而不膩，糯而不黏，吞嚥時還有滑滑的感覺。他成功了。他製作的紅豆湯贏得了勝利。

紅豆要慢慢煮才會有滋有味，生活也是如此，只有慢慢的品味，才會豐富多彩。每個人都有決定自己生活的權利，何必把自己搞得那麼累。放慢你的腳步，盡情的呼吸，盡情的歡笑，讓生活中多一些溫馨，生命少一

份遺憾。

生活中，當你走得累了的時候，你可以停下你前進的步伐駐足遠視、欣賞一下沿途的美景；當你在競爭中傷痕累累、身心疲憊時，不妨停下你的腳步與別人交談心扉；當你因為生活得困苦而痛苦不堪時，你不妨停下生活的腳步，細細的計劃一下自己的人生。總之，當你有意識的放慢腳步，並能抓住手中滑過的時光繩索時，心裡一定會充盈著幸福的泉源。

簡單生活，方能活出幸福的滋味

有這樣一個小故事：

有一位農夫，辛苦勞動了大半輩子，終於實現了自己的夢想，擁有了一座屬於自己的牧場。

牧場開張後不久，親朋好友紛紛前來參觀祝賀。閒聊間，有訪客問及這位農夫是否已為牧場取好了名字，農夫得意的答道：「說到名字可就有意思了，我們全家每個人的意見都不同。我的大女兒建議用她的名字『瑪麗蓮』，我的小兒子堅持用他的名字『詹姆士』，我太太則認為在這裡生活十分幸福，想取名叫『幸福』牧場，而這是我一生的夢想成果，我想取名叫『夢想』。最後我們一致達成協議，將牧場取名為『瑪麗蓮詹姆士幸福夢想牧場』」。

訪客又問：「名字確實很有新意，但怎麼在你的牧場上沒看到任何飼養的牲畜呢？」主人答道：「喔！以前是有的，只是那些牛、馬受不了在牠們身上烙那麼長字的烙印，全都燙傷感染死了。」

這個故事告訴我們，複雜的名字是會害死牛、馬等牲畜。同理，複雜的事情也有可能是會害死人的，複雜的生活更可能會害得我們筋疲力盡。

現代社會，人的生活被各種繁雜的事務切割，人們常常陷在各式各樣的

糾纏中，生活在一種複雜狀態裡。匆忙的腳步，疲憊的心靈，偶然抬頭的時候才發現，生活已不再是我們汲取快樂的泉源，而是使我們沮喪悲觀的重擔。而這一切的一切，皆因我們日漸複雜的心靈和無休無止的欲望。

老子說：「大道至簡」，最深奧的道理是簡明的。生活亦是如此。著名作家劉心武曾說過：「在五光十色的現代世界中，應該記住這樣古老的真理：活得簡單才能活得自由。」簡單是一種美，是一種樸實且散發著靈魂香味的美。簡單不是粗陋，不是做作，而是一種真正的大徹大悟之後的昇華。

簡單是一種智慧。生活永遠不會平靜，也不會簡單。但需要我們從中尋求平靜，尋求簡單。化繁為「簡」，是需要一種心智的。莎士比亞說過：「簡潔是智慧的靈魂。」簡單不是淺陋，而是美好，一位大藝術家說過：「簡單才是最美。」一位哲人說過：「因為簡單，才是極致。」生活不正是這樣嗎？最簡單的裝扮往往是最美的，最簡單的語言往往是最真誠的，最簡單的行為往往是最能打動人心的。

有這樣一個小故事：

有一個美國商人坐在墨西哥海邊一個小漁村的碼頭上，看著一個墨西哥漁夫划著一艘小船靠岸。小船上有好幾條大黃魚，這個美國商人對墨西哥漁夫能抓到這麼棒的魚而感到驚訝，問要多少時間才能抓這麼多？漁夫說，才一會兒就抓到了。美國人驚奇的問：「你為什麼不待久一點，好多抓一些魚？」那漁夫卻笑著回答說：「這些魚已經足夠我一家人生活所需了！」

於是，美國人又問：「那你剩餘的時間都在做什麼？」墨西哥漁夫告訴他：「我每天睡到自然醒，出海抓幾條魚，回來後跟孩子們玩一玩，再懶懶的睡個午覺，黃昏時到村子裡喝點小酒，跟哥們玩玩吉他，我的日子過得可是快樂又忙碌呢！」

美國人幫他出主意說：「我是美國麻省理工大學企管碩士，我認為，你應

該每天多花一些時間抓魚，到時候你就有錢去買條大一點的船。等有了大船後，你自然就能夠抓更多的魚，再買更多的漁船。然後你就可以擁有一個漁船隊。到時候你就能夠控制整個生產、加工處理和行銷。最後你就可以不要待在這個小漁村，搬到城裡，然後到紐約。在那裡經營你不斷擴大的企業。」墨西哥漁夫問：「這要花多長時間呢？」美國人回答：「十五年到二十年。」

「然後呢？」

美國人得意的說：「然後你就可以在家快活啦！等時機一到，你就可以宣布股票上市，把你公司的股份賣給投資大眾。到時候你就有數不完的錢！」

「然後呢？」

美國人說：「到那個時候你就可以享受生活啦！你可以搬到海邊的小漁村去住。每天睡到自然醒，出海隨便抓幾條魚，跟孩子們玩一玩，再跟老婆睡個午覺，黃昏時，到村子裡喝點小酒，跟哥們玩玩吉他了！」墨西哥漁夫疑惑的說：「那與我現在有什麼兩樣嗎？」

既然墨西哥人已經在快樂的享受人生了，他還需要追求什麼樣的人生嗎？人生就在於這種享受的心情，享受著簡單的快樂。

西方哲學家梭羅說：「大多數所謂豪華和舒適的生活不僅不是必不可少的，反而是人類進步的障礙，對此，我們必須認清哪些是我們必須擁有的；哪些可有可無的；哪些則必須丟棄。」生活中，一個人為了維持生存和健康所需要的物品並不多，超過此需求的物品就是奢侈品，人們對奢侈品的需求可以說是沒有盡頭的。如果一個人太看重物質享受，就必須要付出精神上的代價。其實，能夠約束自己無盡的欲望，滿足於過簡單生活，遠離麻煩的交際和應酬，算不上是什麼損失，反而讓我們受益無窮。我們因此會獲得好心情和好光陰，可以把那些時間奉獻給自己真正喜歡的人，真正感興趣的事。說到底其實就是奉獻給自己的生命，因為你的生命領域將更加寬闊。

簡單，其實應該是為人之本。冰心說過：「如果你簡單，那麼這個世界也就簡單。」簡單使生活回歸自然，使浮華回歸淳樸，使嘈雜回歸寧靜，使身體清爽和健康。在簡單的狀態下，欲望易於滿足，易於得到自由，所以說簡單是快樂的泉源。回歸簡單而得來的快樂，曾經複雜過的人最能體會。這樣的快樂更長久，原始純粹的快樂，有著豐富深長的內涵。

「簡單不一定最美，但最美的一定簡單。」由此可見，最美的生活也應當是簡單的生活。在西方社會，簡單主義正在成為一種新興的生活主張。因為大多數的生活，以及許多所謂的舒適生活，不僅不是必不可少的，甚至還是人類進步的障礙和歷史的悲哀。在這種情況下，人們更願意選擇另一種生活方式，過簡單而且真實的生活。

簡單生活，是一種豐富、健康、和諧、悠閒的生活；簡單生活，是經過深思熟慮之後，表現真實自我，生活目標、意義明確的生活；簡單的生活，才能活出真正的自己來。

因為心懷感恩，所以感到幸福

感恩是一種對恩惠心存感激的表示，是每一位不忘他人恩情的人縈繞心間的情感。如果在我們的心中培植一種感恩的思想，則可以沉澱許多的浮躁、不安，消融許多的不滿與不幸。只有心懷感恩，我們才會生活得更加美好。擁有一顆感恩的心，你會覺得幸福快樂。

多年前一個感恩節的早上，有對年輕夫婦的一家人卻極不願意醒來，他們不知道如何以感恩的心過這一天，因為他們實在是窮得可憐。耶誕節的「大餐」想都別想，能有點簡單的食物吃就不錯了。

若是能早一點跟當地慈善團體聯絡，或許就能分得一隻火雞及烹烤的佐

料，可是他們沒有這麼做，為什麼呢？就跟其他不少家庭一樣，要有骨氣，是怎麼樣就怎麼過這個節。

貧賤夫妻百事哀，無可避免的，沒多久這對夫婦就爭吵起來。隨著雙方越來越強烈的火氣和咆哮，看在這個家庭最年長的孩子眼裡，只覺得自己是那麼的無奈和無助。然而命運就在此刻改觀了……

沉重的敲門聲在耳邊響起，男孩前去應門，一個高大男人赫然出現眼前，穿著一身皺巴巴的衣服，滿臉的笑容，這個男人手提著一個大籃子，裡頭滿是各種能想到的過節的東西：一隻火雞、烹烤的配料、厚餅及各式罐頭等，全是感恩節大餐必不可少的。

這家人一時都愣住了，不知道是怎麼一回事，門口的那人隨即開口道：「這份東西是一位知道你們有需要的人要我送來的，他希望你們曉得還是有人在關懷和愛你們的。」

起初，這個家庭中的爸爸還極力推辭，不肯接受這份禮，可是那人卻這麼說：「別推辭了，我也只不過是個跑腿的。」帶著微笑，他把籃子擱在小男孩的臂彎裡轉身離去，身後飄來了這句話：「感恩節快樂！」

就是那一刻，小男孩的生命從此就不一樣了。雖然只是那麼小小的一個關懷，卻讓他曉得人生始終存在著希望，隨時有人 —— 即使是個「陌生人」 —— 在關懷著他們。在他的內心深處，油然興起一股感恩之情，他發誓日後也要以同樣方式去幫助其他有需要的人。

到了十八歲時，他終於有能力來兌現當年的許諾。雖然收入還很微薄，在感恩節裡他還是買了不少食物，不是為了自己過節，而時去送給兩戶極為需要的家庭。

他穿著一條老舊的牛仔褲，假裝自己是個送貨員，開著自己那輛破車親自送禮去，當他到達第一戶人家破舊的住所時，前來應門的是位拉丁婦女，

她帶著提防的眼神望著他。她有六個孩子，數天前丈夫拋下他們不告而別，目前正面臨著斷炊之苦。

這位年輕人開口說道：「我是來送貨的，女士。」隨之他便從車裡拿出裝滿了食物的袋子及盒子，裡頭有一隻火雞、配料、厚餅及各式的罐頭。見到這些，那個女人當場傻了眼，而孩子們也爆出了高興的歡呼聲。

忽然這位年輕媽媽抓起年輕人的手臂，沒命的親吻著，同時激動的喊著：「你一定是上帝派來的！」年輕人有些靦腆的說：「不，我只是個送貨的，是一位朋友要我送來這些東西的。」

隨後，他便交給婦女一張字條，上頭這麼寫著：「我是妳們的一位朋友，願妳一家都能過個快樂的感恩節，也希望妳們知道有人在默默愛著妳們。今後妳們若是有能力，就請同樣把這樣的禮物轉送給其他有需要的人。」

年輕人把一袋袋的食物不停的搬進屋子，使得興奮、快樂和溫馨之情達到最高點。當他離去時，那種人與人之間的親密之情，讓他不由得熱淚盈眶。回首瞥見那個家庭裡的張張笑臉，他對於自己能有餘力幫助他們，內心升起一股感恩之心。

他的人生竟是一個圓滿的輪迴，年少時期的「悲慘時光」原來是上帝的祝福，指引他一生以幫助他人來豐富自己的人生，就從那兩次的行動開始，他展開了不懈的追求，直到今日。

「感恩」是一種處世哲學，是生活中的大智慧。學會感恩，是為了擦亮蒙塵的心靈而始之不致於麻木，學會感恩，是為了將無以為報的點滴付出永銘於心。一個心中不知道感恩的人，是永遠不會滿足的人，也是一個不懂得珍惜現在所擁有的人。他們整天只會怨天尤人，搞的自己痛苦不堪。

在感恩節期間，有一位先生垂頭喪氣的來到教堂，坐在牧師面前，他對牧師訴苦：「都說感恩節要對上帝獻上自己的感謝之心，如今我一無所有，

失業已經大半年了，工作面試了十多次，也沒人要用我，我沒什麼可感謝的了！」牧師問他：「你真的一無所有嗎？上帝是仁慈的，神依然愛你，你沒感覺到嗎？好，這樣吧，我給你一張紙，一枝筆，我問你把你的答案記錄下來，好嗎？」

一、牧師問他：「你有太太嗎？」

他回答：「我有太太，她不因我的困苦而離開我，她還愛著我。相比之下，我的愧疚也更深了。」

二、牧師問他：「你有孩子嗎？」

他回答：「我有孩子，有五個可愛的孩子，雖然我不能讓他們吃最好的，受最好的教育，但孩子們很爭氣。」

三、牧師問他：「你胃口好嗎？」

他回答：「我的胃口好極了，由於沒什麼錢，我不能最大程度的滿足我的胃口，常常只吃七分飽。」

四、牧師問他：「你睡眠好嗎？」

他回答：「睡眠？呵呵，我的睡眠棒極了，一碰到枕頭就睡熟了。」

五、牧師問他：「你有朋友嗎？」

他回答：「我有朋友，因為我失業了，他們時不時的給予我幫助！而我無法回報他們。」

六、牧師問他：「你的視力如何？」

他回答：「我的視力好極了，我能夠清晰看見很遠地方的物體。」

於是他的紙上就記錄下這麼六條：第一，我有好太太；第二，我有五個好孩子；第三，我有好胃口；第四，我有好睡眠；第五，我有好朋友；第六，我有好視力。

牧師聽他讀了一遍以上的六條，說：「祝賀你！感謝我們的上帝，祂是何

等的保佑、賜福給你！你回去吧，記住要感恩！」

　　他回到家，默想剛才的對話，久違的照照鏡子：「唉呀，我是多麼的不修邊幅，又是多麼的消沉！頭髮幾天沒洗了，衣服也有些髒……」

　　後來，他帶著感謝神的心，精神也振奮了不少，順利找到了一份很好的工作。

　　感恩，是一種歌唱生活的方式，它源自人對生活的真正熱愛。感恩之心足以稀釋你心中的狹隘和蠻橫，更能賜予人真正的幸福與快樂。心存感恩，你就會感到幸福。

　　從前，有一位國王覺得自己不幸福，就派宰相去找一個最幸福的人，將他幸福的祕密帶回來。

　　宰相碰到男人問：「你幸福嗎？」

　　男人回答：「不幸福，我還沒有功成名就呢！」

　　宰相碰到女人問：「妳幸福嗎？」

　　女人回答說：「不幸福，我沒有閉月羞花的美貌。」

　　宰相碰到窮人問：「你幸福嗎？」

　　窮人回答說；「不幸福，我沒有錢。」

　　宰相碰到富人問：「你幸福嗎？」

　　富人回答說：「不幸福，我的錢還不夠多。」

　　宰相詢問了各種各樣的人，但始終沒有找到自認為最幸福的人。在返宮的路上，一籌莫展的宰相聽到了遠處傳來的歌聲，那歌聲中充滿了歡樂、活力和激情。於是宰相趕緊找到了那個唱歌的人。

　　宰相問：「你幸福嗎？」

　　唱歌的人回答：「是的，我幸福，我是最幸福的人。」

　　宰相問：「你為什麼是最幸福的人呢？」

唱歌的人回答說：「我感激父母，感激生命，感激妻子，感激朋友，感激這溫暖的陽光，感激這和煦的春風，感激這藍藍的天空，感激這廣闊的大地。我感激所有的一切，因此我是最幸福的人了。」

宰相問：「為什麼？」

唱歌的人回答：「因為對於能夠改變的事情，我竭盡全力，追求美好；對於不能改變的事情，我順其自然，隨遇而安。」

宰相發自肺腑的說：「你確實就是那個最幸福的人啊！快說出你幸福的祕密吧，國王一定會重賞你的。」

最幸福的人說：「如果我有幸福的祕密，那就是我懂得心懷感激，因為感激才會珍惜，因為珍惜才會滿足，因為滿足才會幸福。給不給我賞賜都無所謂，你還是把幸福的祕密送給國王，送給一切需要幸福的人吧。」

感恩和幸福永遠是一對孿生兄弟，只有一個常懷感恩之心的人，才能獲得幸福。有一句話說：「所謂幸福，就是擁有一顆感恩的心，一個健康的身體，一份稱心如意的工作，一個相知相伴的愛人，一群值得信賴的朋友。」生活需要感恩，常懷感恩之心，才能領悟美好。人之所以有感情，是因為生命會感動，所有的感動，都源於感恩。

善於遺忘，別把悲傷留給自己

一個人的一生中，不可能沒有挫折、坎坷，甚至還會發生某些不幸，諸如家庭成員發生意外，身患頑疾，夫妻離異或過早喪偶等等。但是一個人決不能因此而過度沉湎於這類坎坷回憶之中，或沉浸在悲傷中不能自拔。只有學會遺忘，換一個角度看社會，失望就會變成樂趣，憂鬱就會昇華為歡愉。

一艘遊輪正在地中海藍色的水面上航行，上面有許多正在度假中的已婚

夫婦，也有不少單身的未婚男女穿梭其間，個個興高采烈。其中，有位明朗的單身女性，大約六十多歲，也隨著音樂怡然自得。這位上了年紀的單身婦人，也曾遭遇喪夫之痛，但她能把自己的哀傷拋開，毅然開始自己的新生活，重新展開生命的第二度的春天，這是經過深思之後所做的決定。

　　她的丈夫曾是她生活的重心，也是她最為關愛的人，但這一切全都過去了。幸好她一直有個嗜好，便是畫畫。她十分喜歡水彩畫，現在更成了她精神的寄託。她忙著作畫，哀傷的情緒逐漸平息。而且由於努力作畫的結果，她開創了自己的事業，使自己的經濟能完全獨立。

　　有一段時間，她很難和人群打成一片，或把自己的想法和感覺說出來。因為長久以來，丈夫一直是她生活的重心，是她的伴侶和力量。她知道自己長得並不出色，又沒有萬貫家財，因此在那段近乎絕望的日子裡，她一再自問：如何才能使別人接納我、需要我？

　　不錯，才五十多歲便失去了自己的伴侶，自然令人悲痛異常。但時間一久，這些傷痛和憂慮便會慢慢減緩乃至消失，她也會開始新的生活，並從痛苦的灰燼之中建立起自己新的幸福。她曾絕望的說道：「我不相信自己還會有什麼幸福的日子。我已經不再年輕，孩子也都長大成人，成家立業了。我還有什麼地方可去呢？」可憐的婦人得了嚴重的憂鬱症，而且不知道該如何治療這種疾病。好幾年過去了，她的心情一直都沒有好轉。

　　後來，她覺得孩子們應該為她的幸福負責，因此便搬去與一個結了婚的女兒同住。但事情的結果並不如意，她和女兒都面臨一種痛苦的經歷，甚至惡化到大家翻臉成仇。這名婦人後來又搬去與兒子同住，但也好不到哪裡去。

　　後來，孩子們共同買了一間公寓讓她獨住。這更不是解決問題的真正的方法。她後來找到了自己的答案 —— 我得使自己成為被人接納的對象，我得

把自己奉獻給別人，而不是等著別人來給我什麼。想清了這一點，她擦乾眼淚，換上笑容，開始忙著畫畫。她也抽出時間拜訪親朋好友，盡量製造歡樂的氣氛，卻絕不久留。

許多寂寞孤獨的人之所以會如此是因為他們不瞭解愛和友誼並非是從天而降的禮物。一個人若想受到他人的歡迎或被人接納，一定要付出許多努力和代價。若想讓別人喜歡我們，的確需要盡點心力。她開始成為大家歡迎的對象，不但時常有朋友邀請她吃晚餐或參加各式各樣的聚會，並且她還在社區的會所裡舉辦畫展，處處都給人留下美好的印象。

後來，她參加了這艘遊輪的「地中海之旅」。在整個旅程當中，她一直是大家最喜歡接近的對象。她對每一個人都十分友善，但絕不緊纏著人不放，在旅程結束的前一個晚上，她所在的船艙是全船最熱鬧的地方。她那自然而不造作的風格，給每個人都留下深刻印象。從那時起，這位婦人又參加了許多類似這樣的旅遊，她知道自己必須勇敢的走進生命之流，並把自己貢獻給需要她的人。她所到之處都留下友善的氣氛，人人都樂意與她接近。她也終於走出了生活陰影，變成了一個開朗樂觀的人，重新拾回了屬於她的快樂和幸福。

現實生活中，許多時候我們總是抓住痛苦不放，以至於喪失了快樂的機會。事實上，如果我們能夠學會遺忘，放下痛苦，就能贏得生活的快樂。

遺忘過去生活中的不幸往事，可重塑嶄新生活的信心。如果一個人老是不能忘記任何事情，將是十分痛苦的。對上了年紀的人來說，更是如此。人活在世上，往往是難於將事看透。要把事情看輕看薄看淡，就要學會遺忘，善於遺忘。學會遺忘，就要把任何事情都看輕一點、看淡一點，把一些不該記住的東西及時遺忘，只留下溫馨和美好，才能把愉快的心境、充沛的精力和長久的健康留給自己，使生命之樹常青。

不要為打翻的牛奶哭泣

　　生活中，我們經常可以看到，一些人因為自己做錯了某件事，便終日陷在無盡的自責、哀怨和悔恨之中，這無疑是一種嚴重的精神消耗，只會令我們痛苦不堪。過去的已經過去，我們為過去哀傷、遺憾，除了勞心費神，於事無補。莎士比亞曾說：「聰明的人永遠不會坐在那裡為他們的過錯而悲傷，卻會很高興的去找出辦法來彌補過錯。」所以，我們沒有必要整日緬懷過去的錯誤，既然過錯已經發生，我們所需要的是從過錯中總結經驗得失，避免下一次再犯。

　　保羅博士是紐約一所高中的老師，他曾給他的學生上過一堂難忘的課。這個班級的多數學生常常為過去的成績感到不安。他們總是在交完考卷後充滿憂慮，擔心自己不能及格，以至影響了下一階段的學習。

　　有一天，保羅博士在實驗室講課，他先把一瓶牛奶放在桌子上，沉默不語。學生們不明白這瓶牛奶和所學課程有什麼關係，只是靜靜的坐著，望著保羅博士。保羅博士忽然站了起來，一巴掌把那瓶牛奶打翻在水槽之中，同時大聲喊了一句：「不要為打翻的牛奶哭泣！」然後，他叫所有的學生圍在水槽前仔細看那破碎的瓶子和流淌著的牛奶。博士一字一句的說：「你們仔細看一看，我希望你們永遠記住這個道理。牛奶已經流光了，不論你怎樣後悔和抱怨，都沒有辦法取回一滴。你們要是事先想一想，加以預防，那瓶奶還可以保住，可是現在已經晚了，我們現在所能做到的，就是把它忘記，然後注意下一件事。」

　　保羅博士的表演，使學生學到了課本上從未有過的知識。許多年後，這些學生仍對這一課留有極為深刻的印象。

　　「不要為打翻了的牛奶而哭泣！」多麼發人深省的話語。看似簡單的一句

話，卻意義深刻，它其實是告訴我們一種對待錯誤，失誤的心態 —— 不要為自己的過失而苦惱。對過去的錯誤，有機會補救，就盡力補救，沒有機會補救，就堅決將其丟到一邊，不要陷在過去的泥沼裡，越陷越深，無力自拔，否則你將錯失更多的東西。正如泰戈爾所言，如果你因為錯過太陽而流淚，那麼你也將錯過月亮和星辰。

有一個老人特別喜歡收集各種古董，一旦看到心愛的古董，無論花費多少錢都若想方設法買下來。有一天，他在古董市場上發現了一件嚮往已久的古代瓷瓶，於是，就花了很高的價錢把它買了下來。他把這個寶貝綁在腳踏車後座上，興高采烈的騎車回家。誰知，由於瓷瓶綁得不牢固，在途中從腳踏車後座上滑落下來摔得粉碎。這位老人聽到清脆的響聲後連頭也沒回的繼續向前騎車。這時，路邊有位熱心人士對他大聲喊道：「老人家，你的瓷瓶摔碎了。」老人仍是頭也不回的說：「摔碎了嗎？聽聲音一定是摔得粉碎，無可挽回了！」不一會兒，老人家的背影消失在了茫茫人海中。

生活中，有太多的變數，就像古董瓷瓶不小心被摔碎，牛奶瓶突然之間打翻了一樣，事情一旦發生，就絕非一個人的心境所能變的。如果心裡整天想著它，怎麼也揮不去那個陰影，怎麼也擺脫不了那種懊悔，為此輾轉反側孤枕難眠，這樣就是在放大了痛苦，帶給自己的將是更大更多的失誤。

美國奇異公司的一位工程師正在獨立負責一項新塑膠的研究。一天，意外事故突然發生了：實驗的設備爆炸，昂貴的實驗設備和廠房全部都炸毀了。所幸的是，那位工程師當時沒在現場，倖免於難。然而當他面對一片狼藉的現場時，精神幾乎崩潰。他傷心透了，他覺得這項研究是由自己來負責的，出了這麼大的事故，責任只能由自己來承擔，不單是要承擔巨額的債務費用，自己在奇異公司的夢想也因此結束了。更為嚴重的是，以後還有誰再相信自己呢？他在極度沮喪的心情下與奇異公司總部派來調查這次事故的高層

官員進行了談話。

這位官員問：「我們在這次事故中得到了什麼？」

工程師沮喪的回答：「由此看來，我當初的實驗方案行不通。」

「那就好，我們得到了需要的東西，實驗室炸毀了沒什麼可怕的，如果我們什麼結果也沒得到那才是最可怕的。」調查官員平靜的說。

令工程師萬萬沒有想到的是，一場重大的事故就這樣解決了。這給他的內心造成了很大的震動，他告訴自己要忘記過去的失敗，重新再來。此後，他不再去想爆炸的實驗室，不再沮喪，他繼續進行研究。

皇天不負有心人。這位工程師最終取得了巨大的成就。他就是後來帶領奇異公司實現飛速發展、被譽為世界第一執行長傑克‧威爾許。

生活中，總會有一些意想不到的事情發生。當你面對一些不幸的打擊時，要學會瀟灑的揮一揮手，告別昨天。不要把寶貴的時間和精力浪費在悔恨、自責和羞愧上。這些負面情緒只會阻止你改變目前的生活狀態，因為它們只會讓你的意識停留在過去。

意識停留在過去的人，不可能積極的面對現在。因為人的大腦無法同時面對「過去」和「現在」這兩個現實。生活是對意識的反映。如果你的意識只關心你做過或本來應該做什麼，那麼你的現在只會由氣餒、焦慮和迷惑所堆砌。這個代價太大了。原諒自己吧！用積極的心態面對未來。

過去的事就讓它過去吧，不要為打翻的牛奶哭泣，因為你已經無法去改變它了。但你要記住，以積極的態度來應付不幸之事會收到好的效果，只要你吸取教訓，你便從中獲益。

遠離焦慮，擺脫煩惱

　　焦慮是現代社會普遍存在的一種情緒。隨著現代生活節奏的加快，工作壓力的增大，競爭加劇，以及對自我期望值的增高，焦慮已成為現代人普遍的「心病」，有人甚至說當代就是一個「焦慮的年代」。

　　在撒哈拉大沙漠中，有一種土灰色的沙鼠。每當旱季到來之前，牠們都要囤積大量的草根，以準備度過這個艱難的日子。因此，在整個旱季到來之前，沙鼠都會忙得不可開交，在自家的洞口上進進出出，滿嘴都是草根。從早起一直到夜晚，辛苦的程度讓人驚嘆。

　　但有一個現象卻很奇怪，當沙地上的草根足以使牠們度過旱季時，沙鼠仍然要拼命的工作，仍然一分不停的尋找草根，並一定要將草根咬斷，運回自己的洞穴，這樣牠們似乎才能心安理得，才會踏實。否則便焦躁不安。吱吱叫個不停。

　　而實際情況是，沙鼠根本用不著這樣勞累和擔心。經過研究證明，這個現象是由於一代又一代沙鼠的遺傳基因所決定。是沙鼠出於一種本能的擔心。老實說，擔心使沙鼠做出了大於實際需求幾倍甚至幾十倍的事。沙鼠的勞動常常是多餘且毫無意義的。

　　一隻沙鼠在旱季裡需要吃掉兩公斤草根，而沙鼠一般都要運回十公斤草根才能踏實。大部分的草根最後都腐爛掉了。沙鼠還要將腐爛的草根清理出洞。

　　曾有不少醫學界的人士想用沙鼠來代替小白鼠做醫學實驗。因為沙鼠的體積很大，更能準確的反映出藥物的特性。但所有的醫生在實踐中都覺得沙鼠並不好用。其問題在於沙鼠一到籠子裡，就表現出一種不適的反映。牠們到處在找草根，連落到籠子外邊的草根牠們也會想法叼進來。儘管牠們在這

裡根本不缺草根和任何食物，但他們還是習慣性的不能踏實生活。

　　儘管在籠子裡的沙鼠可以用「豐衣足食」來形容牠們的生活，但牠們還是一個個的很快就死去了。醫生發現，這些沙鼠是因為沒有囤積到足夠草根的緣故。這是他們頭腦中的一種潛意識決定的，並沒有任何實際的威脅存在。確切的說，牠們是因為極度的焦慮而死亡，是來自一種自我心理的威脅。

　　焦慮不僅對動物造成了生命的威脅，對人類同樣構成了傷害。

　　一天早晨，死神向一座城市走去。一個人問道：「你要去做什麼？」

　　死神回答：「我要去帶走一百個人。」

　　「太可怕了！」那個人說。」

　　死神說：「事實就是這樣，我必須這樣做。」

　　這個人跑去提醒所有的人：「死神即將來臨。」到了晚上，他又碰到了死神。他問死神道：「你告訴我你要帶走一百個人，為什麼有一千個人死了？」

　　「我照我說的做了。我帶走了一百個人，焦慮帶走了其他那些人。」死神回答。

　　由此可見，焦慮的危害是非常大的，它是威脅人們健康的潛在「殺手」，不僅給人們帶來精神、身體症狀的痛苦，還妨礙人們的正常生活和工作。

　　年輕有為的王立軍，是一個事業成功的男士，他在一家跨國公司裡擔任部門經理，每月拿著不菲的薪水，身邊還有一位溫柔可人又對他體貼入微的妻子。但是，這些並沒有使他遠離痛苦。

　　前段時間，王立軍對從事了八年的工作忽然失去了興趣，總是覺得發展空間越來越難以尋找，晉升的機會也很小，而每天的重複勞動更是使他覺得是在浪費生命。他想跳槽，一時間又找不到合適的工作。漸漸的他開始對什麼都打不起精神，總是莫名其妙的覺得焦慮煩惱，還經常為一些諸如週末安

排、打掃房間等小事與妻子產生摩擦。雖然在事後他總是覺得對不起妻子，但他還是控制不了自己。

王立軍試過各種方式擺脫痛苦：聽音樂，劇烈的運動，甚至跑到海邊大喊。但是，這些最多只能使他舒服很短的時間。回到現實中，工作仍然是那麼令他難以忍受，心情仍然是那麼糟糕，摩擦仍然經常發生……在與焦慮的搏鬥中，屢戰屢敗的他幾乎要崩潰了！

在快節奏的現代社會裡，類似王立軍的焦慮情形如同揮之不去的夢魘如影隨形跟著現代人。有的為朝不保夕的工作擔憂，有的為可能分崩離析的家庭而操心，有的為自己的人際關係而忐忑，有的為潛伏的健康危機而惶恐……可以說，焦慮似乎無處不在，有的時候我們的生活被這虛幻的擔憂弄得一籌莫展。所以，我們必須重視焦慮症的危害並加以預防。

那麼，我們該如何應對呢？怎樣才能改變這種被焦慮的陰雲籠罩的可怕的生活呢？

一、目標轉移

把注意力從不良的心境中引開，對消除焦慮是有幫助的。在工作、生活中遇到挫折是件很平常的事，偶爾產生焦慮也在所難免，當發現自己正處於焦慮之中時，不要放任焦慮蔓延。這時，可以採取諸如聊天這樣的轉移辦法來控制焦慮。另外，還可以透過參加一些需要集中注意力的活動來擺脫對焦慮事物的注意，比如下棋、打撲克牌、玩電子遊戲、跳一些節奏快的舞蹈等。當你專心玩的時候，焦慮在旁邊感到無聊便會離開你。

二、自我暗示

當你在生活中遇到難題和壓力時，不要煩惱和焦急，也不要急於求成。首先應該沉著下來，要穩定自己的情緒，並做些放鬆性的自我暗示「我是最

棒的，問題一定能夠解決」、「困難是暫時的」、「焦慮無濟於事」等等。這樣你就會放鬆下來去排除難題，而一旦成功，將會形成良性刺激，使你得到進一步放鬆。

三、學會面對困難

逃避是焦慮的標誌。當逃避某種困難的情境時，起初我們會體驗到焦慮降低，但與期望相反的是，我們逃避困難情境的現象越多，以後在面對這些情境時，我們的焦慮就會越重。學會去面對和應付令人焦慮的情境，才能有效的消除焦慮。

世上本無事，庸人自擾之

每個人都曾有過煩惱或正在經歷煩惱，事實上，這些煩惱都是我們自找的。一個浮躁的人往往樂於自尋煩惱。你可以尋找甜蜜的愛情，你可以尋找美好的生活，但你決不可以自尋煩惱。

有這樣一個有趣的小故事：

一個小孩問一位鬍子很長的老人：「老爺爺，你睡覺的時候是把你這花白的長鬍子放在被子外還是放在被子裡？」這個問題把老人問傻了，因為他從來不曾留意自己的鬍子到底是怎麼放的。

晚上睡覺到時候，老人突然想起小孩子問他的話。他先把鬍子放在被子外面，感覺很不舒服；又把鬍子放在被子裡面，仍覺得很難受。

就這樣，老人一會兒把鬍子拿出來，一會兒又把鬍子放進去，整整一個晚上，他始終想不出來，過去睡覺的時候，鬍子是怎麼放的。

第二天，老人見到那個小孩，生氣的說：「都怪你這小孩，讓我一晚上沒

睡成覺！」

其實，鬍子放在哪裡，還不是一樣要睡覺，一切順其自然，就不會有太多的煩惱。很多時候，人總是用無形的枷鎖將自己鎖住，煩惱自由心生。無窮無盡的煩惱，仔細想想，都是由於太過於執著而造成的。

曾經有一個整日煩惱的年輕人，他四處奔走，只為尋找解脫煩惱的方法。

有一天，他來到一個山腳下。只見一片綠草叢中，有一位牧童騎在牛背上，吹著橫笛，笛聲悠揚，逍遙自在。

年輕人走上前詢問：「你看起來很快活，能教給我解脫煩惱的方法嗎？」

牧童說：「騎在牛背上，笛子一吹，什麼煩惱都沒有了。」

年輕人試了試，不靈。於是，他又繼續尋找。

年輕人來到一條河邊。看見一位老翁坐在柳蔭下，手持一根釣竿，正在垂釣。他深情怡然，自得其樂，年輕人走上前去鞠了一個躬：「請問老爺爺，你能賜我解脫煩惱的辦法嗎？」

老翁看了他一眼，慢聲慢氣的說：「來吧，孩子，跟我一起釣魚，保證你沒有煩惱。」

年輕人試了試，還是不靈。

於是，他又繼續尋找。不久，他來到一個山洞裡，看見洞內有一個老人獨坐在洞中，面帶滿足的微笑。

年輕人給老者深深的鞠了一個躬，並向老者說明來意。老者微笑的摸著長白鬍子問道：「聽你的意思，你是來這裡向我尋求解脫的？」

煩惱的年輕人連忙點頭答是，並誠懇的對老人說：「請求老前輩為我指點迷津。」

老者笑著說道：「既然你是找我來尋找解脫的，那請你回答是誰捆住你

了呢？」

　　煩惱的年輕人回答說：「……沒有。」

　　老者繼續說：「既然沒有人捆住你，那麼又談何解脫呢？」語畢老者揚長而去。

　　年輕人聽完老者的話呆呆的愣在了那裡，反覆推敲著老者的話，忽然明白了。是呀！沒有任何人捆綁我，那麼又何須尋求解脫呢？原來，我是自尋煩惱，捆綁住我的不是別人正是自己呀！

　　在生活中，我們常常會遇見各種煩惱，而這些煩惱就如同心中的枷鎖一般，多數都是自己為自己鎖上的。事實上，只要我們心中明朗，那把鎖就永遠不會鎖上，我們又何必自尋煩惱，給自己的內心上鎖呢？

　　一位中年人，年輕時所追求的家庭和事業都已有了基礎，但他卻覺得生命空虛，時常因為一些瑣事而煩惱，而且這種心緒日漸嚴重，最後不得不去看醫生。

　　醫生聽完他的陳述，開了4帖藥放在藥袋裡，叮囑他獨自帶到海邊去，分別於早上九點、十二點和下午三點、五點依序各用一帖，便可痊癒。

　　中年人半信半疑，但還是依照醫生囑咐來到海邊。好長時間沒看海了，看到浩瀚無邊的大海，他的心情頓時為之開朗。

　　九點，他打開第一帖藥，發現裡面沒有「藥」，只寫了兩個字「聆聽」。於是他坐下來聆聽風的聲音、海浪的聲音，甚至聽到了自己心跳的節拍與大自然的節奏合在了一起，身心感到從未有過的放鬆。

　　十二點，他打開第二帖藥，上面寫著「回憶」兩個字。他回想自己童年到少年的快樂無憂，想到青年時期創業的艱辛，想到父母的慈愛、朋友的友誼，生命的力量與熱情重新在他的體內燃燒起來。

　　下午三點，他打開第三帖藥，上面寫著「檢討你的動機」。他想起早年創

業的時候，是為了服務群眾而熱誠工作；等到事業有成了，便只顧賺錢了，失去了經營事業的喜悅，也失去了對別人的信任與關懷。想到這裡，他已深有所悟。

到了黃昏的時候，他打開最後一帖藥，上面寫著「把煩惱寫在沙灘上」。他走到沙灘旁，寫下了「煩惱」，海水湧來，立即淹沒了他的「煩惱」，沙灘重新變得一片平坦。

人生在世，憂慮與煩惱有時也會伴隨著歡笑與快樂的。正如失敗伴隨著成功，如果一個人的腦子裡整天胡思亂想，把沒有價值的東西也記存在頭腦中，那他或她總會感到前途渺茫，人生有很多的不如意。所以，我們很有必要對頭腦中儲存的東西，給予及時的清理，把該保留的保留下來，把不該保留的予以拋棄。那些給人帶來諸方面不利的因素，實在沒有必要過了若干年還值得回味或耿耿於懷。這樣，人才能過得快樂灑脫一點。

一次，幾位同學去拜訪大學時的老師。老師問他們生活得怎麼樣。一句話引出了大家的滿腹牢騷，大家紛紛訴說著生活的不如意：工作壓力大呀，生活煩惱多呀……一時間，大家仿佛都成了上帝的棄兒。

老師笑而不語，從房間裡拿出許許多多的杯子，擺在茶几上。這些杯子各式各樣，有瓷器的，有玻璃的，有塑膠的，有的杯子看起來高貴典雅，有的杯子看起來粗陋低廉……老師說：「都是我的學生，我就不把你們當客人看待了。你們要是渴了，自己倒水喝吧。」

同學們說得已經口乾舌燥了，便紛紛拿了自己喜歡的杯子倒水喝。等他們手裡都端了一杯水時，老師講話了，他指著茶几上剩下的杯子說：「大家有沒有發現，你們挑選走的杯子都是最好看最別緻的杯子，而像這些塑膠杯就沒有人選中它。」他們並不覺得奇怪，誰都希望手裡拿著的是一個好看的杯子。

老師說：「這就是你們煩惱的根源。大家需要的是水，而不是杯子，但我們有意無意的會去選用好的杯子。這就如我們的生活——如果生活是水的話，那麼，工作、金錢、地位這些東西就是杯子，它們只是我們用來盛起生活之水的工具。杯子的好壞，並不能影響水的品質，如果將心思花在杯子上，你哪有心情去品嚐水的苦甜，這不是自尋煩惱嗎？」

正所謂：「世上本無事，庸人自擾之。」生活中，很多人往往會自尋煩惱，自己給自己套上枷鎖，從而搞得自己疲憊不堪。我們應該學會解除這些束縛，給自己減壓，從而讓自己活的輕鬆、活的快樂。

幸福源於看到生活的不完美

有一個公主與王子的故事：

國王有七個女兒，這七位美麗的公主是國王的驕傲。

她們那一頭烏黑亮麗的長髮遠近皆知，所以國王送給她們每人五個漂亮的髮夾。

有一天早上，大公主醒來，一如往常的用髮夾裝飾她的秀髮，卻發現少了一個髮夾，於是她偷偷的到了二公主的房裡，拿走了一個髮夾。

二公主發現少了一個髮夾，便到三公主房裡拿走一個髮夾；三公主發現少了一個髮夾，也偷偷的拿走四公主的一個髮夾；四公主如法炮製拿走了五公主的髮夾；五公主一樣拿走六公主的髮夾；六公主只好拿走七公主的髮夾。於是，七公主的髮夾只剩下四個。

隔天，鄰國英俊的王子忽然來到皇宮，他對國王說：「昨天我養的百靈鳥叼回了一個精緻的髮夾，我想這一定是屬於公主們的，而這也真是一種奇妙的緣分，不曉得是哪位公主掉了髮夾？」公主們聽到了這件事，都在心裡想

說：「是我掉的，是我掉的。」

可是頭上明明完整的別著五個髮夾，所以都懊惱得很，卻無法說出口。

只有七公主走出來說：「我掉了一個髮夾。」

話才說完，一頭漂亮的長髮因為少了一個髮夾，全部披散了下來，王子不由得看呆了。

故事的結局，想當然的是王子與公主從此一起過著幸福快樂的日子。

原來，幸福是不盡完美的，有些許缺憾也未免不是一種幸福。人並不總是因為全部擁有而幸福，相反的也許因為缺失而美麗。

生活中，很多人把追求完美當作是人生的目標，但是，越來越多的人卻被對「完美」的這份追求壓得喘不過氣來，深受完美主義之累，把所有的心思都投入到完美中，無論對生活、對工作都錙銖必較。其結果只會把自己搞得筋疲力盡。

心理學研究證明，試圖達到完美境界的人與他們可能獲得成功的機會，恰恰成反比。追求完美給人帶來莫大的焦慮、沮喪和壓抑。事情剛開始，他們在擔心著失敗，生怕做得不夠漂亮而輾轉不安，這就妨礙了他們全力以赴去取得成功。而一旦遭到失敗，他們就會異常灰心，想盡快從失敗的境遇中逃避開去。他們沒有從失敗中獲取任何教訓，而只是想方設法讓自己避免尷尬的場面。他們往往神經非常緊張，以至於連一般的工作都不能勝任；不願冒險，生怕任何微小的瑕疵損害了自己的形象；對自己有諸多苛求，毫無生活樂趣。總是發現有些事未臻完滿，於是精神總是得不到放鬆，無法休息。對別人也吹毛求疵，人際關係無法協調，得不到別人的合作與幫助。

背負著如此沉重的精神包袱，不用說要在事業上謀求成功了，就連在自尊心、家庭問題、人際關係等方面，也不可能取得滿意的效果。他們抱著一種不正確和不合邏輯的態度對待生活和工作，他們永遠無法讓自己感

到滿足，每天都是焦灼不安的。所以說，追求完美只能使人處於不知所措的境地。

日本理光株式會社是國際一流光學儀器企業，人才濟濟。然而，公司卻決定選用爭強好勝、經常和下屬發生衝突的市村清做總經理。

任命市村清當總經理的消息一經公布，在理光會社上、下引起軒然大波。市村清沒有被困難嚇倒，他上任後大刀闊斧的展開工作，依舊是得理不讓人。因此，還是不斷與下屬發生爭吵和摩擦。員工們有的不服、有的嫉妒、有的乾脆採取不合作的態度。

市村清的內心非常痛苦，他知道自己的身份變了，不能再像過去那樣，可是這種直來直去的性格老是改不掉。怎樣做一個大公司的總經理才算合格呢？他決定去拜訪一位前輩。

他畢恭畢敬的坐在前輩面前請教：「您說像我這樣性格剛烈的人，是否不適合當總經理？」

「難道你想變成一個八面玲瓏、見風使舵的人嗎？」前輩一針見血的問道。

「我想是的，這樣可能會好一些。」市村清小心的答道。

「不行，那絕對不行！」前輩嚴肅的說。「如果你磨去稜角，真的變成一個處事圓滑，一團和氣的人，那你就和別人沒有什麼區別了，你就不是市村清了。與其謹慎的糾正缺點，還不如勇敢的發揮長處，這才是增強領導能力的上策。」

接著，前輩又為市村清作了一個很形象的比喻，他說：「你就像日本的一種糖果球，渾身滿是稜角，還有許多小凹坑；如果把稜角凹坑都磨去，是可以變成一個圓糖球，但那只是個小糖球。如果隨著年齡的增長，知識和閱歷不斷豐富，把自己的缺陷填滿，你就會變成一個更大的糖球即是一個成熟的

領導者，你和普通員工的素養差別就更大了。」

前輩的一席話，使市村清豁然開朗。回到公司後，他感到幹勁更足了，魄力也更大了。在他擔任總經理的日子裡，他把理光企業經營得有聲有色，而自己也逐漸成為一名出類拔萃的領導者。後來，市村清被提升為會社社長。

俗話說：「金無足赤，人無完人。」人生確實有許多不完美之處，每個人都會有這樣或那樣的缺憾，真正完美的人是不存在的。雖然我們都想追求完美，但無人能做到真正的完美。完美只是人們給自己戴上的一個「金箍」，然後自己念著「緊箍咒」來折磨自己。

有一個國王，他的國家非常強盛。他的王妃美如天仙，傾城傾國，國王對她寵愛有加，整天醉心於愛情的世界裡無法自拔。可是不久後國王的寵妃得了急病，全國最好的醫生也沒能挽留住她的性命。國王悲痛欲絕，為了表示愛情，他為愛妃舉行盛大葬禮，並把她的屍體裝入水晶製的大棺材裡，停放在距離王宮不遠的大殿裡，日日拜祭。然而，國王又認為這裡環境不佳，就在靈殿周圍建了精美的花園，以供香魂歡娛。後來又覺得這樣還不能表示自己的愛意，為喻美人如水，就又建立了一個美輪美奐的人工湖，讓香魂泛舟碧波。湖建好後，又覺得缺少了點綴，於是又叫人建亭臺樓閣。後來又請世界上最好的建築師來建造絕美的雕塑安放各處，把世上最美好的詩篇銘刻在石頭上，但是國王總是不滿意這個絕世園林，總想進一步完善它。就這樣一直不斷的擴充和完善，使之成為集天下大成的無與倫比的園林。一直擴建完善了四十年，國王老了，他還在苦苦思索，以求園林更完美。最後他把目光停在愛妃的棺材上，注視和沉思了良久，揮了揮手說：「還是把它搬出這個園林吧。」

這個國王的做法似乎很矛盾，他建造園林的目的是為了能讓寵妃有棲身

之地，而最後卻因為過分追求完美而讓寵妃搬出了園林。

可見，追求絕對的完美，會讓我們在做事的時候產生更多的遺憾，反而會偏離做事的本意。其實，在做一件事情的時候，只要方向是正確的，就沒有必要過分計較表面上的瑕疵和缺憾。而且，絕對完美的事情實際上是不存在的。只要我們明白了這個道理，就不會犯下過分追求完美的錯誤。

人生沒有完美可言，完美只在理想中存在。我們可以接近完美，但永遠也不可能達到完美。一味的追求完美，只能給人生留下太多的煩惱和遺憾。一位哲人在日記中寫道：「如果再給我一次生命，我不會再追求事事的完美。只有自己掌握了重點的人，才是一個能享受到生活快樂的人。因為快樂的人必不是把一切都做得盡善盡美的人。」所以，我們只要將心放寬一些，對自己不去苛求，對別人也不去苛求，生活就會少去許多的煩惱。

第五章

淡泊名利身隨意，
幸福生活平常心

　　任何東西均是禍福相依的。清閒有清閒的寂寞，也有清閒的快樂；繁忙有繁忙的熱鬧，也有繁忙的煩惱。「禍兮福所倚，福兮禍所伏」，否極泰來，事物在一定條件下會相互轉換。所以，正確看待自己的擁有，以一顆平常心看待人生的得與失，就能享受充實而幸福的人生。

金錢並不是幸福的泉源

金錢不是萬能的，但沒錢是萬萬不能的，在這個急促競爭的社會，越來越多的人關注於金錢。他們用金錢衡量一切，包括你的薪水和人生價值取向。其實，這種觀點是錯誤的。金錢，的確可以買到很多東西，但它卻買不到幸福。

在森林的一條小路上，一個商人和一個樵夫經常相遇。

商人擁有長長的駱駝隊，一箱箱的綾羅綢緞都是商人的財富。

樵夫每天都要上山砍柴，斧頭和繩子是他最親密的夥伴。

然而，商人整天愁眉苦臉，他不快樂。樵夫每天歌聲不斷，笑聲開朗，他很幸福。

一天，商人又與樵夫相遇，他們同坐在一塊大石頭上休息。

「唉！我真不明白，年輕人，你夠窮的了，怎麼那麼快樂呢？你是否有一個無價之寶深藏不露呢？」商人嘆道。

「哈哈！我也不明白，您擁有那麼多財富，怎麼整天愁眉苦臉呢？」樵夫笑道。

商人說：「雖然我是那樣的富有，但我的一家人總是為了錢財吵得不可開交。他們整天想的就是如何比其他人擁有更多，卻沒有一個想到為我付出哪怕是一丁點兒真情實意。當然，我一回到家他們就會喜笑顏開，可是我始終弄不明白，他們是對著錢笑還是對著我笑。我雖然家財萬貫，但我卻常常感到自己實際上是一個一無所有的窮光蛋。你說我能快樂嗎？」

「哦，原來如此！」樵夫道，「我雖然一無所有，但我時時感覺到我擁有永恆的幸福，所以我經常樂不可支。」

「是嗎？那麼你家裡一定有一個賢慧的妻子？」商人問。

「沒有，我是個快樂的光棍。」樵夫道。

「那麼，你一定有一個不久就可迎娶進門的未婚妻。」商人肯定的說。

「沒有，我從來沒有過什麼未婚妻。」

「那麼，你一定有一件使自己快樂的寶物？」

「假如你要稱它為寶物的話也可以。那是一位美麗的女孩送給我的。」樵夫說。

「哦？是一件什麼樣永恆的寶物，令你如此幸福呢？一件金光閃閃的定情物？一個甜蜜的吻？還是……」商人驚奇了。

「這個美麗的女孩從來沒有跟我說過一句話，每次在村裡與我相遇，她總是匆匆而過。三年前，她去了另一個城市生活。就在她臨走之前，上車的時候，她……」樵夫沉浸在幸福之中了。

「她怎麼樣？」商人急切的問。

「她向我投來了含情脈脈的一瞥！這一瞬間的目光，對於我來說，已經足夠我幸福一生了。我已經把它珍藏在我的心中，它成了我瞬間的永恆。」樵夫繼續說道。

商人看著幸福無比的樵夫，心中說道：「真正的富翁應該是他，我才是個名副其實的窮光蛋。」

其實，幸福是件很簡單的事情，也許它就是愛人的一個眼神，一句話，一個細微的動作，只要你用心的去體會，時時刻刻會感覺到幸福的存在。

幸福是一種內心的滿足感，是一種難以形容的甜美感受，從來都與貧富、地位無關；人的幸福，全在於心之幸福。幸福要靠感知，靠捕捉，要用豁達寬容的心去品味，去獲取。

法蘭西斯是沙烏地阿拉伯王宮的一名外籍家庭教師，她的工作是陪七位小公主閱讀英文童話，她每年的收入是英國首相的四十倍。不過，她卻被解

雇了。在回到劍橋讀書的那天，有兩百多名記者雲集在學院門口打探內幕，基於有協議在先，她迴避了所有的提問。一位陪同小公主閱讀童話的人到底出了什麼差錯？人們有很多猜測。法國的一家報紙說，是因為法蘭西斯和某位王子產生了戀情，在王宮裡上演了灰姑娘的故事；德國的一家報紙說，法蘭西斯是被美國買通的一名特工，在傳遞情報時露了馬腳；阿拉伯的一家報紙說，法蘭西斯小姐合約期滿，她的離開屬於正常解聘……總之，眾說紛紜，誰也不知道哪一條是她被解聘的真正原因。二〇〇一年耶誕節，一封來自沙烏地阿拉伯公主的電子郵件透露了實情。這封郵件是向法蘭西斯問候聖誕快樂的。在郵件中，小公主回憶了與法蘭西斯共同度過的快樂時光。她說：老師，您還記得我們一起讀《安徒生童話》時問您的問題嗎？我們傻乎乎的，真是愚蠢至極，以至於造成了今日的離別。原來公主們在讀童話時，問了法蘭西斯這麼一個問題：「誰的妻子最幸福？」當時法蘭西斯反問了她們：「你們認為呢？」七位小公主齊聲回答：「農夫的妻子最幸福！」「難道國王的妻子、百萬富翁的妻子、政治家的妻子、詩人的妻子不幸福嗎？」法蘭西斯問。

「不幸福。」七位小公主回答。「為什麼？」法蘭西斯接著問。七位小公主答不上來，她們只知道，在童話故事裡，沒有一個國王的妻子是快樂的，也沒有一個百萬富翁的妻子是幸福的。後來，法蘭西斯給她們講解了其中的原因，並告訴她們：在這個世界上，只有生活在樂趣豐富的環境裡，女人才會感到幸福。誰知這句話被人告密，第二天她就接到了解聘的通知。

金錢並不是幸福的泉源，幸福也不會是金錢的產物。幸福是一種精神層面的愉悅，更多的是個人感受。只要你自己感到滿足，感到快樂，你就是一個幸福的人。

誰能破名利，太虛任遨遊

　　人活在世上，無論貧富貴賤，窮達逆順，都免不了要和名利打交道。《紅樓夢》一書裡有句開篇偈語：「世人都曉神仙好，唯有功名忘不了；古今將相在何方？荒塚一堆草沒了。世人都曉神仙好，只有金銀忘不了；終朝只恨聚無多，及到多時眼閉了。」在曹雪芹筆下，人們對功名、對金錢追逐的刻畫，可謂是入木三分。雖然世人都知道名利只是身外之物，但是卻很少有人能夠躲過名利的陷阱，一生都在為名利所勞累、甚至為名利而生存。

　　李白曾在《將進酒》中說：「古來聖賢皆寂寞，唯有飲者留其名。」聖賢之所以會寂寞，因為他們志存高遠而淡泊名利。古往今來，眾多的學者都是淡泊名利的佼佼者。他們對個人的名利常常採取漠然冷淡和不屑一顧的態度，而把主要精力放在對理想、事業的追求上。

　　居禮夫婦二人都是世界上知名的科學家，居禮夫人是世界上唯一兩次獲得諾貝爾獎的女科學家，但他們生活儉樸，不求名利。

　　居禮夫婦在發現鐳之後，世界各地紛紛來信祝賀，希望瞭解提煉的方法。

　　居禮先生與居禮夫人商量說：「我們必須在兩種決定中選擇一種。一種是毫無保留的說明我們的研究成果，包括提煉方法在內。」

　　居禮夫人說：「是，當然如此。」

　　居禮先生繼續說：「第二個選擇，是我們以鐳的所有者和發明者自居，但是我們必須先取得提煉瀝青鈾礦技術的專利執照，並且確定我們在世界各地造鐳業上應有的權利。」

　　取得專利代表著他們能因此獲得巨額的金錢、舒適的生活，還可以傳給子女一大筆遺產。

但是，居禮夫人聽後卻說：「我們不能這麼做。如果這樣做，就違背了我們原來從事科學研究的初衷。」

她輕而易舉的放棄了這垂手可得的名利。

此後，居禮夫人一生獲得各種獎章十六枚，各種榮譽頭銜一百一十七個，自己卻仍然絲毫不以為意。

有一天，她的一位女性朋友來她家裡做客，忽然看見她的小女兒正在玩弄英國皇家學會剛剛搬給她的一枚金質獎章。

朋友不禁大吃一驚，連忙問她說：「居禮夫人，那枚獎章是你極高的榮譽，妳怎麼能給孩子拿去玩呢？」

居禮夫人笑了笑說：「我是想讓孩子從小就知道，榮譽就像玩具一樣，只能玩玩而已，決不能永遠守著它，否則就將一事無成。」

名利不過是人生的一種常態，我們應該調整自己的心態，以平常心對待，淡泊名利。

人貴有淡泊之心。有了淡泊之心，我們才能在成功面前不驕傲自滿，在失敗面前不灰心喪氣，始終保持一種平和穩定、樂觀豁達的人生態度；有了淡泊之心，我們才能用一種超然的心態，對待眼前的一切，不做世間功利的奴隸，也不為凡塵中各種牽累所左右，使自己的人生不斷昇華；有了淡泊之心，我們才能在當今社會越演越烈的物慾和令人眼花繚亂的世間百態面前神凝氣靜，堅守自己的精神家園，執著追求自己的人生目標。

淡泊是一種處世的態度，是一種人生的情懷，是一種生命的境界。懂得淡泊，並能做到淡泊的人是快樂幸福的。

淡泊，並非是不思進取的頹喪；也不是漫無目標的茫然；也絕不是心如死灰般的冷酷蒼白；更不是造作虛偽貌似平靜的脆弱，它代表著一種深厚博大，一種高貴理智。放下了對名利的追逐，也就放下了心上的負累，輕身走

過去，再窄的路都會好走。

　　有一位高僧，是一座大寺廟的方丈，因年事已高，心中思考著要找個接班人。一日，他將兩個得意弟子叫到面前，這兩個弟子一個叫慧明，一個叫塵元。高僧對他們說：「你們倆誰能憑自己的力量，從寺院後面懸崖的下面攀爬上來，誰就將是我的接班人。」

　　慧明和塵元一同來到懸崖下，那真是一面令人望之生畏的懸崖，崖壁極其險峻陡峭。身體健壯的慧明，信心百倍的開始攀爬。但是不一會兒他就從上面滑了下來。慧明爬起來重新開始，儘管這一次他小心翼翼，但還是從山坡上面滾落到原的。慧明稍事休息了後又開始攀爬，儘管摔得鼻青臉腫，他也絕不放棄……讓人感到遺憾的是，慧明屢爬屢摔，最後一次他拼盡全身之力，爬到半山腰時，因氣力已盡，又無處歇息，重重的摔到一塊大石頭上，當場昏了過去。高僧不得不讓幾個僧人用繩索，將他救了回去。

　　接著輪到塵元了，他一開始也是和慧明一樣，竭盡全力的向崖頂攀爬，結果也屢爬屢摔。塵元緊握繩索站在一塊山石上面，他打算再試一次，但是當他不經意的向下看了一眼以後，突然放下了用來攀上崖頂的繩索。然後他整了整衣衫，拍了拍身上的泥土，扭頭向著山下走去。

　　旁觀的眾僧都十分不解，難道塵元就這麼輕易的放棄了？大家對此議論紛紛。只有高僧默然無語的看著塵元的去向。

　　塵元到了山下，沿著一條小溪流順水而上，穿過樹林，越過山谷……最後沒費什麼力氣就到達了崖頂。

　　當塵元重新站到高僧面前時，眾人還以為高僧會痛罵他貪生怕死，膽小怯弱，甚至會將他逐出寺門。誰知高僧卻微笑著宣布將塵元任命為新一任住持。

　　眾僧皆面面相覷，不知所以。

　　塵元向眾僧解釋：「寺後懸崖乃是人力不能攀登上去的。但是只要於山腰處低頭向下看，便可見到一條上山之路。師父經常對我們說『明者因境而變，智者隨情而行。』就是教導我們要知進退變通的啊。」

　　高僧滿意的點了點頭說：「若為名利所誘，心中則只有面前的懸崖絕壁。天不設牢，而人自在心中建牢。在名利的牢籠之內，徒勞苦爭，輕者苦惱傷心，重者傷身損肢，極重者粉身碎骨。」之後高僧將衣缽錫杖傳交給了塵元，並語重心長的對大家說：「攀爬懸崖，意在堪驗你們心境，能不入名利牢籠，心中無礙，順天而行者，便是我中意之人。」

　　淡泊名利是人生的一種態度，也是人生的一種哲學。「淡泊以明志，寧靜以致遠」，實為做人的美德。如果我們能以一顆淡泊平靜的心去看世上的一切，得失不計，榮辱不驚，我們就會發現，在這個世間，水流是多麼的清澈，陽光又是多麼的和煦，風景是多麼迷人，而我們的生命，又是多麼的輕鬆與快樂。擁有著淡泊名利的心境，去細細的品味人生，生活會變得更加陽光燦爛。

用一顆平常心去尋找幸福

　　在競爭激烈的社會中，我們大多數人還是在平凡的職位上，為了各自的衣食住行忙碌奔波。成功者畢竟還是少數，面對別人的成功，面對別人的榮華富貴，我們究竟會怎樣看待呢？若想開心幸福的過日子，活出精彩來，我們就必須學會欣賞生活，心裡裝有一顆平常心。幸福說白了，就是平常心。

　　什麼是平常心呢？實際上，平常心就是指一種順其自然、不加強求的心態，也就是該睡覺時就睡覺，該坐立時就坐立，熱的時候乘涼，冷的時候烤火，沒有矯飾的自然生活。

有這樣一個故事：

有個信徒問慧海禪師：「您是有名的禪師，可有什麼與眾不同的地方？」

慧海禪師答道：「有。」

信徒問道：「是什麼呢？」

慧海禪師答道：「我感覺餓的時候就吃飯，感覺疲倦的時候就睡覺。」

「這算什麼與眾不同的地方，每個人都是這樣的，有什麼區別呢？」慧海禪師答道：「當然是不一樣的！」

「為什麼不一樣呢？」信徒問道。

慧海禪師說道：「他們吃飯的時候總是想著別的事情，不專心吃飯；他們睡覺時也總是做夢，睡不安穩。而我吃飯就是吃飯，什麼也不想；我睡覺的時候從來不做夢，所以睡得安穩。這就是我與眾不同的的方。」

慧海禪師繼續說道：「世人很難做到一心一用，他們在利害中穿梭，囿於浮華的寵辱，產生了『種種思量』和『千般妄想』。他們在生命的表層停留不前，這是他們生命中最大的障礙，他們因此而迷失了自己，喪失了『平常心』。要知道，只要將心靈融入世界，用心去感受生命，才能找到生命的真諦。」

故事中所謂的「平常心」就是指享受生活中的平凡和簡單，只要能把心態放平穩，不要被外界的動亂干擾，就是擁有一顆真正的平常心。

多年前的一個晚上，英國一家大型馬戲團表演場裡座無虛席。

此時臺上的一個大鐵籠子裡，一位馴獸師正和幾隻孟加拉虎一起精彩的表演著。

可是誰也不會想到，就在演出剛剛進行到一半的時候，意外的事情發生了 —— 現場突然停電！

突然的變故極有可能導致老虎獸性發作。臺下觀眾個個驚得目瞪口呆，

都為反鎖在鐵籠子裡的馴獸師擔憂。

然而，一分鐘過去，當照明燈重新點亮之後，大家驚喜的發現，馴獸師不僅安然無恙，而且依然與孟加拉虎保持著表演的狀態，並順利的將演出進行到最後。

有人問這位馴獸師：「停電時，你是否害怕老虎會獸性發作，將自己一口吃掉呢？」

馴獸師回答說：「說實話，在燈光熄滅的一剎那，我的大腦一片空白，好在很快就鎮定下來，因為我意識到一個至關重要的事實：雖然黑暗狀態下老虎照樣能看到我，而我卻看不到老虎，但牠們並不知道這一情況。所以我必須保持鎮定，跟往常一樣，按照正常的步驟不停的揮舞著鞭子，向老虎們發號施令，就當什麼事情也沒發生，不讓老虎看出絲毫破綻來。」

平常心救了馴獸師的生命。以平常的心態對待生活，對待種種意外，是人生最高境界的表現。

以平常心觀不平常事，則事事平常。平常心不是「看破紅塵」，平常心不是消極遁世。平常心是一種心境，不僅是對待周圍的環境要做到「不以物喜，不以己悲」，更要對周圍的人和事做到「寵辱不驚，去留無意」，這樣才能讓我們的生活，有一份平靜與和諧。

公司要裁員，名單公布後，辦公室的怡婷和文英按規定一個月後離職。

那天，大家看她們都小心翼翼的，更不敢和她們多說一句話，因為，她們的眼圈都紅紅的。這事落到誰身上都難以接受。

第二天上班，這是怡婷和文英在公司的最後一個月，怡婷的情緒很激動，誰跟她說話，她都像吃了火藥似的，遇著誰就向誰發火。裁員名單是老闆定的，跟其他人沒關係。怡婷也知道，但心裡委屈得很，又不敢去找老闆發洩，只好找杯子、資料夾、抽屜撒氣。

「砰砰」、「咚咚」，大家的心被她提上來又摔下去，空氣都快凝固了。人之將走，其行也哀，誰忍心去責備她呢？

怡婷仍舊不能出氣，又去找主任訴冤，找同事哭訴。

「憑什麼把我裁掉？我做得好好的……」眼眶一紅，流下淚來。旁邊的人心裡酸酸的，恨不得一時衝動讓自己代替怡婷。辦公室訂盒飯便當、傳遞文件、收發信件，原來是怡婷做的工作，現在卻無人過問。

不久後聽說，怡婷找了一些人到老闆那裡說情。好像都是重量級的人物，怡婷著實高興了好幾天。不久後又聽說，這一次誰也通融不了。怡婷再次受到打擊，忿怒的目光在每個人臉上掃來掃去，仿佛有誰在背後搞鬼似的，許多人開始怕她，都躲著她。怡婷原來很討人喜歡的，現在，她人還沒走，大家卻有點討厭她了。

文英也很討人喜歡。同事們早已習慣了這樣對她：「文英，把這份文件打一下，快點！」、「文英，快把這個傳出去。」文英總是連聲答應，手指像她的舌頭一樣靈巧。

裁員名單公布後，文英哭了一晚上。第二天上班也無精打采，但打開電腦，拉出鍵盤，她就和以往一樣的做事了，文英見大家不好意思再囑咐她做什麼，便特地跟大家打招呼，主動找工作。

她說：「是福跑不了，是禍躲不了，反正這樣了，不如做好最後一個月，以後想做恐怕都沒機會了。」文英心裡漸漸平靜了，仍然勤勞的打字影印，隨叫隨到，堅守在她的職位上。

一個月滿，怡婷如期離職，而文英卻被從裁員名單中刪除，留了下來，主任當眾傳達了老闆的話：「文英的職位，誰也無法替代，文英這樣的員工，公司永遠不會嫌多！」

這個故事給了我們一個有益的啟示：人生中，有很多事情是我們所不能

改變了的，我們能改變的只有自己的心態，我們需要保持一顆平常心。保持平常心，就是保持一種輕鬆平和的心態，正確的看待自己，寬容的對待別人，努力與周圍的環境保持和諧。人生活在社會中，自然要與他人、與社會產生這樣那樣的連繫，這就會有一個以什麼樣的心態和方式去做人做事的問題。一個人能夠保持輕鬆平和的心態，就能不被物慾束纏住心靈、不被狹隘遮住視線，妥善處理各方面的關係，才能更好的做事創業，實現自己的人生價值。

總之，幸福就是一顆平常心。幸福，對於每一個人來說，都是公平的，關鍵看你有沒有一顆平常心。只要你有一顆平常心，幸福時刻都會陪伴在你的身邊，你的每一天都會充滿快樂。有一顆平常心，就能以冷靜的眼光看待一切，以平靜的心態對待一切，淡泊名利，泰然處之，在困難面前不氣餒，在挫折面前不灰心，在誘惑面前不動搖，在虛榮面前不貪心。那麼，你生活的每一天都充滿了快樂，你生活的每一天都充滿了幸福。

扔掉欲望的襯衫，終得幸福的外套

欲望與生俱來，人人都有。在欲望的推動下，人類不斷的想得到一些東西。從這個意義上講，欲望也是人類改造世界、改變自己的一個根本動力。這種動力促進了人類的發展、推進了社會的進步。但是欲望應該是有限度的，欲望不該是無止境的。世人為何不心安，只因放縱了欲望，人生的痛苦也是源於欲望。

從前有個山民靠砍柴為生，長年累月辛苦勞作，仍改變不了窮困的局面。

他自己也不記得曾在佛前燒了多少炷高香，祈求佛祖降臨好運，幫他脫

離苦海。

佛祖果然慈悲，有一天，山民無意中在山裡挖出了一個百十來斤的金羅漢。

轉眼間他便過上了他從前做夢都無法夢到的生活，又是買房又是置產的。

而他的親友一時間竟多出十幾倍，從四面八方趕來向他祝賀。

可是這個山民只高興了一陣，就又犯起愁來，食不知味，睡不安枕。

「偌大的家產，就是被偷，也一時不能偷個精光，看你愁得像個喪氣鬼！」他老婆勸了幾次都沒有效果，不由的高聲埋怨起來。

「你一個婦道人家怎能理解我的愁悶呢，怕人偷只是原因之一啊」山民嘆了口氣，說完便很懊惱的用雙手抱住了頭，又繼續發愁了。

「十八羅漢我只挖到一個，其他十七個不知在什麼地方？要是那十七個羅漢一齊歸我所有，那該有多好啊。」——這才是他發愁的最大原因。

人的欲望是無窮的，永遠無法得到滿足的，隨著而來的煩惱也是無窮的，無法消除的。正如一位哲人曾說，貪慾會隨著黃金的數量增加而增加，而痛苦則會隨著貪慾的增加而增加。

從前有個國王，他雖然擁有天下，但卻仍不感到滿足。有一天，他對上帝說：「請教給我點金術，讓我把伸手所能摸到的東西都變成金子，我要使我的王宮到處都金碧輝煌。」

上帝答應了他的請求，說：「好吧，只要是你的手指摸到的任何東西，都會立刻變成金子。」

第二天，國王剛一起床，他的手就摸到了衣服，衣服就立刻變成了金子，他高興得不得了；在他吃早餐時，伸手摸到的瓷器也變成了金子，摸到的餐具也變成了金子，這時他十分的高興。但是，在他用手拿到麵包時，麵

包也變成了金子，這時他有點兒不舒服了，因為他再也不能享用到麵包的美味了。

　　他吃過早餐後，按照慣例每天上午都要在王宮裡的大花園散步，當他走進花園時，他看到一朵紅玫瑰開放得非常嬌豔，他情不自禁的上前摸了一下，玫瑰花立刻變成了金子，他感到有點兒遺憾。這一整天裡，他只要一伸手，所觸摸的任何物品全部變成金子，後來，他越來越恐懼，嚇得不敢伸手了。到了晚上，他最喜歡的小女兒來拜見他，他拼命的喊著不讓女兒過來，可是天真活潑的女兒仍然像往常一樣徑直跑到父親身邊，伸出雙臂來擁抱他，結果女兒變成了一尊金像。

　　無止境的欲望是生命中沉重的負荷。欲望太多的人總希望得到更多，他不知滿足，結果命運讓他失去一切，貪心只會愚弄自己。所以說，欲望越高，幸福就會離你越遠，甚至帶來痛苦。

　　一位商人帶著自己十幾歲的女兒去參加一場拍賣會。女兒看中了一位音樂家收藏的塔羅牌。這副塔羅牌原價一百元。商人問女兒願意為副塔羅牌付多少錢，女兒想了想說因為自己很喜歡這個音樂家，所以願意多付五百元。於是商人說：「那好，五百元加上原來售價一百元，這就是妳的最高出價，也就是底線，超過這個就放棄。」

　　競拍開始了，女兒開始舉牌，商人坐在她旁邊，感覺得出她很緊張，生怕別人和她競價。這次競拍者很多，對手並沒有因為她是孩子而放棄。

　　對手已經加價到五百元了，女兒小聲嘀咕了一句：「糟了，快到了。」

　　這句話亮出了自己的底牌，商人知道這是拍賣中最忌諱的，他用胳膊肘碰了女兒一下，女兒意識到自己說錯話了，但已無力挽回。塔羅牌一路上漲，衝過了六百元底線。女兒還想舉牌，商人抬手制止了她。

　　走出拍賣廳，商人安慰情緒低落的女兒：「妳雖然沒得到那副塔羅牌，但

妳今天學到的東西比這副牌更有價值。人的欲望是無止境的，妳今天學會為欲望設定底線，這很好。很多人的失敗就是因為沒控制好底線，結果成了欲望的奴隸。」

我們每個人都要控制欲望，而不能讓欲望控制自己，要始終把欲望控制在一個合理的範圍內。一位哲人說過，生命是一團欲望，欲望不滿足便痛苦，欲望滿足便無聊。人可以適度滿足欲望和實現自我，但不能過度，要懂得控制。所以，只有合理的控制自己的欲望，才會生活的幸福。

幸福不曾走遠，就在當下

很多時候，我們總是為了名利而奔波，總以為獲得了名利就獲得了幸福。結果，在為名利奔波的忙碌之中，我們的心態越來越浮躁，我們的眼光越來越功利，反而對身邊的幸福漸漸的失去了感知的能力。其實每個人都有各自的活法，都有各自的人生，無須慌亂著急，也沒有必要與他人進行比較。請珍惜上天賦予的屬於你的生存方式，好好的活在「當下」。

聽過這樣一個故事：

在一座荒廢了很久的城池裡，有一座「雙面神」的石雕像。一天，一位哲學家路過這裡，他沒有見過「雙面神」，所以就奇怪的問：「你為什麼會有兩副面孔呢？」

雙面神回答說：「有了兩副面孔，我才能一面追憶過去，吸取曾經的教訓；另一面又可以瞻望未來，憧憬美好的明天啊！」

哲學家說：「過去的已經逝去，你無法留住，而未來又還沒有發生，你也無法得到。只有現在，才是你能掌握住的。但為什麼你卻不把現在放在眼裡，即使你能對過去瞭若指掌，對未來洞察先知，又有什麼實在的意

義呢？」

聽了哲學家的話，雙面神不由得痛哭起來，他說：「先生啊，聽了你的話，我才明白，為什麼我會落得今天如此的下場。」

哲學家問：「為什麼？」

雙面神說：「很久以前，我駐守這座城時，自詡能夠一面察看過去，一面又能瞻望未來，卻唯獨沒有好好的掌握住現在，結果，這座城池被敵人攻陷了，美麗的輝煌卻都成為了過眼雲煙，我也被人們唾棄而棄於廢墟中了。」

這個故事道出了人生幸福的真諦：活在當下。

人們不快樂的原因，不僅僅因為身上的壓力，還源於對過去的追悔和對未來的擔憂。這好比一肩挑起了三副擔子，如何能不活得累？把過去、未來這兩副擔子拋開，就會倍感輕鬆。

我們的人生只有三天：昨天、今天和明天。昨天是一張已經過期的支票，明天是一張還不能兌現的期票，只有今天，才是我們真正唯一可以使用的現鈔。所以，我們一定要開心過好每一個今天，每一個今天都幸福了，那就是我們整個人生的幸福！

曾有一個年輕的國王，金銀珠寶，應有盡有，物質生活對他來說是相當豐富了。可是，他並不快樂，因為他一直被兩個問題所困擾，他經常夜不能寐，不斷的捫心自問：誰是我生命中最重要的人？何時是最重要的時刻？

他始終無法找到答案。一天，他頒布了一道聖旨：如果有人可以圓滿的回答出這兩個問題，他願意將所有的金銀珠寶拿出來與其分享。人們爭先恐後的從四面八方趕來了，但他們的答案卻沒有一個能讓國王滿意。

這時有人告訴國王說，在大雪山的另一邊住著一位非常智慧老人，如果能夠找到他，也許就可以找到答案。

於是，國王歷盡千辛萬苦，爬過雪山終於到達那個智慧老人居住的地

方。為了掩飾自己的身份，國王裝扮成了一個農民的模樣。

他來到智慧老人住的簡陋的小屋前，發現老人手裡拿著鏟子蹲在地上，正在挖著什麼。「聽說你是個很有智慧的人，能回答所有問題，」國王說，「你能否告訴我，我一生中最重要的時光是什麼時候？一生中最重要的人是誰？」

「年輕人，快來幫我挖點馬鈴薯。」老人說，「然後把它們拿到河邊洗乾淨。我燒些開水，做一個可口的馬鈴薯湯，你可以和我一起喝。」

國王先是一愣，然後就照老人說的做了。因為他以為這些勞動是老人對他的考驗。

可是令國王沒有想到的是，他和老人一起待了幾天，一直困惑著自己的問題，卻沒有得到老人的回答。他很失望。

最後，國王終於忍耐不住了，他覺得自己不但沒有得到滿意的答案，而且還和這個人一起浪費了好幾天時間。於是，他大發脾氣，拿出自己的國王玉璽，表明了自己的身份，對老人大喊大叫，並宣布老人是個騙子，要把他抓起來。

老人平靜的說：「年輕人，當我們第一天相遇時，我就回答了你的問題，但你沒明白我的答案。」

「第一天相遇時就回答了我的問題？」國王問。

「是的。當你來找我的時候，我沒有把你拒之門外，而是向你表示歡迎，和我一起勞動，並讓你住在我家裡。」

老人接著說，「要知道，時光一去不復返。過去的都已經過去，將來的還未來臨 —— 你生命中最重要的時刻就是現在，你生命中最重要的人就是現在和你待在一起的人，因為正是他和你分享並體驗著生活啊。」

幸福對於每個人來說，是一種最值得期待的人生目標。幸福其實也很簡

單，它就是珍惜每一天，把每一天、每個瞬間都當作永恆來看待。即不抱怨過去，也不只是憧憬未來。而是做好自己，享受當下的充實，心靈的安寧。

　　許多年前，一位聰明的老國王召集了聰明的大臣們，給他們一個任務：「我要你們編一本《古今智慧錄》，將世界上最聰明的思想留給子孫。」這些聰明的大臣離開以後，工作了一段很長時間，最後完成了一本洋洋灑灑十二卷的巨作。國王看了說：「各位先生，我相信這是古今智慧的結晶，然而，它太厚了，我怕人們讀不完。把它濃縮一下吧！」這些聰明的大臣又進行了長期的努力工作。結果這些聰明人把一本書濃縮為一章，然後縮為一頁，再變一段，最後變為一句話。聰明國王看到這句話時，顯得很滿意。「各位先生，這真是古今智慧的結晶，全國各地的人一旦知道這個真理，我們大部分的問題就可以解決了。」

　　這句凝聚世界上最聰明思想的話是：「活在當下。」

　　讓我們活在當下，既不是過去，也不是未來。活在當下並非不去回憶往昔，預想未來，而是專注於當下這一過程。只有臣服於當下，抓住此時此刻，才能擁有真正的自我，找到平和與寧靜的祕訣。因此，我們必須珍惜生命中的分分秒秒，珍惜每一個「現在」。從「現在」起，盡自己的所能，在生命餘下的路程中留下自己能夠留下的東西，只要能夠這樣想和這樣做，即使到了垂暮之年，覺悟都不能算晚，生命就總會迸出火花。

別讓貪婪吞噬了你的幸福

　　據說，在阿爾及爾地區生活著一些貪婪的猴子，牠們經常偷食農民的稻米，當地的人們很傷腦筋。後來，人們根據這些猴子的特性，發明了一種捕捉猴子的巧妙方法：人們把一個葫蘆型的細頸瓶子固定在大樹上，再在瓶子

中放入猴子最喜歡的稻米。當猴子見到瓶子中的稻米後，就把爪子伸進瓶子去抓稻米。這瓶子的妙處就在於猴子的爪子剛剛好能夠伸進去，等牠抓起一把大米時，爪子就怎麼也拉不出來了。

猴子急於吃到瓶子中的稻米，貪婪的本性更使牠不可能放下已經到手的稻米，就這樣，牠的爪子也就一直抽不出來，只好死死的守在瓶子旁邊。第二天早晨，人們把牠抓住的時候，牠依然不會放開爪子，直到把那米放入嘴裡。

動物尚且貪婪無度，人性的貪婪更是如此。禁不住誘惑，欲壑難填的人往往會在不知不覺中陷入欲望的陷阱，不能自拔。也正因為如此，人們常常把自己逼得太緊，很想放鬆一下，可一旦放鬆，又好像要失去一些東西，所以又不得不把自己往不滿足的方向推，到頭來人財兩空。

有一艘船快沉的時候，船上所有的人顧不得財物，紛紛離船逃命去了。有一水手，捨不得財物沉在海裡，也捨不得他的命丟在那裡，所以他就先拿了一個最好的救生圈，圍在自己的胸前，並對自己說：「現在命是保險的了，可以花點時間去發橫財。」於是，他跑到艙底下去搜刮金錢、銀鈔票。所得真是不少，他拿塊大布，包滿金洋鈔票，綁在自己腰上，跑到船面。現在船快沉了，時機不可再失，他就向海一跳，盼藉由救生圈浮在水面，等人來救。但很奇怪，一跳下海，並不往上浮，就像一塊石頭，一直沉到海底。救生圈失了功效嗎？為何沉下去呢？因為金錢太重。救生圈的力量只夠救他自己，救生圈的力量不夠救他和搜刮的金錢。

貪婪是一種頑疾，人們極易成為它的奴隸，變得越來越貪婪。人的欲念無止境，當得到不少時，仍指望得到更多。一個貪求厚利、永不知足的人，等於是在愚弄自己。貪婪是一切罪惡之源。貪婪能令人忘卻一切，甚至自己的人格。貪婪令人喪失理智，做出愚昧不堪的行為。

　　相傳宋仁年間的某村落，有一家人只有母子兩個人，母親年邁多病，不能工作，日子過得很苦，兒子王妄，三十歲，沒討上老婆，靠賣草來維持生活。

　　有一天，王妄照舊到村北去拔草，拔著拔著，發現草叢裡有一條七寸多長的花斑蛇，渾身是傷，動彈不得，王妄動了憐憫之心，小心翼翼的拿回了家，沖洗塗藥，一會功夫，蛇便醒來了，朝著王妄點了點頭，表達牠的感激之情，母子倆見狀非常高興，趕忙為牠編了一個小窩，小心的把蛇放了進去，從此母子倆精心護理，蛇的傷逐漸痊癒，也長大了，而且總像是要跟他們說話似的，很是可愛，母子倆單調寂寞的生活中增添了點小小的樂趣，日子一天天過去，王妄照樣去拔草，母親照樣看家，小蛇整天在窩裡。忽然有一天，小蛇覺得悶在屋子裡沒意思，爬到院子裡曬太陽，被陽光一照變得又粗又長，像根大樑，這情形被王妄的母親看見了，她驚叫一聲昏死過去，等王妄回來，蛇已回到屋裡，恢復了原形，著急的說：「我今天失禮了，把母親給嚇死過去了，不過別怕，你趕快從我身上取下三塊小皮，再弄些野草，放在鍋裡煎熬成湯，讓娘喝下去就會好。」王妄說：「不行，這樣會傷害你的身體，還是想別的辦法吧！」花斑蛇催促的說：「不要緊，你快點，我能頂得住。」王妄只好流著眼淚照辦了。母親喝下湯後，很快醒過來，母子倆又感激又納悶，但誰也沒說什麼，王妄再一回想每天晚上蛇窩裡放金光的情形，更覺得這條蛇非同一般。

　　話說宋仁宗整天不理朝政，宮裡的生活日復一日，沒什麼新花樣，覺得厭煩，想要一顆夜明珠玩玩，就張貼告示，誰能獻上一顆，就封官受賞。這事傳到王妄耳朵裡，回家對蛇一說，蛇沉思了一會兒說：「這幾年來你對我很好，而且有救命之恩，總想報答你，但一直沒機會，現在總算能為你做點事了。實話告訴你，我的雙眼就是兩棵夜明珠，你將我的一隻眼挖出來，獻

給皇帝，就可以升官發財，老母也就能安度晚年了。」王妄聽後非常高興，但他畢竟和蛇有了感情，不忍心下手，說：「那樣做太殘忍了，你會疼的受不了的。」蛇說：「不要緊，我能頂得住。」於是，王妄挖了蛇的一隻眼睛，第二天到京城，把寶珠獻給皇帝，滿朝文武從沒見過這麼奇異的寶珠，讚不絕口，到了晚上，寶珠發出奇異的光彩，把整個宮廷照得通亮，皇帝非常高興，封王妄為進行大官，並賞了他很多金銀財寶。

皇上看到寶珠後，很是喜歡，占為己有，西宮娘娘見了，也想要一顆，不得已，宋仁宗再次下令尋找寶珠，並說把丞相的位子留給第二個獻寶的人，王妄想，我把蛇的第二隻眼睛弄來獻上，那丞相不就是我的了嗎？於是到皇上面前說自己還能找到一顆，皇上高興的把丞相位置給了他，可萬萬沒想到，當王妄的衛士去取第二隻眼睛時，蛇無論如何不給，說非要見王妄才行，王妄只好親自來見蛇。蛇見了王妄直言勸到：「我為了報答你，已經獻出了一隻眼睛，你也升了官，發了財，就別再要我的第二隻眼睛了。人不可貪心。」王妄早已官迷心竅，哪還聽得進去，無恥的說：「我不就是想當丞相嗎？你不給我怎麼能當上呢？況且，這事我已跟皇上說了，丞相位置也給了我，你不給我不好收場呀，你就成全了我吧！」他執意要取第二隻眼睛，蛇見他變得這麼貪心殘忍，早就氣壞了，就說：「那好吧！你拿刀子去吧！不過，你要把我放到院子裡去再取。」王妄早已等不及，對蛇的話也不加分析，一口答應，就把蛇放到了陽光照射的院子裡，跑回屋取刀子，等他出來要剜寶珠時，蛇身已變成了如同大樑一般粗，張著大口朝他喘氣，王妄嚇的魂都散了，想跑已經來不及，蛇一口就吞下了這個貪婪的人。

從這個故事中，不難看出，貪心是沒有好下場的。對於貪心不足的人來說，欲望是沒有止境的。事實證明，幸福與欲望成反比，欲望越高，你就離幸福越遠，希望越大，失望也就越多。如果私慾膨脹，慾壑難填，就會為慾

所惑，為慾所累。有些人因為過分貪婪而墮入欲望的深淵，最終也遠離了幸福。所以，當人一旦把貪慾和幸福聯繫在一起，那就是和幸福背道而馳了。

順其自然，幸福自然就在身邊

曾經有這樣一個故事：

一個被認為十分偉大的人，他一生追求他心目中完美的幸福。一生的追求，使他得到了金錢、地位、名譽這些他曾經認為可以為他帶來幸福的東西。但他並不幸福。因為他追逐名利、地位與金錢的腳步一生也沒有停下過。終於，有一天他倒了下去。彌留之際，他終於感悟到：幸福，其實就是順其自然。

順其自然，並不是不要追求，不要奮鬥。但是追求與奮鬥應該在一定範圍內，必須遵循一定之規則。成功了，不必竊喜；失敗了，也別沮喪。有了這樣的心態，就少了幾分煩惱，多了幾分幸福。

有一隻小狗，每天不停的繞著自己的尾巴轉圈，時不時累得精疲力竭，躺在地上大口大口的喘著粗氣。

一隻大狗路過，便詢問牠發生什麼事情，小狗回答說：「有位朋友告訴我，假如我可以追到自己的尾巴，便能得到永遠的幸福和快樂，所以我才這樣不知疲倦的做。」

大狗嘆了一口氣，說：「在我年輕的時候，也曾經相信過這樣的謊言，為追逐不可能實現的目標，弄得自己精疲力竭，狼狽不堪。其實事實並不是這樣，當你刻意追逐幸福和快樂的時候，牠正如自己的尾巴，看似近在咫尺，就是永遠追不到。而當你放棄刻意追逐，一切順其自然時，才發覺幸福和快樂就在自己身邊，日夜伴隨著你！」

　　這個小故事說明了人生一個大道理：幸福和快樂本來就存在於我們的生活，重要的是我們能否發現、能否感受、能否欣賞。

　　老子說：「人法地，地法天，天法道，道法自然。」人的一切活動都在自然規定的範圍之內，但是自然的法則、自然的規定是不可違背的。順應了自然才可能有幸福，違逆了自然註定不會幸福。

　　藥山惟儼禪師是唐代著名禪宗大師，他與許多高僧一樣，善於從眼前小事物入手，啟發弟子們的悟性。

　　有一次，惟儼禪師帶著兩個弟子道吾和雲岩下山，途中唯嚴禪師指著林中一棵枯木問道：「你們說，是枯萎好呢，還是茂盛好？」

　　道吾不假思索的回答：「當然是茂盛的好。」

　　惟儼禪師搖搖頭道：「繁華終將消失。」

　　這一來，答案似乎已經明確，所以雲岩隨即改口說：「我看是枯萎的好。」

　　誰知惟儼禪師還是搖了搖頭：「枯萎也終將成為過去。」

　　這時，正好有一位小沙彌從對面走來，惟儼禪師便以同樣的問題來「考」他，機靈的小沙彌不緊不慢的答道：「枯萎的讓它枯萎，茂盛的就讓它茂盛好了。」

　　惟儼禪師這才頷首讚許道：「小沙彌說得對，世界上任何事情，都應該聽其自然，不要執著，這才是修行的態度。」

　　生命中的許多東西是不可以強求的，某些刻意強求的東西或許我們終生都得不到，而我們不曾期待的燦爛往往會在我們的淡泊從容中不期而至。我們常想悟出真理，卻反而為了這種執著而迷惑、困擾。只要恢復直率之心，徹底的順從自然，道理就隨手可得了。

　　有三隻毛毛蟲想要過河去採花蜜。一隻說，我們必須先找到橋，然後從

橋上爬過去。一隻說，我們還是造一條船，從水上漂過去吧。一隻說，我們走了那麼多的路，已經疲憊不堪了，現在應該靜下來休息兩天。另外兩隻很詫異：休息？簡直是笑話！沒看對岸花叢中的蜜都快被喝光了嗎？說著，那兩隻毛毛蟲就各自忙碌起來。剩下的一隻爬上最高的一棵樹，找了片葉子躺下來了。

　　不知過了多久，一覺醒來，牠發現自己變成了一隻美麗的蝴蝶。牠僅扇動了幾下翅膀，就飛過了河。此時，對岸的花開的正豔，每個花苞裡都有香甜的蜜。牠很想找到那兩個夥伴，可是飛遍了所有的花叢都沒找到，因為牠的夥伴一個累死在了路上，另一個被河水淹沒了。

　　我們整日在這個競爭激烈的社會中辛苦打拼的時候，常常累得疲憊不堪、遍體鱗傷。其實，順其自然是一種生存方式，而且是最為美好的。

　　當然，順其自然並非是消極的等待，順其自然並非是聽從命運的擺布，更正確的說，順其自然是尋求生命的平衡。誰能達到這種境界，誰的生活就美好，誰的生命就有品質。

　　不如讓一切順其自然，你會發現你的內心會漸漸清朗，內心也會減輕許多負擔。

知足常樂的人生最幸福

　　幸福是每個人都希望得到的，但在追求的過程中，有多少人錯失了唾手可得的幸福？又有多少人身在福中不知福？很多人窮盡一生的心力追求幸福，換來的卻只是白髮蒼蒼和一聲聲的唏噓，這都是因為他們不明白幸福的真諦。其實，幸福來自知足。滿足自己的現狀，並能充分的享受自己的生活，這就是幸福。

　　從前有一個國王，擁有整個天下，可以為所欲為。但是，他卻不知道自己是否幸福。並且為此而深深苦惱，於是，他命令其手下去給他找一個幸福的人來，好讓他看一看怎樣才是幸福。奉命尋找幸福的人想：「全國上下，誰會最幸福呢？應該是宰相，他大權在握，位高權重。」於是，他們找到了宰相，並向他說明了來意，宰相聞訊，陷入沉思，然後他說道：「其實我並不幸福，儘管位高權重，但是官場上爾虞我詐，勾心鬥角，難以論理。我為此費盡心思，終日不得安寧，哪裡還會有幸福？」為國王尋找幸福的人只好退了出來，重新再考慮誰會幸福，這時他想到了財務大臣，於是就前去拜訪，向他說明了來意。那財務大臣回答：「對不起，我並不幸福，儘管我有萬貫家產，掌管著國庫，可是生意場上變幻莫測，我為此終日憂慮，並且每日還要擔心有人前來偷竊，我又怎麼能夠幸福呢？」奉命尋找幸福的人，又走訪了國防大臣，覺得他軍權在握，可能會幸福；走訪了外交大臣，覺得他人緣廣闊，可能會幸福……，就這樣，他們又走訪了許多他們認為可能會幸福的人，可是始終未能找到真正幸福的人。無奈之下，他們走出城外，想到遠處再去尋訪，途中遇到一位農民，一邊在田裡耕作，一邊在唱著一首「幸福歌」：「天下的國王不幸福，天下的宰相不知足……，天下的誰人最幸福，唯我農人最知足。」國王的手下一聽喜出望外。

　　這雖然是一個小故事，但反映出了關於幸福的思考：知足是人生最大的幸福。其實，每個人心中都有一把幸福的鑰匙，但我們卻常常身在福中不知福。因為貪心、不滿足，得寸進尺，在已擁有的基礎上要求得到更多，所以感覺不到幸福。希臘大哲伊壁鳩魯說過：「如果你要使一個人快樂，別增添他的財富，而要減少他的欲望。」的確如此，一個人要得到幸福和快樂，並不需要追求什麼，而是要放棄那個追求。放棄越多，欲望就越少；欲望越少，滿足就越多，幸福也就越多。生活中，只有那些知足的人，才會活得幸福、

活得快樂、活得單純、活得踏實。

有一位老先生經常對人說他是世上最富有的人。這話傳到了稅務機關那裡，引起了稅務人員的注意，就派了一個人去調查他。稅務員問道：「請問你都有什麼財產？估價多少？」

老人說：「我有健康的身體，它使我不需要依賴別人照看自己，使我有心情欣賞飯菜的美味、花草的清香。」

稅務員問：「除了健康之外，你還有什麼財產？」

老人回答道：「我還有一個賢慧的妻子，每天把家布置得十分溫馨，有煩惱時總能得到她的安慰和幫助。」

稅務員疑惑的說：「還有別的什麼嗎？」

老人興奮的說：「我還有幾個孩子，都十分孝順、聰明而且健康。」

稅務員不滿的說：「你說你是最富有的人，那你難道沒有什麼房地產？銀行裡有多少存款？」

老人看了看他，微笑著說：「我擁有這些，難道算不上世上最富有的人嗎？」

從這個故事裡，我們看到了知足常樂的可貴。知足便不作非分之想；知足便不好高騖遠；知足便安若止水、心平氣和；知足便不貪婪、不奢求、不豪奪巧取。知足者溫飽不慮便是幸事；知足者無病無災便是福澤。知足使人平靜，安詳，在知足與不知足之間，我們應該選擇知足，因為知足它會讓我們心得到坦然，不背太多的思想負擔，在知足的心態下，一切都會變得正常、坦然，所以知足的人總是笑對人生。

一天，一個腰纏萬貫的富人與一個窮困潦倒的窮人就幸福的真正含義展開了討論：

窮人說：「我認為我目前的狀況就是幸福的。」富人抬頭望審視窮人的茅

舍、破舊的衣著、桌上擺的粗茶淡飯，輕蔑的說：「這樣的日子也叫幸福，我看你是窮糊塗了。真正的幸福生活要像我這樣擁有百萬豪宅、千名奴僕。」窮人說：「你有你所謂的幸福，我也有我意義上的幸福，我對我現在的生活很滿足，所以我覺得很幸福，即便我沒有你那麼多錢。」

富人看著窮人頑固的思想，心想：「這傢伙真是窮瘋了！」

不久後，富人的豪宅內突然發生了一場大火，把富人所有的家產都燒的一乾二淨！一夜之間狼藉一片，奴僕們都各走東西。富人也淪為乞丐流浪在街頭，汗流浹背的在街上行乞。

口渴難耐的富人想討口水喝。不料他偏偏走到的地方是以前遇見的那個窮人的家裡，窮人見富人目前的情形，搖搖頭沒有說出什麼，徑直的走進屋，端來一大碗冰涼的水，遞給他並對他說：「你現在認為什麼是幸福？」乞丐喝過水後說：「現在我已經很滿足了，幸福就是現在。」

其實幸福就是這樣的簡單，它不在於外在的東西，幸福就在自己的心裡，懂得知足，就是幸福的泉源。所以，人生貴在知足，知足者常樂。人的一生可追求的東西很多，但真正可以擁有的卻少之又少。那麼，我們就該清楚：知足多一點，幸福就多一點。

珍惜現在能掌握的幸福

一個人的生命中，擦肩而過的人有千千萬萬，有幾個是知音？有幾個是深愛自己的人？與其眾裡尋他千百度，不如疼惜眼前真情人。

深夜，寺裡一人一佛，佛坐人站。

人：聖明的佛，我是一個已婚之人，我現在狂熱的愛上了另一個女人，我真的不知道該怎麼辦？

佛：你能確定你現在愛上的這個女人就是你生命裡唯一的最後一個女人嗎？

人：是的。

佛：你離婚，然後娶她。

人：可是我現在的妻子溫柔，善良，賢慧，我這樣做是否有一點殘忍，有一點不道德？

佛：在婚姻中沒有愛才是殘忍和不道德的，你現在愛上了別人已不愛她了，你這樣做是正確的。

人：可是我老婆很愛我，真的很愛我。

佛：那她就是幸福的。

人：我要與她離婚後另娶她人，她應該是很痛苦的又怎麼會是幸福的呢？

佛：在婚姻裡她還擁有她對你的愛，而你在婚姻中已失去對她的愛，因為你愛上了別人，正所謂擁有的就是幸福的，失去的才是痛苦的，所以痛苦的人是你。

人：可是我要和她離婚後另娶她人，應該是她失去了我，她應該才是痛苦的。

佛：你錯了，你只是她婚姻中真愛的一個具體對象，當你這個具體對象不存在的時候，她的真愛會延續到另一個對象，因為她在婚姻中的真愛從沒有失去過。所以她才是幸福的而你才是痛苦的。

人：她說過今生只愛我一個，她不會愛上別人的。

佛：這樣的話你也說過嗎？

人：我……

佛：你現在看你面前香爐裡的三根蠟燭，哪一根最亮？

人：我真的不知道，好像都一樣亮。

佛：這三根蠟燭就好比是三個女人，其中一根就是你現在所愛的那個女人，芸芸眾生，女人何止千百萬萬，你連這三根蠟燭哪根最亮都不知道，都不能把你現在愛的人找出來，你又怎能確定你現在愛的這個女人就是你生命裡唯一的最後一個女人呢？

人：我……

佛：你現在拿一根蠟燭放在你的眼前，用心看看哪根最亮？

人：當然是眼前的這根最亮。

佛：你現在把它放回原處，再看看哪根最亮？

人：我真的還是看不出那根最亮。

佛：其實你剛拿的那根蠟燭就是好比是你現在愛的那個最後的女人，所謂愛由心生，當你感覺你愛她時，你用心去看就覺得它最亮，當你把它放回原處，你卻找不到最亮的一點感覺，你這種所謂的最後且唯一的愛其實只是鏡花水月，到頭來終究是一場空。

人們總錯誤的認為，得不到的永遠是最好的；可一旦得到了，過往的努力都成過眼雲煙，剩下只有踐踏。人總是在失去後才想到珍惜，想要去挽回，但並不是所有的東西，在失去後都能重新找回。所以請記住：珍惜眼前人，珍惜擁有的一切！

從前，有一座圓音寺，每天都有許多人上香拜佛，香火很旺。在圓音寺廟前的橫樑上有隻蜘蛛結了張網，由於每天都受到香火和虔誠的祭拜的薰陶，蜘蛛便有了佛性。又經過了一千多年的修煉，蜘蛛的佛性更是增加了不少。

忽然有一天，佛祖光臨了圓音寺，看見這裡香火甚旺，十分高興。離開寺廟的時候，不經意的抬頭，看見了橫樑上的蜘蛛。佛祖停下來，問這隻蜘蛛：「你我相見總算是有緣，我來問你個問題，看你修煉了這一千多年來，有

什麼真知灼見。怎麼樣？」

蜘蛛遇見佛祖很是高興，連忙答應了。

佛祖問道：「世間什麼才是最珍貴的？」

蜘蛛想了想，回答道：「世間最珍貴的是『得不到』和『已失去』。」 佛祖點了點頭，離開了。

就這樣又過了一千年的光景，蜘蛛依舊在圓音寺的橫樑上修煉，牠的佛性大增。

一日，佛祖又來到寺前，對蜘蛛說道：「一千年前的那個問題，你可有什麼更深的認識嗎？」

蜘蛛說：「我覺得世間最珍貴的還是『得不到』和『已失去』。」

佛祖說：「你再好好想想，我會再來找你的。」

又過了一千年，有一天，刮起了大風，風將一滴甘露吹到了蜘蛛網上。蜘蛛望著甘露，見它晶瑩透亮，很是漂亮，頓生喜愛之意。蜘蛛每天看著甘露很開心，牠覺得這是三千年來最開心的幾天。

突然，刮起了一陣大風，將甘露吹走了。蜘蛛一下子覺得失去了什麼，感到寂寞和難過。

這時佛祖又來了，問蜘蛛：「這一千年，你可有好好想過：世間什麼才是最珍貴的？」

蜘蛛想到了甘露，對佛祖說：「世間最珍貴的仍然是『得不到』和『已失去』。」

佛祖說：「好，既然你有這樣的認識，我就讓你到人間走一遭吧。」就這樣，蜘蛛投胎到了一個官宦家庭，成了一個富家小姐，父母為她取了個名字叫蛛兒。一晃眼，蛛兒到了十六歲，已經成了個婀娜多姿的少女，楚楚動人。

　　這一日，皇帝決定在後花園為新科狀元郎甘鹿舉行慶功宴席。席間來了許多妙齡少女，包括蛛兒，還有皇帝的小公主長風公主。狀元郎在席間表演詩詞歌賦，大獻才藝，在場的少女無一不被他傾倒，但蛛兒一點也不緊張和吃醋，因為她知道，這是佛祖賜予她的姻緣。

　　過了些日子，說來很巧，蛛兒陪同母親上香拜佛的時候，正好甘鹿也陪同母親而來。上完香拜過佛，兩位母親在一邊說上了話。蛛兒和甘鹿便來到走廊上聊天，蛛兒很開心，終於可以和喜歡的人在一起了，但是甘鹿並沒有表現出對她的喜愛。

　　蛛兒對甘鹿說：「你難道不曾記得十六年前，圓音寺的蜘蛛網上的事情了嗎？」

　　甘鹿很詫異，說：「蛛兒，妳很漂亮，也很討人喜歡，但妳的想像力未免豐富了一點吧！」說罷，和母親離開了。

　　蛛兒回到家，心想，佛祖既然安排了這場姻緣，為何不讓他記得那件事，甘鹿為何對我沒有一點感覺？

　　幾天後，皇帝下召，命新科狀元甘鹿和長風公主完婚；蛛兒和太子芝完婚。這一消息對蛛兒如同晴空霹靂，她怎麼也想不通，佛祖竟然這樣對她。

　　幾日來，她不吃不喝，窮究急思，靈魂即將出竅，生命危在旦夕。太子芝知道了，急忙趕來，撲倒在床邊，對奄奄一息的蛛兒說道：「那日，在後花園眾女孩中，我對妳一見鍾情，我苦求父皇，他才答應。如果妳死了，那麼我也就不活了。」說著就拿起了寶劍準備自刎。

　　就在這時，佛祖來了，他對快要出竅的蛛兒靈魂說：「蜘蛛，你可曾想過，甘露（甘鹿）是由誰帶到你這裡來的呢？是風（長風公主）帶來的，最後也是風將它帶走的。甘鹿是屬於長風公主的，他對於你不過是生命中的一段插曲。而太子芝是當年圓音寺門前的一棵小樹，他看了你三千年，愛慕了你

三千年，但你卻從沒有低下頭看過它。蜘蛛，我再來問你，世間什麼才是最珍貴的？」

　　蜘蛛聽了這些真相之後，好像一下子大徹大悟了，她對佛祖說：「世間最珍貴的不是『得不到』和『已失去』，而是現在能掌握的幸福。」

　　剛說完，佛祖就離開了，蛛兒的靈魂也歸位了，睜開眼睛，看到正要自刎的太子芝，她馬上打落寶劍，和太子緊緊的抱在一起……

　　其實，幸福離我們很近，可總是有人把近在眼前的幸福隨意忽略，卻還自我感傷 —— 感覺幸福很遙遠，看不到最終的永遠；感覺幸福很飄渺，長著翅膀會瞬間飛走。其實世上最珍貴的不是「得不到」和「已失去」，而是現在能掌握的幸福。

放寬你的心胸，
幸福的人生不計較

人之所以不幸福，就是計較的太多，凡事都
斤斤計較只會給人帶來煩惱。人生應當寬宏大
度，睚皆必報、斤斤計較，非君子所為。心胸寬
廣的人容易幸福，信任對方的人容易幸福，不計
較瑣事的人容易幸福……幸福是一種能力，更是一
種修養。

有一種幸福叫寬容

寬容是一種美德，是一種思想修養，也是人生的真諦，你能容人，別人才能容你，這是生活的辯證法則。學會寬容，你就會善於發現事物的美好，感受生活的美麗。

一位已婚女人曾這樣說：「我不夠寬容，我有點小氣，常會為老公的一點臉色而心煩、鬱悶，甚至不甘平淡，總想搞出點什麼，但是鬧過吵過，卻搞得自己傷痕累累，傷了對方也傷了自己。其實生活本質就是平淡，也許年輕時我可以任性，可以耍脾氣，但是現在卻不容許，開始學會寬容，開始學會理解，發現原來下雨也可以有個好心情。」

一位老太太在她五十周年金婚紀念日那天，向來賓道出了她保持婚姻幸福的祕訣。她說：「從我結婚那天起，我就準備列出丈夫的十條缺點，為了我們婚姻的幸福，我向自己承諾，每當他犯了這十條錯誤中的任何一項的時候，我都願意原諒他。」有人問，那十條缺點到底是什麼呢？她回答說：「老實告訴你們吧，五十年來，我始終沒有把這十條缺點具體的列出來。每當我丈夫做錯了事，讓我氣得直跳腳的時候，我馬上提醒自己：算他運氣好吧，他犯了我可以原諒的那十條錯誤當中的一個。」

對於婚姻來說，學會寬容對方，是走向幸福的一個必然之路。不懂得寬容，就不懂得幸福；學會了寬容，也就能學會感受幸福。

寬容之愛，正如和風之於春日，陽光之於冬天，它是人類靈魂裡美麗的風景。有了博大的胸懷和寬容一切的心靈，寬容自然會散發出濃濃的醇香。寬容能使你活得輕鬆，使你的生活更加幸福快樂。

一位窮困潦倒的遠房親戚來找張某借錢，說她丈夫因為遇到車禍，脾破裂住進了醫院。張某當時從情感上無法接受她。見到了她，二十多年前的往

事又浮現在他的眼前，恨和氣使他無法接納她，真不想讓她走進他的家門。因為在二十多年前，是他借錢給她的丈夫，她的丈夫才娶了她。當他遇到困難時，而且是急需用錢時，他只想要回當初借給她丈夫的錢。但娶進來的她，死活不認帳，而且當他的母親代他去表達他的想法，想要要回他的錢時，她竟然還動手打了他年近七十歲的老母親。當時他不知道，後來他聽了母親的述說，心裡難過極了。錢借給了別人，讓老母親幫他去要債，結果讓老母親被人家打了。為了母親，他決定不要這錢了。多少年過去了，一提起這件事他仍氣憤難平！今天，她竟然還有臉來借錢！

後來，在她吃飯的時候，張某順手拿起一本雜誌坐在客廳的沙發看，雜誌上的一段話給他啟發很深：人世間最寶貴是寬容，寬容是世界上稀有的珍珠。善於寬容的人，總是在播種陽光和雨露，醫治人們心靈和肉體的創傷。與寬容的人接觸，智慧得到啟迪，靈魂變得高尚，胸懷更加寬廣。

等到她吃完飯走進客廳時，張某想：按照她的品行，我不應該去同情她。但過去的事已經過去了，再提也沒有什麼意義，何況母親已經不在了。我怎麼能和他們一般見識？我應該學會做一個寬容大度的人，原諒他們的過錯。現在她的丈夫生命垂危，我不能見死不救……然後，他跑進屋裡，拿了一萬元交給了她。張某誠懇的說：「這錢拿去給妳丈夫治病，不要妳還了。」他知道她起碼在這幾年內沒有能力還錢。另外，張某又給了她價值兩千元的補品，讓她丈夫手術後好好調養。她當時非常震驚和感動，跪在地上淚流滿面的說：「叔叔，對不起，我們欠您的錢，包括以前的錢，我這輩子還不了，我來世還給您，您的大恩大德我一輩子也報答不完，我給您磕頭。」張某看到她那個樣子，又悲又喜，眼淚情不自禁的流出來，他的心情是複雜的，說不清是愛還是寬容。

從那件事情以後，他的心情輕鬆了不少。一生中最恨的人，他都原諒了

她，還有什麼做不到的呢！張某學會了寬容，讓他的人生無憾！

　　寬容是愛心的表現，也是思想境界極高的昇華。表面上看，它只是一種放棄報復的決定，這種觀點似乎有些消極，但真正的寬恕卻是一種需要巨大精神力量支援的積極行為。

　　有個女人，因為小時候家裡太窮了，她的母親把她送給了別人。長大後，她知道了這件事，心裡極其怨恨自己的親生父母，覺得他們太狠心了。她的親生母親幾次想要來相認，她都拒絕了，連母親親手織給她的毛衣她也一次都沒有穿過，而是把它收了起來，放在箱底。就這樣，她結了婚，生了孩子，但她的心一直沉浸在怨恨裡。在她三十歲的那年，突然傳來母親病危的消息。那時剛好是冬天，家鄉的人送來信，說母親想見她一面，讓她穿上那件毛衣。

　　這個女人聽後，心裡開始有些慌亂。再怎麼樣也是生母，她急匆匆的穿上母親織的毛衣就上路了。在路上，她覺得冷，就把手伸進口袋中取暖，她突然在口袋中摸到了一張紙條。她拿了出來，好奇的打開，原來是母親寫給她的信。母親在信上說，家裡的另一個孩子是撿來的，那時候實在養活不了兩個孩子，才決定把她送出去。因為那個孩子太小，又病得很厲害，除了他們夫妻，沒人要他。

　　看完紙條後她非常震驚，眼裡湧出了淚水。母親這麼多年來是多麼的傷心啊，她是她唯一的女兒啊！

　　趕到母親那裡時，老人已經辭世了。母親走的時候，手裡緊緊的握著一枚藍色的扣子。在母親的身邊放著一封信，信裡說，送給女兒毛衣的那天，母親回到家裡才發現那件衣服上的一枚扣子掉在了地上。母親把它撿了起來，一直想去幫女兒縫上這枚扣子。想了十幾年，希望能再見到女兒，母親覺得欠女兒一枚扣子。

　　她拿著這枚扣子，扣子已經被磨搓得光滑圓潤，亮閃閃的，她不知道，每當深夜時，母親想起她，就會拿出那枚扣子，放在掌心靜靜的看，看了十幾年。

　　這個女人的餘生都是在悔恨中過日子。前三十年，她在怨恨中過；後四十五年，她在悔恨中過。前三十年既然已無法挽回了，為什麼後四十五年還要去為前三十年付出那麼多的代價呢？如果在母親給她送來毛衣的那天，她能夠寬容一次，那麼，她的一生可能就要改寫。

　　生活中，我們何必為曾經的傷害耿耿於懷呢？學會寬容別人，也是善待自己的一種方式。學會及早的忘卻，及早的原諒，及早的享受生活，生命裡美麗的日子不是會多一些嗎？假如我們每個人都能以寬容、達觀和敦厚的心，去生活處世，那便會擁有寬廣的心理生活空間，任自己遨遊，就會生活得很自在。

原諒那些曾經傷害過你的人

　　原諒那些曾經傷害你的人，給自己的生命留下一點空隙，用寬恕化解人與人之間的怨恨和矛盾，能讓自己收獲一份恬淡、安靜的心態。

　　很久以前，有一位年老的國王，他決定不久後就將王位傳給三個兒子中的一個。一天，國王把三個兒子叫到跟前說：「我老了，決定把王位傳給你們三兄弟當中的一個，但你們三個都要到外面去遊歷一年，一年後回來告訴我，你們在這一年內所做過的最高尚的事情。只有那個真正做過高尚事情的人，才能繼承我的王位。」

　　一年後，三個兒子回到了國王跟前，告訴國王自己這一年來在外面的收穫。

大兒子先說道：「我在遊歷期間，曾經遇到一個陌生人，他十分信任我，託我把他的一袋金幣交給他住在另一個鎮上的兒子，當我遊歷到那個鎮上時，我把金幣原封不動的交給了他的兒子。」

國王說：「你做得很對，但誠實是你做人應有的品德，不能稱得上是高尚的事情。」

二兒子接著說：「我旅行到一個村莊，剛好碰上一夥強盜打劫，我衝上去幫村民們趕走了強盜，保護了他們的財產。」

國王說：「你做得很好，但救人是你的責任，也還稱不上是高尚的事情。」

三兒子遲疑的說：「我有一個仇人，他千方百計的想陷害我，有好幾次，我差點就死在他的手上。在我的旅行中，有一個夜晚，我獨自騎馬走在懸崖邊，發現我的仇人正睡在一棵大樹下，我只要輕輕的一推，他就會掉下懸崖摔死了。但我沒有這樣做，而是叫醒了他，告訴他睡在這裡很危險，並勸告他繼續趕路。後來，當我下馬準備過一條河時，一頭老虎突然從旁邊的樹林裡躥出來，撲向我，正在我感到絕望時，我的仇人從後面趕過來，他一刀就結果了老虎的命。我問他為什麼要救我的命，他說『是你救我在先，你的仁愛化解了我的仇恨。』這⋯⋯這實在是不算做了什麼大事。」

「不，孩子，能幫助自己的仇人，是一件高尚而神聖的事，」國王嚴肅的說：「來，孩子你做了一件高尚的事，從今天起，我就把王位傳給你。」

寬容展現了一個人的素養與氣度，表現了人的思想水準。只有一個擁有智慧的人，才會在心中留出一片天的給別人。當你學會寬容別人時，就是學會寬容自己，給別人一個改過的機會，就是給自己一個更廣闊的空間！

這是一個發生在二戰期間的故事：

一支友軍部隊在森林中與德軍相遇激戰，有兩名戰士與部隊分開，失去

了聯繫。兩個戰友在森林中艱難跋涉，尋找大部隊，他們互相鼓勵、互相安慰，十多天過去了，他們仍然未能與部隊聯繫上。他們之所以在戰場上還能相互照顧，彼此不分，因為他們是來自同一個小鎮的朋友。

由於長時間沒有聯繫到大部隊，他們已經三天沒吃到食物了。有一天，他們打到了一隻鹿，靠著鹿肉他們又艱難的度過了幾天。可是也許是戰爭的原因，動物都四散奔逃，或被殺光了，他們從此以後再也沒有看到任何動物。僅剩下的一點鹿肉背在年輕一點的戰友身上，這一天，他們在森林的邊上又遇到了敵人，經過再一次的激戰，他們巧妙的避開了敵人。就在自以為安全的時候，他們都覺得飢餓難忍，這時只聽見一聲槍響，走在前面的年輕戰士中了一槍，幸虧是在肩膀，後面的戰友惶恐的跑了過來，他害怕得語無倫次，抱著戰友的身體淚流不止，趕忙把自己的襯衣撕開包紮戰友的傷口。晚上，未受傷的戰士一直想念著母親，兩眼直勾勾的，他們都以為他們的生命即將結束。雖然飢餓，但身邊的鹿肉誰也沒有動。天知道，他們怎麼度過了那一夜，第二天，部隊救了他們。

一轉眼，事情過去了三十多年，那位受傷的戰士說：「我知道誰朝我開了一槍，他就是我的朋友，他去年去世了。在他抱住我的時候，我碰到了他發熱的槍管，我怎麼也不明白，但當晚我就寬容了他，我知道他想獨吞我身上帶的鹿肉活下去，但我也知道他活下來是為他的母親。此後的三十年，我裝作根本不知道此事，也從不提及。戰爭太殘酷了，他的母親還是沒能等到他回來，我和他一起祭奠了老人家。他跪下來說要請我原諒，我沒讓他說下去，我們又做了二十幾年的朋友，我沒理由不寬容他。」

原諒那些曾傷害我們的人，就能讓自己的身上創造出生命的力量、光芒，既能照亮他人，也能點亮自己。學會寬恕別人，就是學會善待自己。仇恨只能讓我們的心靈永遠生活在黑暗之中；寬恕，卻能讓我們的心靈獲得自

由，獲得解放。

　　寬容是做人處世的準則。一個寬宏大量，與人為善，寬容待人，能主動為他人著想和幫助別人的人，一定會討人喜歡，被人所接納，受人尊重，具有魅力，因而能夠更多的體驗到成功的喜悅。而一個以敵視的眼光看人，對周圍的人戒備森嚴，心胸狹窄，處處提防，不能寬大為懷的人，必然會因孤獨而陷於憂鬱和痛苦之中。

　　所以說，一個心胸寬闊，善於寬厚待人，容忍別人缺點的人，才能收服人心，成就人格魅力。這也是每個人應該有的處世準則。

感激對手，你的人生會更精彩

　　世界充滿了競爭，競爭無處不在，無時不有，有競爭就會有對手，有了對手才有戰勝之而成為強者的念頭。由於對手的存在，我們會在人生的道路上擁有更多的激情，會領略到更多美麗的風景，我們的生命也會因此閃耀出更加動人的光輝！

　　一位動物學家在非洲奧蘭治河域考察時，意外發現河東岸和河西岸的羚羊大不一樣，前者繁殖能力比後者更強，而且奔跑速度每分鐘要快十三公尺。他感到十分奇怪，既然環境和食物都相同，何以差別如此之大？為了能解開其中之謎，動物學家和當地的動物保護協會進行了一項實驗：在河兩岸分別抓十隻羚羊送到對岸生活。結果送到西岸的羚羊繁殖到了十四隻，而送到東岸的羚羊只剩下了三隻，另外七隻被狼吃掉了。

　　謎底不久即被揭開，原來東岸的羚羊之所以身體強健，是因為牠們附近居住著一個狼群，這使得羚羊天天處在一個「競爭氛圍」中。為了生存下去，牠們變得越來越有「戰鬥力」。而西岸的羚羊長得弱不禁風，恰恰就是缺少天

敵，沒有生存壓力。

　　無獨有偶。一個牧場常被狼叼走羊，於是牧場主人用了整整一個冬季請獵人來把狼消滅掉了，本以為狼患沒了，羊就可以沒事了，但更大的損失等著他。羊群開始流行瘟疫，羊群大量死亡。即使請來獸醫，瘟疫還是接連不斷的發生。無奈，牧主請來一批專家，專家卻重新把狼給請來了。瘟疫很快就沒有了，羊又恢復了往日健壯的樣子。原來，狼對羊群有著天然的「優生優育」功能。狼的騷擾，使羊群常常處於激烈運動之中，羊群因此格外健壯，老弱病殘的落入狼口，瘟疫之源也就不復存在了。

　　上述現象對我們不無啟迪，一種動物如果沒有對手，就會變得死氣沉沉。人也是一樣，有對手的存在才有競爭，才能在競爭中錘煉自己，在競爭中壯大自己。一位哲人說過：我們的成功，也是我們的競爭對手造就的。

　　生活中，我們要放寬自己的心胸，用一種博大的情懷看待自己的對手。對手不是敵人，對手的存在能夠讓我們看到自己的不足，能夠讓我們正視自己的長短，能夠讓我們不斷超越自己獲得更多的資本取得更大的發展。對手是同行者，也是挑戰者，是他們將你的人生裝扮，是他們將你的心靈改變，所以我們應該感謝對手。

　　一八六○年十一月六日，林肯當選為美國第十六任總統。就任後，他任命薩蒙・蔡斯任命為財政部長，並十分器重他。蔡斯雖然是一個有能力的人，但同時又是一個狂妄自大，目空一切的人。在總統大選時，他輸給了林肯，所以他十分嫉妒林肯，懷恨在心，激憤難平。

　　當有人不解的問起這件事情時，林肯講了這樣一個故事：「有一次我和我的兄弟在肯塔基州老家的一個農場犁玉米田，我吆喝馬，他扶著犁。這匹馬很懶，但有一段時間牠卻在地裡跑得飛快，連我這雙長腿都差點跟不上。後來，我發現有一隻很大的馬蠅叮在牠身上，於是我就把馬蠅打落了。我的兄

弟問我為什麼要打落牠。我回答說，我不忍心讓這匹馬那樣被咬。我的兄弟說：『哎呀，正是這傢伙才使得馬跑起來的嘛！』然後，林肯意味深長的說：「如果現在有一隻叫『總統欲望』的馬蠅正叮著蔡斯先生，那麼只要它能使蔡斯的那個部門不停的跑，我就不想去打落它。」

這個故事對我們有很大的啟發，工作和生活中，許多人會犯這樣一個錯誤：詛咒和仇視自己的對手，或慶幸自己沒有遇到可怕的對手，或者因為自己遇到了對手而失魂落魄的。這其實是大錯特錯的。我們應該為自己有一個這樣的對手或者是更強大的對手而慶幸，為自己遇到艱難的境遇而慶幸，因為這正是你脫穎而出的機會！

對手是自己的壓力，也是自己的動力。正是因為有了對手，才有了競爭，才能激發自己的鬥志，使自己格外的努力，從而戰勝自我，超越自我。

有一位教練曾經這樣說：「對手是每個運動員的最好的教科書，誰若想戰勝對手，誰就得向對手學習。」雅典奧運會跳水男子組冠軍彭勃，在賽後接受記者採訪時說：「我特別感謝兩個人，一個是隊友王克楠，一個是對手薩烏丁。如果今天沒有王克楠到場給我鼓舞，我的金牌就不會拿得這麼順利。我之所以要感謝薩烏丁，是因為沒想到他今天發揮得這麼出色。他這麼大的年齡還那樣拼搏，這刺激了我更努力的去比賽。」

一個人如果沒有對手，那他就會甘於平庸，養成惰性，最終導致庸碌無為。有了對手，才會有危機感，才會有競爭力。有了對手，你便不得不奮發圖強，不得不銳意進取，否則，就只有等著被吞併，被替代，被淘汰。

世界充滿了競爭，也正是因為有了競爭，個人才有了完善和提高，社會才有了進步和發展。可是，在生活中我們往往把競爭的對手當作了不共戴天的仇敵，而忽視了正是因為有對手的存在，才使自己有了更大的壓力和動力。

在人生道路上，對手既是你的挑戰者，又是你的同行者，是對手喚起我們挑戰的衝動和欲望。失去了對手，我們將一無所有。所以，請感謝你的對手吧，正是由於他們的存在，你才會認識到自己的缺點，才會激發你的潛能，才會讓你的人生變的更精彩。

在仇恨中開一朵寬容的花

寬容的力量是無窮的。荷蘭哲學家史賓諾沙曾說過：「人心不是靠武力征服，而是靠愛和寬容大度征服。」如果一個人能原諒別人的冒犯，就證明他的心靈是超越了一切傷害的。

這是一場慘烈的戰爭，幾乎所有的士兵都喪命於敵人的刀劍之下。

命運將兩個地位懸殊的人推到一起：一個是年輕的指揮官，一個是年老的炊事員。

他們在奔逃中相遇，兩個人不約而同的選擇了相同的路徑 —— 沙漠。追兵止於沙漠的邊緣，因為他們不相信有人會從那活著出去。

「請帶上我吧，豐富的閱歷教會了我如何在沙漠中辨認方向，我會對你有用的。」老人哀求道。指揮官麻木的下了馬，他認為自己已經沒有了求生的資格，他望著老人花白的鬍鬚，心裡不禁一顫：由於我的無能，幾萬個鮮活的生命從這個世界上消失，我有責任保護這最後一個士兵。他扶老人上了戰馬。

到處是金色的沙丘，在這茫茫的沙海中，沒有一個標誌性的東西，使人很難辨認方向。「跟我走吧！」老人果敢的說。指揮官跟在他的後面。灼熱的陽光將沙子烤得如炙熱的煤炭一樣，喉嚨乾得幾乎要冒煙。他們沒有水，也沒有食物。老人說：「把馬殺了吧！」年輕人愣了愣，唉，若想活著也只能

如此。他取下腰間的軍刀……

「現在，馬沒了，就請你背我走吧！」年輕人又一愣，心想，你有手有腳，為什麼要人背著走，這要求著實有點過分。但是，一直以來，他都處在深深的自責之中，老人此時需要在沙漠中逃生，也完全是因為他的不稱職。他此刻唯一的信念就是讓老人活下去，以彌補自己的罪過。他們就這樣一步一步的前行，在大漠上留下了一串深陷且綿延的腳印。

一天，兩天……十天。茫茫的沙漠好像無邊無際，到處是灼燒的沙礫，滿眼是彎曲的線條。白天，年輕人是一匹任勞任怨的駱駝；晚上，他又成了最體貼周到的僕從。然而，老人的要求卻越來越多，越來越過分。他會將兩人每天共有的食物吃掉一大半，會將每天定量的馬血多喝掉好幾口。年輕人從沒有怨言，他只希望老人能活著走出沙漠。

他倆越來越虛弱，直到有一天，老人已經奄奄一息了。「你走吧！別管我了。」老人忿忿的說，「我不行了，還是你自己去逃生吧。」

「不，我已經沒有了生的勇氣，即使活著我也不會得到別人的寬恕。」

一絲苦笑浮上了老人的面容，「說實話，這些天來難道你就沒有感到我在刁難、拖累你嗎？我真沒想到，你的心可以包容下這些不平等的待遇。」

「我想讓你活著，你讓我想起了我的父親。」年輕人痛苦的說。老人此刻解下了身上的一個布包，「拿去吧！裡面有水，也有吃的，還有指南針，你朝東再走一天，就可以走出沙漠了，我們在這裡的時間實在太長了……」老人閉上了眼睛。

「你醒醒，我不會丟下你的，我要背你出去。」老人勉強睜開眼睛：「唉！難道你真的認為沙漠這麼漫無邊際嗎？其實，只要走三天，就可以出去，我只是帶你走了一個圓圈而已。我親眼看著我兩個兒子死在敵人的刀下，他們的血染紅了我眼前的世界，這全是因為你。我曾想與你同歸於盡，一起耗死

在這無邊的沙漠裡，然而你卻用胸懷融化了我內心的仇恨，我已經被你的寬容大度所征服。只有能寬容別人的人才配受到他人的寬容。」老人永久的閉上眼睛。

指揮官震驚的佇立在那裡，仿佛又經歷了一場戰爭，一場人生的戰鬥。他得到了一位父親的寬容。此時他才明白，武力征服的只是人的軀體，只有愛和寬容才能贏得人心。

寬容，它化解了人類自古以來的仇恨，把紛爭融入了規則之中，今天我們為之歡呼的和諧，正是寬容的結果。

寬容是人類的一種美德，也是一種博大的智慧，它是一種解決仇恨的良方。對於戰爭所給人們帶來的巨大傷害，我們不能僅僅停留在仇恨的記憶上。因為仇恨是一切罪惡的種子，它除了能帶來更多的仇恨之外，對於我們沒有任何幫助。

著名作家葉夫圖申科在《提前撰寫的自傳》中，講到過這樣一則十分感人的故事：

一九四四年的冬天，飽受戰爭創傷的莫斯科異常寒冷，兩萬德國戰俘排成縱隊，從莫斯科大街上依次穿過。

儘管天空中飄飛著大團大團的雪花，但所有的馬路兩邊，依然擠滿了圍觀的人群。大批士兵和治安警察，在戰俘和圍觀者之間，劃出了一道警戒線，用以防止德軍戰俘遭到圍觀群眾憤怒的襲擊。

這些老少不等的圍觀者大部分是來自莫斯科及其周圍鄉村的婦女。

她們之中每一個人的親人，或是父親，或是丈夫，或是兄弟，或是兒子，都在德軍所發動的侵略戰爭中喪生。她們都是戰爭最直接的受害者，都對悍然入侵的德國人懷著滿腔的仇恨。

當大隊的德軍俘虜出現在婦女們的眼前時，她們全都將雙手攥成了憤怒

的拳頭。要不是有士兵和員警在前面竭力阻攔，她們一定會不顧一切的衝上前去，把這些殺害自己親人的劊子手撕成碎片。

俘虜們都低垂著頭，膽戰心驚的從圍觀群眾的面前緩緩走過。突然，一位上了年紀、穿著破舊的婦女走出了圍觀的人群。她平靜的來到一位員警面前，請求員警允許她走進警戒線去好好看看這些俘虜。員警看她滿臉慈祥，沒有什麼惡意，便答應了她的請求。於是，她來到了俘虜身邊，顫巍巍的從懷裡掏出了一個印花布包。打開，裡面是一塊黝黑的麵包。她不好意思的將這塊黝黑的麵包，硬塞到了一個疲憊不堪、拄著雙拐艱難挪動的年輕俘虜的衣袋裡。年輕俘虜呆呆的看著面前的這位婦女，剎那間已淚流滿面。他毅然扔掉了雙拐，「撲通」一聲跪倒在地上，給面前這位善良的婦女，重重的磕了幾個響頭。其他戰俘受到感染，也接二連三的跪了下來，拼命的向圍觀的婦女磕頭。於是，整個人群中憤怒的氣氛一下子改變了。婦女們都被眼前的一幕所深深感動，紛紛從四面八方湧向俘虜，把麵包、香菸等東西塞給了這些曾經是敵人的戰俘們。

葉夫圖申科在故事的結尾寫了這樣一句令人深思的話：「這位善良的婦女，剎那之間便用寬容化解了眾人心中的仇恨，並把愛與和平播種進了所有人的心田。」

寬恕會使你的精神達到一個更高的境界。如果你在切膚之痛後，採取別人難以想像的態度，寬容對方，表現出別人難以達到的襟懷，你的形象就會高大起來，你的人格將會折射出高尚的光彩。馬修斯曾經說過：「你對生活的狀況及別人的行為要求得越少，你就越容易快快樂樂的過日子。」看來，只有那些寬容的人，那些可以容忍別人的人，才是最快樂的人。

很多時候，我們抱怨不夠快樂，其實，是我們自己蒙蔽了自己尋找快樂的雙眼，讓一點點的陰霾遮住了天空亮麗的彩虹。放開你的雙眼，掃去陰

霾，你會發現，快樂很簡單，得饒人處且饒人，饒人也饒己，寬容的背後就是快樂。

海寬天寬不及我心寬

寬容是一種胸懷，是一種大氣，是一種境界，是一種人生的態度。世界上最寬闊的是海洋，比海洋更寬闊的是天空，比天空更寬闊的是人的胸懷。在這個紛擾喧囂的世界，人若想活得幸福與快樂，就要學會寬容。當你擁有了寬容的品質，也就擁有了更高的自我。

唐玄宗開元年間有位夢窗禪師，他德高望重，既是有名的禪師，也是當朝國師。

有一次他搭船渡河，渡船剛要離岸，這時從遠處來了一位騎馬佩刀的大將軍，大聲喊道：「等一等，等一等，載我過去！」他一邊說一邊把馬拴在岸邊，拿了鞭子朝水邊走來。

船上的人紛紛說道：「船已駛出，不能回頭了，乾脆讓他等下一班吧！」船夫也大聲回答他：「請等下一班吧！」將軍非常失望，急得在水邊團團轉。

這時坐在船頭的夢窗國師對船夫說道：「船家，這船離岸還沒有多遠，你就行個方便，掉過船頭載他過河吧！」船夫看到是一位氣度不凡的出家師父開口求情，只好把船撐了回去，讓那位將軍上了船。

將軍上船以後就四處尋找座位，無奈座位已滿，這時他看見坐在船頭的夢窗國師，於是拿起鞭子就打，嘴裡還粗野的罵道：「老和尚！走開點，快把座位讓給我！難道你沒看見本大爺上船嗎？」沒想到這一鞭子正好打在夢窗國師頭上，鮮血順著臉頰流了下來，國師一言不發的把座位讓給了那位蠻橫的將軍。

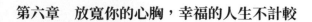

　　這一切，大家都看在眼裡，心裡是既害怕將軍的蠻橫，又為國師的遭遇感到不平，紛紛竊竊私語：將軍真是忘恩負義，禪師請求船夫回去載他，他還搶禪師的位子，並且還打了他。將軍從大家的議論中，似乎明白了什麼。他心裡非常慚愧，不免心生悔意，但身為將軍卻拉不下臉面，不好意思認錯。

　　船到了對岸後，大家都下了船。夢窗國師默默的走到水邊，慢慢的洗掉了臉上的血污。那位將軍再也忍受不住良心的譴責，上前跪在國師面前懺悔道：「禪師，我……真對不起！」夢窗國師心平氣和的對他說：「不要緊，出門在外難免心情不好。」

　　寬容是一面鏡子，它可以隨時照出人的胸懷。得理不饒人、睚眥必報的人只會照出其狹隘的一面；只有胸懷寬廣、心的坦蕩的對人，鏡子裡才會有萬朵蓮花為你綻放。

　　有一位叫白隱的禪師，他是一位生活純淨的修行者，因此受到鄉里居民的稱頌，都認為他是個可敬的聖者。

　　在白隱禪師的住處附近住著一對夫婦，他們有一個漂亮的女兒，有一天夫婦倆驚訝的發現女兒已有身孕。夫婦倆勃然大怒，逼問女兒那個可惡的男人是誰？女兒吞吞吐吐的說出白隱兩字。夫婦倆怒不可遏的去找白隱理論，但這位大師不置可否，只是若無其事的回答：「就是這樣嗎？」孩子生下來後，就被送給白隱。此時，他的名譽雖然已掃地，但他並不以為然，只是非常細心的照顧孩子。平時免不了遭受別人的白眼或冷嘲熱諷，但他總是泰然處之，仿佛他是受託撫養別人的孩子一般。

　　後來孩子的母親實在覺得羞愧，終於老實向父母吐露實情：孩子的父親是在魚市工作的一個年輕人。她的父母立即帶她到白隱那裡，向他道歉，並祈求得到他的寬恕。白隱仍然淡然如水，他沒有趁機教訓他們，仍說那句淡

淡的話：「就是這樣嗎？」仿佛不曾發生過什麼事。白隱超乎常人「忍辱」的德行，使他贏得了更多人的稱頌。

寬容是一種生活的藝術、人生的智慧，是洞明世間萬象以後所獲得的那份從容、自信和超然。只有寬容的對待他人和體諒他人，我們才可以獲得一個放鬆、自在的人生。一個寬容的人，到處可以微笑對待人生。

有一次，宋太宗在北陪園設酒宴，陪酒的殿前司都虞侯孔守正喝得酩酊大醉，竟然在宋太宗面前與王榮爭論起戰功來，而且兩人越說越動氣，連君臣禮節也不顧了。侍臣們看不過去，奏請宋太宗將二人抓起來交吏部治罪。宋太宗沒有同意，只派人將二人送回了家。第二天，孔守正、王榮二人酒醒了，想起昨日之事，惶恐萬分，一齊趕到朝中向宋太宗請罪。宋太宗卻說：「朕也喝醉了，記不得這件事了。」孔守正和王榮知道這是皇上有意寬恕他們，心裡有說不出的感激。他們覺得只有更加克己自律、盡心報國才能對得起皇上的仁慈。

人非聖賢，孰能無過。與人相處就要相互諒解，經常以「難得糊塗」自勉，求大同存小異，有度量，能容人，你就會有許多朋友，且左右逢源，諸事遂願；相反的，斤斤計較，固執，過分挑剔，容不得人，人家就會躲你遠遠的。最後，你只能關起門來「稱孤道寡」，成為使人避之唯恐不及的異己之徒。

總之，寬容是一種幸福，我們饒恕別人，不但是給了別人機會，也取得了別人的信任和尊敬，也讓我們能夠與他人和睦相處。人與人之間多一份寬容，生活中就會多一份理解，多一份良善，多一份幸福，多一份珍重與美好。

幸福源信任，被人信任是一種幸福

　　信任，是人與人之間交往之根本。所謂信任，就是相信而敢於託付，是對一個人品質和能力的肯定，也是一種重要的交往品德。人際交往中，只有信任對方，才能去理解和寬容，所以信任在我們的生活中是十分重要的。

　　一艘貨輪在浩瀚的大西洋上行駛。一個在船尾工作的黑人小孩不慎掉進了波濤滾滾的大西洋。孩子大喊救命，無奈風大浪急，船上的人誰也沒有聽見，他眼睜睜的看著貨輪拖著浪花越駛越遠……

　　求生的本能使孩子在冰冷的海水裡拼命的游，他用盡全身的力氣揮動著瘦小的雙臂，努力使頭伸出水面，睜大眼睛盯著輪船遠去的方向。

　　船越走越遠，船身越來越小，到後來，什麼都看不見了，只剩下一望無際的汪洋。孩子的力氣也快用完了，實在游不動了，他覺得自己要沉下去了。放棄吧！他對自己說。這時候，他想起老船長那張慈祥的臉和友善的眼神。不，船長知道我掉進海裡後，一定會來救我的！想到這裡，孩子鼓足勇氣用生命的最後力量又朝前游去……

　　船長終於發現那黑人孩子失蹤了，當他斷定孩子是掉進海裡後，下令返航，回去找。這時，有人規勸：「這麼長時間了，就是沒有被淹死，也讓鯊魚給吃了……」船長猶豫了一下，還是決定回去找。又有人說：「為一個黑人孩子，值得嗎？」船長大喝一聲：「住嘴！」

　　終於，在那孩子就要沉下去的最後一刻，船長趕到了，救起了孩子。

　　當孩子甦醒過來之後，跪在地上感謝船長的救命之恩時，船長扶起孩子問：

　　「孩子，你怎麼能堅持這麼長時間？」

　　孩子回答：「我知道您會來救我的，一定會的！」

「你怎麼知道我一定會來救你的？」

「因為我知道你是那樣的人！」

聽到這裡，白髮蒼蒼的船長「撲通」一聲跪在黑人孩子面前，淚流滿面：「孩子。不是我救了你，而是你救了我啊！我為我在那一刻的猶豫而感到恥辱……」

信任是讓人感到彌足溫暖、彌足珍貴的東西，它來自於一個人的靈魂深處，是活在靈魂裡的清泉，它可以拯救靈魂，滋養靈魂，讓心靈充滿純潔和自信。信任是一種有生命的感覺，信任也是一種高尚的情感，信任更是一種連接人與人之間的紐帶。

西元前四世紀，在義大利，有一個名叫皮斯阿司的年輕人冒犯了國王。皮斯阿司被判絞刑，在某個法定的日子要被處死。

皮斯阿司是個孝子，在臨死之前，他希望能與遠在百里之外的母親見最後一面，以表達他對母親的歉意，因為他不能為母親養老送終了。他的這一要求被告知了國王。

國王感念其誠孝，決定讓皮斯阿司回家與母親相見，但條件是皮斯阿司必須找一個人來替他坐牢，否則他的這一個願望就只能是鏡中花水中月。這是一個看似簡單但近乎不可能實現的條件。有誰肯冒著被殺頭的危險替別人坐牢，這豈不是自尋死路。但是，茫茫人海，還真的有人不怕死，而且真的替別人坐牢，他就是皮斯阿司的朋友達蒙。

達蒙住進牢房以後，皮斯阿司回家與母親訣別。人們都靜靜的看著事態的發展。日子如水，皮斯阿司一去不回頭。眼看刑期在即，皮斯阿司也沒有回來的跡象。人們一時間議論紛紛，都說達蒙上了皮斯阿司的當。

行刑日是個雨天，當達蒙被押赴刑場之時，圍觀的人都在笑他的愚不可及，幸災樂禍的人大有人在。但刑車上的達蒙，不但面無懼色，反而有一種

慷慨赴死的豪情。

絞索已經掛在達蒙的脖子上了。有膽小的人嚇得緊閉了雙眼，他們在內心深處為達蒙深深的惋惜，並痛恨那個出賣朋友的小人皮斯阿司。

但是，就在這千鈞一髮之際，在淋漓的風雨中，皮斯阿司飛奔而來，他高喊著：「我回來了！我回來了！」

這真是人世間最最感人的一幕，大多數人都以為自己在夢中，但事實不容懷疑。這個消息宛如長了翅膀，很快便傳到了國王的耳中。國王聞聽此言，也以為這是癡人說夢。

國王親自趕到刑場，他要親眼看一看自己優秀的子民。最終，國王萬分喜悅的為皮斯阿司鬆了綁，並親口赦免了他的罪。

被別人信任是幸福的，而被別人懷疑是痛苦的。因此，為了獲得別人的信任，就要誠實做人，真誠待人，真心做事，這是獲得別人信任的前提。

人與人之間的信任，從來就是相互的。在我們不信任他人的時候，得到的「回報」也會是不信任。身處互不信任的關係中，沒有人會覺得愉快。但若我們信任他人，「回報」也會是信任，身處這樣的關係中的每一個人，都會得到人格上的滋養和提升。

一個剛剛破產、一無所有的年輕人遊蕩到了另一座城市，飢寒交迫之際便萌生了邪念。

他將目光瞄向了緊靠公路的一所民宅。他敲了兩下門，沒人。正想破門而入之際，屋子裡突然傳來一個蒼老的聲音：「門沒鎖，自己開門進來吧。」他有些沮喪，只得硬著頭皮走進屋裡。

「我十分口渴，想找點水喝。」他急中生智的撒謊道。

「好，那你請自便吧！」老人轉過臉來笑容可掬的說。突然間，他看到了老人那雙空洞的眼睛——原來他竟是一位盲人！他想，真是老天開眼，第一

次行動就遇到了這麼絕佳的機會！他一邊心不在焉的應和著老人，一邊將目光迅速在屋內游移。很快，他發現了藏在枕下的一些錢，慌忙的揣進懷裡就要往外走。老人忽然又開口說話了：「抽屜裡有幾個蘋果，一會兒你拿些路上吃吧。」

　　一時間，這句話竟讓他無所適從，不由得退回來詫異的問：「老人家，你對我這麼信任，難道你不怕我是個壞人？」老人突然呵呵笑了起來：「年輕人，對別人的好壞是不可妄下斷語的。可以先假設他是一個好人、即使再壞也不至於無可救藥呀！再說，我在這裡都住一輩子了，還從沒遇見過壞人呢。」

　　老人這番毫不設防的信任像一面鏡子一下子讓他看到了內心的醜惡。他的心靈受到了一次前所未有的震動：別人如此相信我是個好人，我為什麼要做壞事呢？他將那些錢重新放回枕下，深深的謝別老人之後，決定返回城裡從一名打工族做起。後來因為他對身邊的每一位同事都十分信任，所以他不僅贏得了可靠的友情，為自己創造了十分寬裕的交際空間，做起工作來總是游刃有餘。現在他已榮升為行銷總監，成為叱吒風雲的商界奇才。

　　信任是對人的一種鼓勵，是一種肯定與讚賞，被人信任更是一種幸福的感覺。每個人都需要被認可，被信任，同時也需要給予信任。信任中蘊含的潛能很大，也許只是幾句推心置腹的坦誠話語，也許只是幾句良藥苦口的真誠意見交流，信任就像會像一股暖流，給予取得信任的人全身心的溫暖——即便是在雪花飄舞的冬天！

疑心生暗鬼，猜疑是最大的不幸

有這樣一個寓言故事：

從前，有一個人的斧頭不見了，他便毫無根據的懷疑鄰居偷了他的斧頭，而且看鄰居的說話、行動都像極了偷了他的斧頭的樣子，後來斧頭找到了，他再看鄰居的言行就都不像偷斧頭的了。

俗語說：「疑心生暗鬼。」如果你用懷疑的眼光去看一件事情，必然會發現很多疑慮，認為這件事或這個人有問題。最後必定會鑽進牛角尖去，你的行為不是為了把事情弄清楚，而是忙於證實你的懷疑是正確的，但這種懷疑卻往往是錯覺。故事中的人雖然看起來荒唐可笑，但現實中不乏一些疑人偷斧頭之人。

有一對孿生兄弟，從小感情特別好。這對孿生兄弟長大後，在父親經營的店裡做事，直到父親去世，他們兩兄弟就共同接受並經營這家店。

生活一直都很平靜，直到有一天店裡丟失了一美元後，他們的關係開始發生了變化。有一次，哥哥急著外出辦事，把剛剛賺到的一美元放在商店就出去了，留下弟弟在看顧商店。當哥哥回來的時候，卻發現這一美元沒有了，就問弟弟看到這錢沒有。弟弟回答：「沒有」。哥哥說：「錢是不會自己跑走的，我認為你一定又看到那一美元的。」語氣裡帶有強烈的猜疑意味。從此，兄弟的手足之情出現了嚴重的隔閡，後來嚴重到分家的地步，兄弟倆用磚牆把商店一分為二，各做各的生意。直到二十年以後的一天，一個當年的流浪漢來到這裡，向他們懺悔了從店裡拿走一美元的往事，才使兄弟倆冰釋前嫌，在商店門口相擁而泣。

二十年的隔閡，二十年的痛苦，就在一瞬間得到的化解。親兄弟的反目成仇竟源於對一美元的猜疑。

　　從心理學上講，猜疑是由不信任而產生的一種懷疑心理，十分有害。猜疑是一個可怕的心理誤區，因為猜疑會破壞人與人之間最寶貴的東西 —— 信任，引起對方的反感和抵觸，這就暗藏著彼此關係破裂的危險。

　　培根曾說過：「猜疑之心猶如蝙蝠，它總是在黃昏中起飛。這種心情是迷惑人的，又是亂人心智的。它能使你陷入迷惘、混淆敵友，從而破壞你的事業。」。自古以來不知有多少人因為猜疑疏遠了朋友，中斷了友誼，甚至毀掉事業。

　　范增是項羽得力的謀士，許多次，劉邦的計謀都被他識破，劉邦要打敗項羽，首先想到的就是除掉范增，在陳平的協助下，劉邦導演了一次反間計。當楚漢兩軍在滎陽相持不下時，項羽為了打敗劉邦，便借議和為名，派遣使者入漢，順便探察漢軍的虛實。陳平聽說楚國使者要來，正中下懷，便和劉邦布好圈套，專等楚國使者上鉤。

　　楚國使者進入滎陽城後，陳平將他帶入會館，留他午宴。兩人靜坐片刻，一班僕役將美酒佳餚擺好。陳平問道：「范亞父（范增）可好！是否帶有亞父手書？」楚國使者一愣，突然明白了是怎麼回事，正色道：「我是受楚王之命，前來議和的，並非受亞父所派遣。」

　　陳平聽了，故意裝作十分驚慌的樣子，立即掩飾說：「剛才說的是戲言，原來是項王使臣！」說完，起身外出，楚國使者正想用餐，不料一班僕役進來，將滿桌的美食全部抬出，換上了一桌粗食淡飯，楚國使者見了，不由怒氣上沖，當即拍案而起，不辭而別。

　　回到楚營後，使者立即去見項羽，將自己的所見所聞添油加醋的告訴了項羽，並特別提醒項王，范增私通漢王，要時刻注意提防。

　　其實，陳平的反間計並不高明，如果稍微考慮一下，就不難找出其中的破綻，只是項羽寡斷多疑，加之性格剛愎自用，自然也就不會想到這些。

　　項羽聽後，憤恨的說道：「前日我已聽到關於他的傳聞，今日看來，這老匹夫果然私通劉邦。」當即就想派人將范增抓來問罪，還是左右替范增說話，項羽這才暫時忍住，但對范增已不再信任。

　　范增一直對項羽忠心耿耿，他心無二用，對此事一無所知，一心協助項羽打敗劉邦。他見項羽為了議和，又放鬆了攻城，便找到項羽，勸他加緊攻城。項羽不禁怒道：「你叫我迅速攻破滎陽，恐怕滎陽未下，我的頭顱就要搬家了！」范增見項羽無端發怒，一時摸不著頭腦，但他知道項羽生性多疑而剛愎自用，不知又聽到了什麼流言，對自己也產生了戒心。

　　范增想起自己對項羽忠心耿耿，一心助楚滅漢，他不僅不聽自己的忠言，反而懷疑自己，十分傷心。他再也忍耐不住了，便向項羽說道：「現在天下事已定，望大王好自為之。臣已年老體邁，望大王賜臣骸骨，歸葬故土。」說完，轉身走出。項羽也不加挽留，任他自去。

　　項羽之所以失去了一個得力的謀士，就是吃了猜疑的虧，猜疑實在是禍己又殃人。

　　猜疑是人際關係的腐蝕劑，它可以使所有幸福的東西毀於一旦。一個人一旦掉進猜疑的陷阱，必定處處神經過敏，事事捕風捉影，對他人失去信任，對自己也同樣心生疑竇，損害正常的人際關係。因此，在生活和工作中，我們要減少猜疑，學會信任別人。少一份猜疑，多一份信任，你就會多一份幸福。

除掉嫉妒的毒瘤，它是幸福的絆腳石

　　《科學蒙難集》中記載有這樣一件事：
　　舉世聞名的大化學家戴維發現了法拉第的才能，於是將這位鐵匠之子、

小書店的裝訂工招到皇家學院做他的助手。法拉第進入皇家學院之後進步很快，接連做出多項重要發明，就連戴維失敗的領域他也取得了成功。

然而，當法拉第的成績超過戴維之後，戴維心中不可遏制的燃起了嫉妒之火。他不僅一直不改變法拉第實驗助手的地位，還誣陷他剽竊別人的研究成果，極力阻攔他進入皇家學會。這大大影響了法拉第創造才能的發揮。

直到戴維去世，法拉第才開始其真正偉大的創造。

戴維本應享受伯樂的美譽，卻因嫉妒心理阻礙了法拉第的迅速成長，不僅給科學發展帶來了損失，也使自己背上了阻礙科學發展、使科學蒙難的惡名，留下了令人遺憾的人生敗筆。

嫉妒是心靈的地獄。嫉妒使人心中充滿惡意、傷害。一個人有了這種不健康的情感，就等於給自己的心靈播下了失敗的種子。古往今來，無論是平民百姓還是帝王將相，因嫉妒導致傷人害己、骨肉相殘、家破人亡甚至亡國喪權的事例不在少數。

魏國有一名大將叫龐涓，他指揮魏軍打了不少勝仗，自以為是了不起的軍事家。可是他心裡明白，他的同學齊國人孫臏，本領比他強得多。據說孫臏是著名的軍事家孫武的後代，只有他知道祖傳的十三篇兵法。

龐涓妒忌孫臏的才能，他居心不良，安排了一條陷害孫臏的詭計。他向魏惠王舉薦孫臏，魏惠王很高興的派人請來孫臏，共議國事。孫臏的才華處處顯露出來以後，龐涓在魏惠王面前誣陷孫臏私通齊國謀反。魏惠王大怒要殺孫臏，龐涓又假意說情，結果孫臏被治了罪，剜掉了雙腿的膝蓋骨，成了殘廢。

後來孫臏知道了這是龐涓的詭計，一怒之下，燒掉了即將寫成的兵書，裝成瘋癲，使龐涓掉以輕心，再設法逃脫虎口。

恰好齊國的一位使臣到魏國辦事，偷偷把孫臏藏在車內帶到齊國。

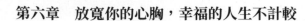

第六章　放寬你的心胸，幸福的人生不計較

　　齊國國君十分敬重孫臏，想拜他為大將，孫臏極力推辭：「我是個受過刑的殘廢，如果當了大將，眾人會笑話的。」齊威王就讓他作軍師，行軍時坐在有篷帳的車裡，協助大將田忌作戰。

　　在孫臏的策劃下，齊軍連打勝仗。西元前三四二年，龐涓帶魏軍攻打燕國，田忌、孫臏率齊軍救燕。但孫臏指揮軍隊不去燕國，而直接攻打魏國。

　　龐涓得到情報，忙從燕國撤兵趕回魏國。路上龐涓觀察齊軍紮過營的地方：第一天的爐灶數，足夠十萬人吃飯用的；第二天的爐灶數，夠五萬人吃飯用的了；第三天的爐灶數，只夠三萬人吃的了。龐涓放了心，笑著說：「我就知道齊兵都是膽小鬼，到魏國才三天，十萬大軍就逃散了一大半。」他下令急追齊軍。

　　魏軍一直追到馬陵，天漸漸黑了，馬陵的道路在兩山之間，路很窄，兩旁都是深澗。這時，有士兵報告：「前面山道都用木頭給堵住了。」龐涓急忙上前去看，果然如此，只有一棵大樹沒被砍倒，大樹上還有一大片樹皮被砍掉了，上面好像還寫著字。龐涓命人拿火把來，借火光一看，他大驚失色，原來上面寫的是「龐涓死於此樹下」，落款是「孫臏」。龐涓想撤兵已來不及了。這時四面殺聲震天，不知有多少支箭一齊射來，齊軍已把魏軍團團圍住了。龐涓身中數箭，他已無路可走，就在樹下自刎了。

　　原來孫臏使用誘兵之計，一路上造成齊軍逃散的假像。他料定了龐涓會再追到馬陵，早在此處設下了埋伏，他吩咐士兵：只等樹下火光一起，就一齊放箭。

　　孫臏的名氣一下傳遍了各諸侯國，後來孫臏不願再作官，就隱居去了。但他寫的兵法一直流傳到現在。

　　這是一個很明顯的教訓，嫉妒者無不以害人開始，以害己而告終。

　　嫉妒是萬惡的根源，是美德的竊賊。越是嫉妒別人，就越容易消磨自己

的鬥志和銳氣，越會陷入無止境的嘆息，使自己的人生之舟擱淺在嫉賢妒能的荒灘上。

有一對夫婦，兩個人都是非常著名的作家。他們年輕的時候就是因為對於文學的共同愛好而相互愛慕的，後來更是因為對彼此才華的肯定而結合在一起。應該說他們是幸福的，但就在男作家六十一歲的時候，卻殘忍的殺死了他的妻子。

原來，在他們認識之初，男作家的名氣就已經很大，而女作家還只是文壇的新秀。但漸漸的，女作家居然後來居上，其寫作的才華和名氣都超越了她的丈夫，這讓男作家無論如何也接受不了。他嫉妒的烈火已經無法撲滅，他開始抽菸、酗酒、打罵自己的妻子。

女作家因為無法忍受丈夫的嫉妒和打罵，很長一段時間都是在朋友家裡寄宿。這樣的日子就一直持續著，直到有一天，女作家和男作家的新書同時出版，女作家的書賣得很好，剛一出版就創下了幾十萬冊的好成績，而男作家的書卻只賣出了幾千冊。男作家再也無法忍受這個和他朝夕相處的女人，更容忍不了她比自己更出色。於是悲劇發生了，他將槍口殘忍的對準了跟他生活了半輩子的妻子，之後，又絕望的把槍口對準了自己……

本來在外人眼中兩個人是天作之合，不僅有共同的志趣，又同是一起生活互相幫助的伴侶，誰也想不到他們之間會發生這樣的悲劇。而悲劇的泉源，卻僅僅是因為男作家的嫉妒。

人生在世，一定要有一顆平靜和睦的心，切不可心懷嫉妒。俗話說：「己欲立而立人，己欲達而達人。」別人有所成就，我們不要心存嫉妒，應該要平靜的看待別人所取得的成功，這是擁有幸福人生的祕訣。

 第六章　放寬你的心胸，幸福的人生不計較

善待生活，
幸福將會離你更近

　　生活是一種充滿熱情的體驗，而不是漫長辛苦的日子。學會善待自己，善待生活，善待人生，換一種輕鬆的活法，你會發現，每一天都是如此特別。捕捉生活中的美好點滴，分享生命中的幸福時光，在心靈的花園裡，播種幸福快樂的種子，進行至情至性的耕耘，收獲生命的豐盈。

善待自己，擁有健康是最大的幸福

健康是生命之源。生命因健康而快樂，因疾病而枯萎。擁有健康的體魄，遠離疾病的侵襲，是每個人的最大願望。然而，快捷的生活節奏和繁重的工作壓力，讓現代人的身體遭受著前所未有的挑戰。人們往往無暇顧及自己的身體，以致釀成大病。

近年來，優秀的企業家和經理人英年早逝現象引起了公眾的廣泛關注。多少正處於事業巔峰期的中青年菁英，還沒有輸給競爭對手，卻輸在了自己手裡。

二〇一五年九月，宏碁泛美營運總部事業群總經理蘇密特因癌症病逝，年僅三十八歲。

二〇二一年二月，海巡署艦隊分署小隊長蔣爭臺，春節前因心臟衰竭猝逝，終年五十九歲。

二〇一三年八月，前義大犀牛隊總教練徐生明因心肌梗塞猝逝，終年五十四歲。

二〇〇八年七月，同仁堂股份的董事長張生瑜突發心臟病經搶救無效去世，年僅三十九歲。

這些「英年早逝」悲劇主要集中在三十五到六十歲年齡段的中年菁英分子。看著他們一個個事業有成，正該是享受事業豐碩成果的時刻，卻沒有品嚐到勝利的美酒，生命和他們開了一個無情的玩笑，嘎然而止，令人惋惜！這是值得我們所有人都應該深思的一個課題。

俗話說：「家有千間，夜宿一床，腰纏萬貫，日食三餐。」人們似乎都明白這個淺顯的道理。然而，在現實生活中，有很多人追求事業、金錢的同時，卻不知不覺中透支了健康，甚至生命！也許，今天用健康能換來事業、

金錢，可是等到明天，可能花再多金錢也不能換回健康了。所以說，只有贏得健康才能贏得最後的財富。一個人無論做什麼事情，都要有一個健康的身體來支持。如果沒有健康的身體，那麼，再美好的願望，再遠大的理想，也是難以實現的。

麥克是一個十分優秀的年輕人，而珍妮是一個美麗大方的女孩，他們一起在廣告公司當設計，麥克的創意、珍妮的文案、他們的搭配是那麼完美，以至於公司地上上下下把他們自然而然的撮合到一起。

兩個人交往了四年，情投意合，進而同居三年，但卻遲遲發不出喜帖來。並不是他們有意愛情長跑，而是麥克的職務越來越重要，工作也越來越繁重，他們根本騰不出假期來結婚。公司的業務蒸蒸日上，麥克的個人時間就越來越少。珍妮有時還陪他加班，送點補品為他補身體。看麥克一支菸接著一支菸的抽，珍妮非常心疼。但麥克卻只說再拼一陣子就好，等存夠了錢，就可以自己創業不必那麼累了……

珍妮的懷孕，來得不知是不是時候，經期停了三個月，她才從忙碌的工作中，發現不適的異樣。檢查出來已經三個多月時，她非常的懊惱，認為麥克這樣沒日沒夜的工作，不該在這個時候煩擾他，但是，麥克知道後卻非常開心，當場就大聲的說：「珍妮！嫁給我吧！」全辦公室響起如雷的掌聲，她的淚水也歡喜得奪眶而出。七年的愛情長跑，終於要走上紅的毯的彼端，珍妮欣喜萬分，當新娘的畫面，早在她心頭反覆夢想了幾十遍。

老闆送他們二十萬的禮金，說是給他的創業基金，從此變成了同行，大家要互相幫忙。麥克也爽快的答應在婚前完成最後一批稿件的設計。

為了趕設計，麥克幾乎是每天加班到早上六點才回家，迷迷糊糊睡到中午又回公司繼續上班。連續一個禮拜，他終於交出了所有的設計稿，也交接了所有的業務。此時，離他們的婚禮只剩下不到三十個小時。珍妮勸麥克什

麼都別管，還是先睡一下，養足精神，準備婚禮。

　　可是誰曾想到，這一睡，麥克就再也沒有醒過來。他被送到醫院後，醫生判斷是時下流行的過勞死，在連續加班後回家睡覺，一睡就成永眠。

　　一個年輕力壯，從無宿疾的頑強生命，就這樣因為體內長期運作失調，而造成器官內訌，衰竭而死。婚慶喜筵成了非正式的告別會，所有參加婚禮的賓客都忍不住落淚，珍妮更是哭得死去活來，她恨，她怨，但這又能怪誰呢？

　　生活的品質是需要生命的品質來保障的，一個就連生命都尚且朝不保夕的人，是很難從生活中體會到快樂和幸福的。在健康面前，人們的財富、地位、權力都會顯得很脆弱無力。只有真正解決了自身的健康問題，才能有機會成為成功的人，才能一生平安幸福。

　　有位醫生為一位卓越的實業家進行診療時，勸他多多休息。他憤怒的抗議說：「我每天承擔巨大的工作量，沒有一個人可以分擔。我每天提一個沉重的手提包回家，裡面裝的是滿滿的文件！」

　　「為什麼晚上要批那麼多文件呢？」醫生驚訝的問道。

　　「那些都是必須處理的急件。」

　　「難道沒有人可以幫你忙嗎？助手呢？」醫生問。

　　「不行呀！只有我才能正確的批示！而且我還必須盡快處理完，要不然公司怎麼辦呢？」

　　「這樣吧！現在我開一個處方給你，你能否照著做呢？」醫生說道。

　　處方上寫道：每天散步兩小時；每星期抽出半天的時間到墓地一趟。

　　病人感到奇怪的問道：「為什麼要在墓地待上半天呢？」

　　醫生回答：「我是希望你四處走一走，瞧一瞧那些與世長辭的人的墓碑。你仔細思考一下，他們生前也與你一樣，認為全世界的事都等著他去做，

如今他們全都長眠於黃土之中，也許將來有一天你也會加入他們的行列，然而整個地球的活動還是永恆不斷的進行著，而活著的人則如你一樣繼續工作著，建議你站在墓碑前好好的想一想這些擺在眼前的事實。」

這位實業家依照醫生的指示，放緩生活的步調，並且轉移一部分職責。他知道生命的真義不在急躁或焦慮，他的心已經得到平和，也可以說他比以前活得更好，當然事業也蒸蒸日上。

由此可見，只有贏得健康才能贏得最後的財富。為了活得精彩，走更遠的路，我們需要協調好工作與健康的關係呵護好自己的身體。

健康是人生最大的財富。有人曾經做了個比喻；如果將人生用數字表示的話，那麼健康就是一，金錢、地位、名利、成就……就是零。有了健康這個一，那麼後面的零就根據個人情況的不同，而決定你的人生或是波瀾壯闊，或是平平淡淡，或是潮起潮落，或是陽光燦爛……然而，如果沒有健康這個一做支撐，後面的零再多，也只能夠是零。

的確，健康是保證人生幸福的最好保障。失去了健康，你所擁有的一切優勢都只不過是水中月、鏡中花，終會隨風而逝！有了健康，你才會擁有幸福的生活；有了健康，你才會擁有充滿陽光的世界；有了健康，你才會擁有一份燦爛與輝煌，擁有一份瀟灑與風流。所以說，健康是每一個人最大的優勢。有了健康的體魄和健康的心理，才能成就美好的人生。

充滿熱情，讓生活多一份活力

熱情，在某些人看來也許不是一個過於時尚的詞語，但它卻每時每刻都在影響著我們的生活，反映著我們生命的價值和幸福的所在。

熱情是一種心理內在固有的基因，是我們自身特質、精神狀態和對事物

認知程度的一種外化表現。從這個意義上來講，我們每個人都富有熱情，熱情是我們自身潛在的無窮無盡的財富。

一個濃霧之夜，當拿破崙‧希爾和他母親從紐澤西乘船渡江到紐約的時候，母親歡叫道：「這是多麼令人驚心動魄的情景啊！」

「有什麼出奇的事情呢？」拿破崙‧希爾問道。

母親依舊充滿熱情，「你看呀！那濃霧，那四周若隱若現的光，還有消失在霧中的船帶走了令人迷惑的燈光，那麼令人不可思議。」

或許是被母親的熱情所感染，拿破崙‧希爾也著實感受到厚厚的白色霧中那種隱藏著的神祕、虛無及點點的迷惑。拿破崙‧希爾那顆遲鈍的心得到一些新鮮血液的滲透，不再沒有感覺了。

母親注視著拿破崙‧希爾，「我從沒有放棄過給你忠告。無論以前的忠告你接受不接受，但這一刻的忠告你一定得聽，而且要永遠牢記。那就是：

世界從來就有美麗和興奮的存在，它本身就是如此動人、如此令人神往，所以，你自己必須要對它敏感，永遠不要讓自己感覺遲鈍、嗅覺不靈，永遠不要讓自己失去那份應有的熱情。」

拿破崙‧希爾一直沒有忘記母親的話，而且也試著去做，就是讓自己保持有那顆熱忱的心，保有那份熱情。

熱情，是一種內在的精神本質，它深入到人的內心，熱情作為一種精神狀態是可以互相感染的，也是最能打動人的。

生活，其實是一種態度。當你態度積極的時候，你的生活也隨之熱情高漲。沒有什麼比失去熱忱更使人覺得垂垂老矣。熱情是人的生活態度，積極投入，時時充滿熱情，才是人的最佳狀態。因為，積極熱情的態度可以感染人、帶動人，給人以信心，給人以力量，形成良好的環境和氛圍。

美國文學家愛默生曾寫道：「人要是沒有熱情是做不成大事業的。」大詩

人烏爾曼也說過：「年年歲歲只在你的額上留下皺紋，但你在生活中如果缺少熱情，你的心靈就將布滿皺紋了。」一個人如果沒有熱情，不論他有什麼能力，都很難發揮出來，也不可能會成功。成功是與熱情緊緊聯繫在一起的，若想成功，就要讓自己永遠沐浴在熱情的光影裡。

法蘭克・貝特格是美國著名的人壽保險銷售員。在加入保險行業之前，他曾是一個職業棒球運動員。當年，法蘭克剛轉入職業棒球界不久，就遭到有生以來最大的打擊，他被開除了。原因是他的動作無力，因此球隊的經理有意要他走人。球隊經理對他說：「照鏡子，好好看看你自己的樣子。做什麼事情都慢吞吞的，你哪裡像是在球場混了二十年的運動員？我告訴你，**無論你到哪裡做任何事，若不提起精神來，你將永遠不會有出路。**」

就這樣，法蘭克無奈的離開原來的球隊。後來，有一位名叫丁尼・密亨的老隊員把他介紹到新凡的一個職業棒球隊去。在新凡的第一天，法蘭克的一生有了一個重要的轉變。因為在那個地方沒有人知道他過去的情形，他就決心變成新凡最具熱忱的球員。為了實現這點，當然必須採取行動才行。

在賽場上，法蘭克就好像吃了興奮劑一般。他強力的投出高速球，使接球的人雙手都麻木了。記得有一次，法蘭克以強烈的氣勢衝入三壘，那位三壘手嚇呆了，導致球漏接，法蘭克就盜壘成功了。當時氣溫高達攝氏三十九度，法蘭克在球場奔來跑去，極可能因中暑而倒下去，但在過人的熱忱支持下，他挺住了。這種熱忱所帶來的結果，真令人吃驚。由於熱忱的態度，法蘭克的月薪增加到原來的七倍。在往後的兩年裡，法蘭克一直擔任三壘手，薪水加到三十倍之多。為什麼呢？法蘭克自己說：「就是因為一股熱忱，沒有別的原因。」

不幸的是，在一次比賽中，法蘭克的手臂受了傷，不得不放棄了職業棒球生涯。失業後，他決定投入保險界，於是他到菲特列人壽保險公司當了一

名保險業務員。但很遺憾的，他整整一年多都沒有什麼成績，因此很苦悶。但後來，他想起當年打棒球時熱忱的態度，他又變得熱忱起來。經過不斷的努力，最終他成為了人壽保險界的大紅人。不但有人請他撰稿，還有人請他演講自己的經驗。他說：「我從事推銷已經十五年了。我見到許多人，由於對工作抱著熱忱的態度，使他們的收入成倍的增加起來。我也見到另一些人，由於缺乏熱忱而走投無路。我深信唯有熱忱的態度，才是成功推銷的最重要因素。」

由此可見，熱情是發自內心的激情，是一種意識狀態，是一種重要的力量，它具有巨大的威力。一個人如果激情洋溢，熱情的面對人生，樂觀的接受挑戰，那麼他就成功了一半。

一個對生活充滿熱情、狂熱投入工作的人，每天早上一起來就會迫不及待的要把自己發動起來。他們有明確的目標，總是對生活充滿了渴望而又精力充沛，能一直堅守自己的使命。這樣的熱情來自於對工作的熱愛與對自己的追求的享受：無疑，這種人一定是生活中的強者。

熱情是經久不衰的推動你面向目標勇往直前、直至你成為生活主宰的原動力。因此，我們對待生活，要時時刻刻充滿熱情，這樣生活才會少幾分無奈，多幾分精彩。

放鬆生命的琴弦，別讓自己活得太累

在如今快節奏的都市生活中，有許多人感到「生活真是太累了！」，這種「累」並不單是體力上的疲勞，更主要是心理上感受和體驗，是精神負擔太重、極度疲勞的表現。其實，生活本身並不累，它只是按照自然規律，按照它本身的規律在運轉。說生活太累的人是他本人活的太累了。

　　亨利是某跨國公司的總經理，在事業上十分成功，但卻一直未學會如何放鬆自己。他是一位神經緊張的人，並且把他職業上的緊張氣氛從辦公室帶回了家裡。

　　亨利下班回到家裡，在餐桌前坐下來，但心情十分煩躁不安，他心不在焉的敲敲桌面，還差點被椅子絆倒。

　　這時候亨利的妻子走了進來，在餐桌前坐下。他打聲招呼，用手著敲桌面，直到一名僕人把晚餐端上來為止。他很快的把東西吞下，他的兩隻手就像兩把鏟子，不斷把眼前的晚餐一一鏟進嘴中。

　　吃完晚餐後，亨利立刻起身走進書房去。書房裝飾得十分豪華美麗，有一張長而漂亮的沙發，華麗的真皮椅子，地板鋪著高級的毯，牆上掛著名畫。他把自己丟進一張椅子中，幾乎在同一時刻拿起一份報紙。他匆忙的翻了幾頁，急急瞄了一眼大字標題，然後，把報紙丟到地上，拿起一根雪茄，點燃後吸了兩口，便把它放到菸灰缸裡。

　　亨利不知道自己該怎麼辦。他突然跳了起來，走到電視機前，打開電視機，等到影像出現時，又很不耐煩的把它關掉。他快步走到客廳的衣架前，抓起帽子和外衣，走到屋外散步去了。

　　亨利這樣子已有好幾多次了。他沒有經濟上的苦惱，他的家是室內裝潢師的夢想，他擁有兩部汽車，事事都有僕人服侍他 —— 但他就是無法放鬆心情。不僅如此，他甚至忘掉了自己是誰。他為了爭取成功與地位，已經付出他的全部時間，然而可悲的是，在賺錢的過程中，他迷失了自己。

　　我們從故事中可以看出亨利先生所有的癥結就在於他的緊張情緒，他之所以生活繁亂是因為他沒有掌握放鬆自己的祕訣。

　　在競爭越來越激烈、節奏越來越快、壓力越來越大的現代社會中，若想生活得輕鬆自在一些，你應該放鬆生命的弦，減輕自己的壓力，讓金錢、地

位、成就等追求讓位於「普通人的生活」。

活得累的人不懂得放鬆自己，更不懂幽默，他們唯恐別人以為自己對生活不夠嚴肅。活得累的人就像身上穿著一件厚重的鎧甲，既不能活動自如，又不能脫去它，因為它太沉了，壓在身上重如千斤。活得累的人就像永遠戴著一副面具，這副面容在人前謹小慎微，在人後愁眉苦臉。真是累壞了，讓人喘不過氣來。

既然活得累是一件很痛苦的事情，既然生命對我們來說又是那麼寶貴和短暫，我們何不換一種活法，活得輕鬆一點、幽默一點，努力去感受生活中的陽光，把陰影拋在後頭。

有一位著名的心理醫師開設了一個心理診所，每天要為許多病人看病，他總是很有耐心的傾聽病人的講述並為其解決心理困擾。他每天所接觸的病人都是滿臉惆悵、心裡苦悶，日子一久，所以他也逐漸被那些不快樂的情緒感染了，覺得心中的壓力很大。為了平衡情緒、緩解壓力，他時常去看喜劇表演，讓自己開懷大笑一番。

有一天，診所如同往常一樣人滿為患，心理醫師正低頭在一個病人的病歷卡上記錄診斷結果，卻聽到一個很熟悉的聲音說：「醫師，我很不快樂，生活中沒有什麼能讓我開心的事情，我覺得生活失去了方向，我真想死。」

心理醫師抬頭一看，是一張熟悉的面孔 —— 一位總是讓自己捧腹大笑的喜劇演員。

這樣的巧遇，心理醫師不禁啞然失笑。他低頭想了一下，說：「這樣吧！你我交換，我當一天喜劇演員，你當一天心理醫師，怎麼樣？」

喜劇演員原本以為醫師在開玩笑，但是看他一臉認真的表情，又不像是開玩笑，於是考慮片刻，接受了這個提議。

喜劇演員扮演了一天「代理醫師」，除了藥方由幕後的心理醫師本尊開列

之外。他有模有樣的詢問病人的病情，並且努力開導病人要尋找一個正確的人生方向。

而在喜劇演員的教導之下，心理醫師也演了一齣喜劇。他忘卻了自己的身份，在舞臺上裝瘋賣傻，惹得觀眾們捧腹大笑。心理醫師站在舞臺之上，看到臺下有這麼多笑臉，他的心情好極了。

之後兩人恢復各自的身份。有一天，喜劇演員又來掛號看醫師了。

「醫師，我找到了平衡點，現在我知道了，其實我的工作是非常有意義的，我的每一個喜劇動作所引起的每個笑容都是我的成就。我不想死了，因為我的存在可以幫助那麼多不快樂的人，讓他們獲得生活上的平衡。」喜劇演員容光煥發的說。

心理醫師微笑的點點頭，說：「是啊是啊，謝謝你讓我有機會知道，我也能製造出這麼多的笑臉。」

人在世上生活的時間屈指可數，不要把自己束縛的太緊了，人活著就要活的有意義，輕鬆、健康、安全的生活才是我們的追求。不要讓自己長期生活在緊張、壓抑之中，不要讓自己的琴弦繃得太緊，必要的時候，放鬆一下自己，輕鬆的活著。

堅持真我，活出自己的個性

在這個世界上，我們每個人都有著無法取代的獨特性，每一個人的身上同樣散發著不同的美，每一種美好的品質都是誘人的。所以我們沒必要盲目的模仿別人，而應時刻秉持自我本色，發揮最好的自己。

一九八〇年代，有位名叫安德森的模特公司經紀人，看中了一位身穿廉價產品、不拘小節、不施脂粉的大一女生。

　　這位女生來自美國伊利諾州一個藍領家庭，每年夏天，她就跟隨朋友一起，在迪卡柏的玉米田裡剝玉米穗，以賺取來年的學費。

　　她從沒看過時裝雜誌，也不懂什麼是時尚，更沒化過妝。這都不重要，重要的是她天生麗質，渾身散發著清新的天然香味，但是唯一美中不足的是她的唇邊長了一顆觸目驚心的黑痣。

　　安德森要將這位還帶著鄉間氣息的女生介紹給經紀公司，卻遭到了一次又一次的拒絕，原因大都是因為她唇邊的那顆黑痣。但是他下定了決心，要把這名女生及黑痣捆綁著推銷出去，他有種奇怪的預感，這顆黑痣將成為這位女生的標誌。

　　安德森給這個女生做了一張合成照片，小心翼翼的把大黑痣隱藏在陰影裡，然後拿著這張照片給客戶看。客戶果然很滿意，馬上要見真人，真人一來，客戶就發現「上了當」，客戶當即指著女生的痣說：「我可以接受妳，但是妳必須把這顆痣去掉。」

　　鐳射除痣其實很簡單，無痛且省時，當這位女生和安德森商量把這顆痣除掉的時候，安德森堅定不移的對她說：「妳千萬不能去掉這顆痣，將來妳出名了，全世界就靠著這顆痣來識別妳。」

　　果然，這個女生幾年後紅極一時，日入三萬美元，成為天后級的人物，她就是名模辛蒂‧克勞馥，她的長相被譽為「超凡入聖」，她的嘴唇被稱作芳唇。芳唇邊赫然入目的就是那顆今天被視為性感象徵的桀驁不馴的黑痣。

　　有一天，媒體竟然盛讚辛蒂有前瞻性眼光。辛蒂回顧從前，不由得倒抽一口涼氣，在她的成名路上，幸好遇到了「保痣人士」安德森。如果她去掉了那顆痣，就是一個通俗的美人，頂多拍幾次廉價的廣告，就淹沒在繁花似錦的美女堆裡面，再難有所作為了。

　　一個人最糟的是不能成為自己，並且在身體與心靈中保持自我。人活

著，不是活在別人的目光裡，也不是活在別人的評論中。活著的目的，是為自己的精彩而活著，是為自己的藍圖而活著。所以，為了自己的精彩，你必須勇敢的成為你自己。不論好壞，你都必須保持本色，自己的本色是自然界的一種奇蹟，也是上蒼給每個人最好的恩賜。

對每個人來講，只有發揮了自己的個性，才能明確自己存在的理由，才會感到生活的意義。

蜚聲世界影壇的義大利著名電影明星蘇菲亞‧羅蘭之所以能夠成為世界矚目的超級影星，和她對自己價值的肯定以及她的自信心分不開的。

為了生存，以及對電影事業的熱愛，十六歲的羅蘭來到了羅馬，想從這裡涉足電影界。沒想到，第一次試鏡就失敗了，所有的攝影師都說她達不到美人的標準，都抱怨她的鼻子和臀部。沒辦法，導演卡洛‧蓬蒂只好把她叫到辦公室，建議她把臀部削減一點兒，把鼻子也縮短一點兒。一般的情況下，許多演員都對導演言聽計從。可是，小小年紀的羅蘭卻非常有勇氣和主見，拒絕了對方的要求。她說：「我當然知道我的外型跟已經成名的那些女演員頗有不同，她們都相貌出眾，五官端正，而我卻不是這樣。我的臉缺點太多，但這些缺點加在一起反而會更有魅力呢！如果我的鼻子上有一個腫塊，我會毫不猶豫把它除掉。但是，說我的鼻子太長，那是沒有道理的，因為我知道，鼻子是臉的主要部分，它使臉具有特點。我喜歡我的鼻子和我的臉的本來的樣子。說實在的，我的臉確實與眾不同，但是我為什麼要長得跟別人一樣呢？」

「我要保持我的本色，我什麼也不願改變。」

「我願意保持我的本來面目。」

正是由於羅蘭的堅持，使導演卡洛‧蓬蒂重新審視，並真正認識了蘇菲亞‧羅蘭，並開始瞭解她並且欣賞她。

羅蘭沒有對導演們的話言聽計從，沒有為迎合別人而放棄自己人個性，沒有因為別人而喪失信心，所以她才得以在電影中充分展示她與眾不同的美。而且，她的獨特外貌和熱情、開朗、奔放的氣質開始得到人們的承認。後來，她主演的《烽火母女淚》獲得巨大成功，並因此而榮獲奧斯卡金像獎最佳女主角獎。

　　成功者走過的路，通常都不適合其他人跟著重新再走。在每個成功者的背後，都有自己獨特的、不能為別人所仿效和重複的經歷。與其一味的模仿別人，還不如充分利用自己的優勢，讓別人來羨慕你！保持自己的本色，在順其自然中充分發展自己是最明智的。

　　在這個世界上，每個人都是獨一無二的，你就是你，你無須按照別人的眼光和標準來評判甚至約束自己，你無須總是效仿別人，保持自我的本色，做一個真正的自我，這是最重要的。

給生活一個希望，人生就不會失色

　　希望是什麼？

　　希望是引爆生命潛能的導火線，是激發生命激情的催化劑。只要活著，就要有希望，只要每天給自己一個希望，我們的人生就不會黯然失色。

　　從前，有一老一小相依為命的兩個瞎子，每日靠著彈琴賣藝維持生活。一天，老瞎子終於支撐不住病倒了。他自知不久將離開人世，便把小瞎子叫到床頭，緊緊拉著小瞎子的手，吃力的說：「孩子，我這裡有個祕方，這個祕方可以使你重見光明。我把它藏在琴裡面了，但你千萬記住，你必須在彈斷第一千根琴弦的時候才能把它取出來，否則，你是不會看到光明的。」小瞎子流著眼淚答應了師父。老瞎子含笑離去。

　　一天又一天，一年又一年，小瞎子將師父的遺囑銘記在心，不停的彈啊彈，將一根根彈斷的琴弦收藏著。當他彈斷第一千根琴弦的時候，少年小瞎子已到了垂暮之年，變成一位飽經滄桑的老者。他按捺不住內心的喜悅，雙手顫抖著，慢慢的打開琴盒，取出祕方。

　　然而，別人告訴他，那是一張白紙，上面什麼都沒有。淚水滴落在紙上，他笑了。

　　很顯然，老瞎子騙了小瞎子。但這位過去的小瞎子如今的老瞎子，拿著一張什麼都沒有的白紙，為什麼反倒笑了呢？因為就在他拿出「祕方」的那一瞬間，突然明白了師父的用心。雖然是一張白紙，但是他從小到老彈斷了一千根琴弦後，卻悟到了這無字祕方的真諦 —— 在希望中活著，才會看到光明。

　　任何時候人都要有希望，因為只有有了希望，生命才會有活力。人的一生中，往往會遇到很多的挫折與不幸，我們會有無助與失落的時候，我們也會感覺到絕望。此時，唯有重新燃起希望的火苗，讓自己有足夠的勇氣與信念活下去，才會成就人生的輝煌。

　　一九四五年八月十五日，第二次世界大戰結束，在德國的土地上到處是一片廢墟，滿目瘡痍。美國社會學家波普諾帶著幾名調查人員到實地察看。他們看了許多住在地下室的德國居民。之後，波普諾就向調查人員問了一個問題：

　　「你們看像這樣的民族還能夠振興起來嗎？」

　　「這個難說，要看具體的情況。」一名調查人員隨口答道。

　　「他們肯定能！」波普諾非常堅定的給予了糾正。

　　「為什麼呢？」調查人員不解的問道。

　　波普諾看了看他們，又問：「你們到每一戶人家的時候，看到了他們的桌

上都放了什麼？」

隨行人員異口同聲的說：「一瓶鮮花。」

「那就對了！任何一個民族，處在這樣困苦的境的還沒有忘記愛美，那就一定能在廢墟上重建家園！」

世上沒有絕望的處境，只有對處境絕望的人。只要我們心中存在希望，只要我們心中有一顆希望的種子，那麼就一定會創造出奇蹟。

人的一生，不如意的事十有八九。但是無論是在何時何地，也無論你遇到什麼樣的艱難困苦，請你都不要失去對生活的熱情和對美好事物的追求，同時必須為之長期不懈的努力奮鬥，這樣的人，命運將會回報給你以幸福的微笑。

亞歷山大大帝給希臘世界和東方的世界帶來了文化的融合，開闢了一直影響到現在的絲綢之路的豐饒世界：據說他投入全部的青春活力，出發遠征波斯之際，曾將他所有的財產分給了臣下。

為了登上征伐波斯的漫長征途，他必須買進種種軍需品和糧食等物，為此他需要巨額的資金：但他把從珍愛的財寶到他所有的土地，幾乎全部都給臣下分配光了。

君臣之一的庇爾狄迦斯，深感奇怪，便問亞歷山大大帝：「陛下帶什麼啟程呢？」

對此，亞歷山大回答說：「我只有一個財寶，那就是『希望』。」

庇爾狄迦斯聽了這個回答以後說：「那麼請允許我們也來分享它吧！」於是他謝絕了分配給他的財產，而且臣下中的許多人也仿效了他的做法。

在走向人生的這個征途中，最重要的既不是財產，也不是地位。而是在自己胸中像火焰一般燃燒起的一念，即「希望」。因為那種毫不計較得失、為了巨大希望而活下去的人，肯定會生出勇氣，不以困難為意，肯定會激發出

巨大的激情，開始閃爍出洞察現實的睿智之光，與時俱增、終生懷有希望的人，才是具有最高信念的人，才會成為人生的勝利者。

人生不能沒有希望，所有的人都是生活在希望當中的，有希望的人生才能一路充滿溫暖的陽光。假如真的有人是生活在無望的人生當中，那麼他只能是人生的失敗者。

她從小就「與眾不同」，因為小兒麻痺症，隨著年齡的增長，她的憂鬱和自卑感越來越重，甚至，她拒絕所有人的靠近。但也有個例外，鄰居家那個只有一條胳膊的老人卻成為她的好朋友。老人是在一場戰爭中失去一條胳膊的，老人非常樂觀，她非常喜歡聽老人講的故事。

這天，她被老人用輪椅推著去附近的一所幼稚園，操場上孩子們動聽的歌聲吸引了他們。當一首歌唱完，老人說著：「我們為他們鼓掌吧！」她吃驚的看著老人，問道：「我的胳膊動不了，你只有一隻胳膊，怎麼鼓掌啊！」老人對她笑了笑，解開襯衫扣子，露出胸膛，用手掌拍起了胸膛……那是一個初春，風中還有著幾分寒意，但她卻突然感覺自己的身體裡湧動起一股暖流。老人對她笑了笑，說著：「只要努力，一個巴掌一樣可以拍響。妳也一樣能站起來的！」

那天晚上，她讓父親寫了一個紙條，貼到了牆上，上面是這樣的一行字：「一個巴掌也能拍響。」從那之後，她開始配合醫生做運動。甚至在父母不在時，她自己扔開支架。試著走路。蛻變的痛苦是牽扯著筋骨的。她懷有無限的希望，她堅持著，因為她相信自己能夠像其他孩子一樣行走、奔跑……

十一歲時，她終於扔掉支架。她又向著另一個更高的目標努力著，她開始鍛鍊打籃球和田徑運動。一九六〇年羅馬奧運會女子一百米跑決賽，當她以十一秒一八的成績第一個碰線後，掌聲雷動，人們都站起來為她喝彩，齊

聲歡呼著這個美國黑人的名字：威瑪‧魯道夫。那一屆奧運會上，威瑪‧魯道夫成為當時世界上跑得最快的女人，她共摘取了三枚金牌，也是第一個黑人奧運女子百米冠軍。

威瑪‧魯道夫的成功，正是因為她即使在困難中也絕不放棄希望的結果。保持「希望」的人生是有力的。失掉「希望」的人生，則通向失敗之路；「希望」是人生的力量，在心裡一直抱著美「夢」的人是幸福的。也可以說抱有「希望」活下去，是只有人才被賦予的特權、只有人，才由其自身產生出面向未來的希望之「光」，才能創造自己的人生。

魯迅曾經說過：「希望是附立於存在的，有存在，便有希望，有希望，便是光明。」希望是激勵我們前進的巨大的無形動力。只要我們滿懷希望，我們就能走出困境，重新看到光明。時刻對未來懷有希望，並為之鍥而不捨的奮鬥，才是具有最高信念的人，也才會成為人生的勝利者。

微笑改變生活，今天你微笑了嗎

生活離不開微笑，微笑是善良的表現，微笑是真誠的流露，微笑是溝通人們心靈的調和劑。微微的一笑，可以代替多少解釋，化解多少誤會，又能得到多少理解和尊重呢？經常面帶微笑的人，往往能將別人吸引住，使人感到愉快。

在二十年前的美國，曾經發生過一個真實的故事。

美國加州有一位六歲的小女孩，在一次偶然的機會中，遇到一個陌生的路人，陌生人一下子給了她四萬美元的現金。

一個女孩突然得到這麼大金額的饋贈，消息一傳出，整個加州都為之瘋狂騷動起來。

記者紛紛找上門，訪問這個小女孩：「小妹妹，妳在路上遇到的那位陌生人，妳真不認識他嗎？他是妳的一位遠房親戚嗎？他為什麼給妳那麼多錢？四萬美元，那是一筆很大的數目啊！那位把錢給妳的先生，他是不是腦子有問題……」

小女孩露出甜美的微笑，回答說：「不，我不認識他，他也不是我的什麼遠房親戚，我想……他腦子應該也沒有問題！為什麼給我這麼多錢，我也不知道啊……」儘管記者用盡一切方法追問，仍然無法探個究竟。

這位小女孩努力的想了又想，大約過了十分鐘，她若有所悟的告訴父親：「就在那一天，我剛好在外面玩，在路上碰到那個人，當時我對他笑了笑，就只是這樣啊！」

父親接著問：「那麼，對方有沒有說什麼話呢？」

小女孩想了想，答道：「他好像說了句『妳天使般的微笑，化解了我多年的苦悶！』爸爸，什麼是苦悶啊？」

原來那個路人是一個富豪，一個不是很快樂的有錢人。他臉上的表情一直是非常冷酷而嚴肅的，整個小鎮跟本沒有人敢對他笑。他偶然遇到這個小女孩，對他露出了真誠的微笑，使他心中不自覺的溫暖了起來，讓他塵封了不知多少年的心扉打開了。

於是，富豪決定給予小女孩四萬美元，這是他對那時候他所擁有的那種感覺定出的價格。

微笑是人類臉上最動人的一種表情，是社會生活中美好而無聲的語言，它來源於心的的善良、寬容和無私，表現的是一種坦蕩和大度。微笑是成功者的自信，是失敗者的堅強；微笑是人際關係的黏合劑，也是化敵為友的一劑良方。微笑是對別人的尊重，也是對愛心和誠心的一種禮讚。

有一個憂鬱的人來到上帝面前問：「上帝，告訴我吧！如何才能讓我跳出

憂鬱的深淵，在歡樂的大地上盡情玩耍？」

上帝說：「請學會微笑吧，向所有的一切。」

憂鬱者又問：「可是，我為什麼要微笑呢？我沒有任何微笑的理由呀。」

上帝回答：「當你第一次向人微笑時，不需要任何理由。」

憂鬱者接著問：「那麼，第二次微笑呢？以後我都不需要任何理由的微笑嗎？」

上帝意味深長的說：「以後，微笑的理由會按它自己的理由來找你。」

於是，憂鬱者走了，他要按著上帝的指引，去尋找微笑，去付出微笑。

半年過後，一個快樂者來到上帝面前。

他告訴上帝，他就是半年前那個曾求教於上帝的憂鬱者。

現在，他的臉上陽光燦爛，充滿自信，他的嘴角，總是掛著真誠的微笑。

「現在，你有了微笑的理由了嗎？」上帝笑問。

「太多了！」曾經的憂鬱者說，「當我第一次試著把微笑送給那位我曾熟視無睹的送報者，他還我以同樣真誠的微笑時，我發現天是那麼藍，樹是那麼綠，送報者離去時哼著的歌是那麼動聽！」

「當我第二次把微笑送給那位不小心把菜湯灑在我身上的服務生時，我收獲了他發自內心的感激，我似乎看見了人與人之間流動著的溫情，這溫情驅散了我內心聚積著的陰雲。」

「後來，我不再吝惜我的微笑，我把微笑送給街邊孑然獨行的老人，送給天真無邪的孩子，甚至送給那些曾經辱罵過我的人。我發現，我都收獲了高於我所付出幾倍的東西，這裡面有讚美、感激、信任、尊重，也有某些人的自責和歉意。這都是人間最美好的情感啊，它讓我更加自信、更加愉快，也更加願意付出微笑。」

「你終於找到了微笑的理由」，上帝說「假如你是一粒微笑的種子，那麼，他人就是土壤。」

他們相視而笑。

微笑不僅是一種表情，更是一種感情的流露。沒有人會因為富有而拋棄它，也沒有人因為貧窮而將它冷落。一旦你學會了陽光燦爛的微笑，你就會發現，你的生活從此就會變得更加輕鬆，而人們也喜歡享受你那陽光燦爛的微笑。

無論你在什麼地方，無論你在做什麼，在人與人之間，簡單的一個微笑是一種最為普及的語言，她能夠消除人與人之間的隔閡。人與人之間的最短距離是一個可以分享的微笑，即使是你一個人微笑，也可以使你和自己的心靈進行交流和撫慰。

飛機起飛前，一位乘客請求空姐給他倒一杯水吃藥。空姐很有禮貌的說：「先生，為了您的安全，請稍等片刻，等飛機進入平穩飛行後，我會立刻把水給您送過來。好嗎？」

十五分鐘後，飛機早已進入了平穩飛行狀態。突然，乘客服務鈴急促的響了起來，空姐猛然意識到：糟了，由於太忙，忘記給那位乘客倒水了！空姐連忙來到客艙，小心翼翼的把水送到那位乘客跟前，面帶微笑的說：「先生，實在是對不起，由於我的疏忽，延誤了您吃藥的時間，我感到非常抱歉。」這位乘客抬起左手，指著手錶說道：「怎麼回事？有妳這樣服務的嗎？妳看看，都過了多久了？」空姐手裡端著水，心裡感到很委屈。但是，無論她怎麼解釋，這位挑剔的乘客都不肯原諒她的疏忽。

接下來的飛行途中，為了補償自己的過失，空姐每次去客艙給乘客服務時，都會特意走到那位乘客面前，面帶微笑的詢問他是否需要水，或者別的什麼幫助。然而，那位乘客餘怒未消，擺出一副不合作的樣子，並不理

會空姐。

　　快到目的地前，那位乘客要求空姐把留言本給他送過去。很顯然，他要投訴這名空姐。此時，空姐心裡雖然很委屈，但是仍然不失職業道德，顯得非常有禮貌，而且面帶微笑的說道：「先生，請允許我再次向您表示真誠的歉意，無論您提出什麼意見，我都將欣然接受您的批評！」那位乘客臉色一緊，嘴巴準備說什麼，可是卻沒有開口。他接過留言本，在上面寫了起來。

　　飛機安全降落。所有的乘客陸續離開後，空姐打開留言本，驚奇的發現，那位乘客在本子上寫下的並不是投訴信，而是一封熱情洋溢的表揚信。

　　是什麼使得這位挑剔的乘客最終放棄了投訴呢？在信中，空姐讀到這樣一句話：「在整個過程中，妳表現出真誠的歉意，特別是妳的十二次微笑，深深打動了我，使我最終決定將投訴信寫成表揚信！妳的服務品質很高。下次如果有機會，我還將乘坐妳們的這趟航班！」

　　由此可見，微笑是一種武器，是一種尋求和解的武器。微笑能將怒氣擋在對方體內，阻止他的進攻。無論是在生活，還是在工作中，只要你不吝惜微笑，往往就能夠左右逢源、順心如意。這是因為微笑表現著自己友善、謙恭、渴望友誼的美好的感情因素，是向他人發射出的理解、寬容、信任的信號。

　　在我們的生活中不能沒有微笑。一位詩人曾經這樣寫道：「你需要的話，可以拿走我的麵包，可以拿走我的空氣，可是別把你的微笑拿走。因為生活需要微笑，也正因為有了微笑，生活便有了生氣。」的確，在我們的生活中不能沒有微笑。微笑是一縷春風，化開久凍的堅冰；微笑是一滴甘露，滋潤久旱的心田；微笑是人們臉上高尚的表情，溫馨而怡人。每天給自己一個微笑，你會趕走生活中所有的煩惱。

善待生活，做壓力最強大的主人

生活中壓力無處不在，壓力本身就是生活的一部分。壓力並不是一種情緒，而是人對發生在他周圍或在他身上的事物的一種反應。著名催眠治療師說：「只有死人，才沒有壓力。」既然無法逃避壓力，就要學會與壓力相處，學會調整心理平衡。

在加拿大的魁北克有一個南北走向的山谷，一九八三年的冬天，有對夫婦來到這個山谷的時候，天下起了大雪。當他們支起帳篷，望著漫天飛舞的大雪時突然發現，由於特殊的風向，東坡的雪總比西坡的雪來得大，不一會兒，雪松上就落滿了厚厚一層雪。不過，當雪積到一定程度，雪松那富有彈性的松枝複就會向下彎曲，直到雪從枝頭滑落。這樣反複的積，反複的落，雪松完好無損。但其他的樹，如那些柘樹，因為沒有這個本領，樹枝全壓斷了。西坡由於雪小，總有些樹挺了過來，所以西坡除了雪松，還有柘樹、女貞之類的植物。帳篷中的妻子發現了這一景觀，對丈夫說：「東坡肯定也長過雜樹，只是不會彎曲才被大雪摧毀了。」丈夫點頭稱是，並興奮的說：「我們揭開了一道謎 —— 對於外界的壓力要盡可能的去承受，在承受不了的時候，要像雪松一樣，學會彎曲，學會給自己減輕壓力。」

生活中，壓力對於任何人來說都是存在的，我們必須認真對待心理壓力問題，並及時、適當的透過情緒調節來緩解心理壓力，為它找個出口，它就不會給精神帶來太重太大的傷害。

有一天臨近中午時，廟裡的負責烹煮齋飯和尚正要燒菜做飯，卻發現炒菜的油用光了，於是他就指派一個小和尚去買油。臨出門前，齋飯和尚嚴厲的告誡小和尚，一定要小心，絕對不能從碗裡灑出一滴油。

在買完油上山回廟的路上，小和尚突然想到齋飯和尚的嚴厲告誡，越走

越緊張。他小心翼翼的端著裝油的大碗，絲毫不敢左顧右盼。越緊張越出事，眼看快要到廟門了，他腳下一絆，油灑掉了一半。小和尚於是更加緊張，手腳一齊發抖，回到廟裡，油已經灑得差不多了。

齋飯和尚勃然大怒，罵小和尚是世上少有的笨蛋。小和尚非常難過。

一位老和尚知道了，對小和尚說：你再下山去買一碗油，這次你在路上多觀察兩旁的事物，回來要詳細的描述。

在買油回來的路上，小和尚發現路上的風景真美，有高聳的山峰，自由飛翔的小鳥，有耕種的農夫，還有玩耍的小孩。

小和尚不知不覺就回到了廟裡，竟發現碗裡滿滿的油，竟一滴也沒灑出來。

每個人都得面對壓力，適度的壓力會調動我們自身的能力，使我們更好的完成工作。但壓力過大，卻會給精神以及身體上都帶來負面的影響。所以在生活中，當你感到心情煩躁，並且確信，這種不好的心情是來自於對生活的不滿時，你不妨採取放鬆自己的辦法，慢慢的釋放自己的心理壓力，從而保持自己的身心健康。

以下幾個方法或許可以幫你減輕一些壓力。

一、學會轉移和釋放壓力

生活中，面對各種各樣的壓力，轉移是一種非常好的辦法。壓力太重背不動了，那就放下來不去想它，把注意力轉移到讓你輕鬆快樂的事上來。等心態調整平和以後，已經堅強起來的你還會害怕你面前的壓力嗎？比如做一下運動，體育運動能使你很好的發洩自己的情緒，運動完之後你會感到很輕鬆，這樣就可以把壓力釋放出去。

二、廣泛的培養興趣愛好

培養一些個人的興趣愛好，諸如琴棋書畫、養鳥養魚、寫作、旅遊、垂釣等。這是轉移大腦「興奮灶」的一種積極的休息方式，能有效的調節大腦中樞的興奮與抑制過程，進而緩解壓力，消除疲勞，調節情緒。

三、對壓力心存感激

人的一生是不會沒有一點壓力的。的確，想想自己的人生道路，升學、就業、跳槽獲或從偏遠的鄉村走向繁華的都市……我們的每一個足跡都是在壓力下走過的。沒有壓力，我們的生活也許會是另外一個模樣。當我們盡情享受生活的樂趣的時候，都應該對當初曾讓我們曾經頭疼不已的壓力心存一份感激。

四、遺忘生活的煩惱

現在的生活節奏比起過去明顯的加快，生活方式也隨著社會文明不斷更新，人們的壓力也越來越大。為了使疲憊的身體張弛有度，學會遺忘應是生活中必不可少的。其實，生活中許多事情不需要人們牢記，諸如同事間的無端摩擦、鄰里之間細微糾紛、戀人間的情感波折、夫妻間的小小口角，以及與工作和事業都無關的雞毛蒜皮的事情等等，大可不必放在心上。當如煙的往事，攪得你心煩意亂，給你帶來種種困擾時，你便會感到遺忘確實是一劑「良藥」。

總之，只要你學會做壓力的主人，你就能夠用穩定的情緒、健康的心理去直面紛繁複雜、瞬息萬變、競爭激烈的社會。

第七章　善待生活，幸福將會離你更近

改變自己，
提升你的幸福指數

　　人生並不是一個辛苦的奮鬥歷程，而是一場輕鬆的遊戲，每個「正當的內心渴望」都會在生活中實現。改善生活境遇，實現自己的人生目標，並不是可望而不可及的，這些都是天賦的「權利」。勇於改變自己，人生的幸福就會接踵而至。這就是你幸福人生道路上的突破口。

幸福生活從選定目標開始

有這樣一個小故事：

比塞爾是西撒哈拉沙漠中的一顆明珠，每年有數以萬計的旅遊者來到這裡。可是在它尚未被發現之前，這裡還是一個封閉而落後的地方。這兒的人沒有一個走出過大漠，據說不是他們不願離開這塊貧瘠的土的，而是嘗試過很多次都沒有走出去。

有一個叫肯·萊文的人，他不相信這種說法。他用手語向這兒的人問原因，結果每個人的回答都一樣：從這兒無論向哪個方向走，最後都還是轉回出發的地方。為了證實這種說法，他做了一次試驗，從比塞爾村向北走，結果三天半就走了出來。

肯·萊文很納悶：「比塞爾人為什麼走不出來呢？」於是，他僱用了一個比塞爾人，讓他帶路，看看到底是為什麼。他們帶了半個月的水，牽了兩頭駱駝，肯·萊文收起指南針等現代設備，只拄著一根木棍跟在後面。

十天過去了，他們走了大約八百英哩的路程，第十一天的早晨，他們果然又回到了比塞爾。這一次肯·萊文終於明白了，比塞爾人之所以走不出大漠，是因為他們根本就不認識北斗星。

在一望無際的沙漠裡，一個人如果憑著感覺往前走，他會走出許多大小不一的圓圈，最後的足跡十有八九是一把捲尺的形狀。比塞爾村處在浩瀚的沙漠中間，方圓上千公里沒有一點參照物，若不認識北斗星又沒有指南針，想走出沙漠，確實是不可能的。

肯·萊文在離開比塞爾時，告別了一位叫阿古特爾的青年，就是上次和他合作的人。他告訴這位青年，只要你白天休息，夜晚朝著北面那顆星走，就能走出沙漠。阿古特爾照著去做，三天之後果然來到了大漠的邊緣。阿古

特爾因此成為比塞爾的開拓者，他的銅像被豎立在小城的中央。銅像的底座上刻著一行字：新生活是從選定方向開始的。

　　沙漠中沒有方向的人，只能徒勞的轉了一圈又一圈，生活中沒有方向、沒有目標的人，只會給自己的生命帶來遺憾。

　　獲得幸福生活的根本差別在於有無目標和制定目標的品質。沒有人生目標的人，人生本身就是乏味無聊的。有目標的生活，遠比彷徨的生活幸福。一位名人曾經說過：「無目標的生活，猶如沒有羅盤而航行。」當一個人不知道他下一步要做什麼的時候，他是頹廢的。

　　有一位名叫庫爾斯曼的英國青年，由於他小時候患了小兒麻痺症，致使他的一條腿的肌肉萎縮，走起路來很困難。可是，他卻憑著堅強的毅力和信念，創造了一次又一次令人矚目的壯舉：

　　十八歲時，他登上了登上了阿爾卑斯山；二十歲時，他登上了吉力馬札羅山；二十三歲時，他世界最高峰珠穆朗瑪峰；二十九歲前，他登上了世界上所有著名的高山……

　　然而，就在二十九歲生日那天，卻突然在家裡自殺了。

　　這件事令很多人感到費解。功成名就的他，為什麼會選擇自殺呢？後來，有一位記者瞭解到，庫爾斯曼父母曾是登山的愛好者，在庫爾斯曼十一歲時，他的父母在攀登阿爾卑斯山時不幸遭遇雪崩雙雙遇難。父母臨行前，留給了年幼的庫爾斯曼一份遺囑，希望他能像父母一樣，一座接一座的登上世界著名的高山。

　　從此後，年幼的庫爾斯曼把父母的遺囑作為他人生奮鬥的目標，當他全部實現這些目標的時候，感到了前所未有的空虛和絕望。在自殺現場，人們看到了庫爾斯曼留下的痛苦遺言：「這些年來，征服世界著名的高山曾是我一生唯一的奮鬥目標，作為一個殘疾人，我之所以能成功攀登那些高山，那都

是因為父母的遺囑給了我生命的一種信念。如今，當我攀登完了那些高山之後，我感到無事可做了，我突然之間失去了人生的目標……」

可憐的庫爾斯曼因失去人生的目標，而失去了人生的全部。這是值得人們反思的。

我們由此可以看出，目標對於一個人來說是至關重要的，可以說，有什麼樣的目標，就會有什麼樣的人生。人生的道路在不同時期要訂下與之相適應的目標，這樣人生才有意義，才有樂趣，才會精彩。沒有目標，人生通常也就失去了意義，有清晰且長期的遠大目標，並且一直在努力，才會有一個成功的人生。

哲學家愛默生曾說過：「當一個人知道他的目標去向，這個世界是會為他開路的。」的確，給自己一個夢想，一個目標，把它們深藏於心，每天不斷的提醒自己目標一定會實現的，並且為了這個目標，制定一個詳細而周全的計劃，不時的檢驗計劃的執行情況，你就一定能夠如願以償。

生命不要被保證，命運靠自己去改變

在人生的道路上，每個人都是自己命運的主宰者和創造者，每個人都有權改變自己的命運。它取決於人對命運的態度，只要你能夠清楚的洞察命運之奧祕，就能夠做自己命運的主人。

傑佛里‧波蒂洛小學六年級的時候，考試第一名，老師送給他一本世界的圖。

波蒂洛好高興，跑回家就開始看這本世界的圖。很不幸，那天正好輪到他為家人燒洗澡水。波蒂洛就一邊燒水，一邊在看地圖，看到一張埃及的圖，他想：「埃及很好，埃及有金字塔，有埃及豔后，有尼羅河，有法老王，

有很多神祕的東西，長大以後如果有機會我一定要去埃及。」

波蒂洛正看得入神的時候，突然有一個胖胖的大人從浴室衝出來，圍一條浴巾，用很大的聲音對他說：「你在做什麼？」

波蒂洛抬頭一看，原來是爸爸，趕緊說：「我在看地圖。」

爸爸很生氣，說：「火都熄了，看什麼地圖？」

波蒂洛說：「我在看埃及的地圖。」

爸爸就跑過來「啪！啪！」給他兩個耳光，然後說：「趕快生火！看什麼埃及地圖？」打完後，又踢了波蒂洛屁股一腳，把他踢到火爐旁邊去，用很嚴肅的表情跟他講：「我跟你保證！你這輩子不可能到那麼遙遠的地方！趕快生火。」

當時波蒂洛看著爸爸，呆住了，心想：「我爸爸怎麼給我這麼奇怪的保證，真的嗎？這一生真的不可能去埃及嗎？」

二十年後，波蒂洛第一次出國就去了埃及，他的朋友都問他：「到埃及做什麼？」——那時候還沒開放觀光，出國很難的。

波蒂洛說：「因為我的生命不要被保證。」

他果然跑到埃及去旅行。

有一天，波蒂洛坐在金字塔前面的臺階上，買了張明信片寫信給他爸爸。他寫道：「親愛的爸爸：我現在在埃及的金字塔前面給你寫信，記得小時候，你打了我兩個耳光，踢我一腳，保證我不能到這麼遠的地方，現在我就坐在這裡給你寫信。」

寫的時候，波蒂洛感觸非常的深……

「我的生命不要被保證！」這是一種多麼催人奮進的力量啊！一個人想要成功，就必須按照自己的意志行動，別人的譏笑、諷刺都不能動搖自己的信念。只要不把你的命運交給別人，你就能決定自己的命運。

第八章　改變自己，提升你的幸福指數

　　通往成功之路，就在自己的腳下，不管是誰，只要相信自己，敢於主宰自己的命運，充分發揮出自己的聰明才智，就一定能成就一番事業。你的人生是你的，由你自己來決定。做個積極主動的人，還是做個消極被動的人，全由我們自己來決定。前者是自己的主人，後者是別人的奴隸。

　　威爾遜先生是一位成功的商業家，他從一個普普通通的事務所小職員做起，經過多年的奮鬥，終於擁有了自己的公司和辦公室，並且受到了人們的尊敬。

　　有一天，威爾遜先生從他的辦公室走出來，剛走到街上，就聽見身後傳來「嗒嗒嗒」的聲音，那是盲人用竹竿敲打地面發出的聲響。威爾遜先生愣了一下，緩緩的轉過身。

　　那盲人感覺到前面有人，連忙打起精神，上前說道：「尊敬的先生，您一定發現我是一個可憐的盲人，能不能占用您一點點時間呢？」

　　威爾遜先生說：「我要去會見一個重要的客戶，你要什麼就快說吧！」

　　盲人在一個包裡摸索了半天，掏出一個打火機，放到威爾遜先生的手裡，說：「先生，這個打火機只賣一美元，這可是最好的打火機啊。」

　　威爾遜先生聽了，嘆口氣，把手伸進西服口袋，掏出一張鈔票遞給盲人：「我不抽菸，但我願意幫助你。這個打火機，也許我可以送給電梯遇見的年輕人。」

　　盲人用手摸了一下那張鈔票，竟然是一百美元！他用顫抖的手反複撫摸這錢，嘴裡連連感激著：「您是我遇見過的最慷慨的先生！仁慈的富人啊，我為您祈禱！上帝保佑您！」

　　威爾遜先生笑了笑，正準備走，盲人拉住他，又喋喋不休的說：「您不知道，我並不是一生下來就瞎眼的，都是二十三年前布列敦的那次事故！太可怕了！」

威爾遜先生一震，問道：「你是在那次化工廠爆炸中失明的嗎？」

盲人仿佛遇見了知音，興奮得連連點頭：「是啊！是啊！您也知道？這也難怪，那次光炸死的人就有九十三個，傷的人有好幾百，那可是頭條新聞啊！」

盲人想用自己的遭遇打動對方，爭取多得到一些錢，他可憐巴巴的說了下去：「我真可憐啊！到處流浪，孤苦伶仃，吃了上頓沒下頓，死了都沒人知道！」他越說越激動：「您不知道當時的情況，火一下子冒了出來！仿佛是從地獄中冒出來的！逃命的人群都擠在一起，我好不容易衝到門口，可是一個大個子在我身後大喊：『讓我先出去！我還年輕，我不想死！』他把我推倒了，踩著我的身體跑了出去！我失去了知覺，等我醒來，就成了瞎子，命運真不公平啊？」

威爾遜先生冷冷的說：「事實恐怕不是這樣吧？你說反了。」

盲人一驚，用空洞的眼睛呆呆的對著威爾遜先生。

威爾遜先生一字一頓的說：「我當時也在布列敦化工廠當工人，是你從我的身上踏過去的！你長得比我高大，你說的那句話，我永遠都忘不了！」

盲人站了好長時間，突然一把抓住威爾遜先生，爆發出一陣大笑：「這就是命運啊！不公平的命運！你在裡面，現在出人頭地了，我跑了出去，卻成了一個沒有用的瞎子！」

威爾遜先生用力推開盲人的手，舉起手中那根精緻的棕櫚手杖，平靜的說：「你知道嗎？我也是一個瞎子。你相信命運，可是我不信。」

這就是威爾遜先生，一個不屈服於命運的強者。

人生終究是自己的，不管是命運還是機會，都要靠自己去創造或改變，只有自己才是命運的主宰者。我們每個人都是自己命運的主人，我們的人生是失敗還是成功，是默默無聞還是光彩顯赫，完全是自己造成的。

播下一個習慣，收獲一種命運

　　常言道：「習慣成自然。」習慣一旦形成，就會成為一種定型性的行為，就會變成人的一種自覺需要。它不需要別人的提醒，不需要別人的督促，也不需要自己意志力的支援，已經變成了一種自動化的動作和行為。

　　人是一種習慣性的動物。無論我們願意與否，習慣總是無孔不入，滲透在我們生活的各方面。　有調查表明，人們日常活動的百分之九十源自於習慣。然而，習慣還並不僅僅是日常慣例那麼簡單，它的影響十分深遠。俄國教育家烏申斯基對習慣做了一個形象的比喻，他認為：「好習慣是人在神經系統中存放的資本，這個資本會不斷的增長，一個人畢生都可以享用它的利息。而壞習慣是道德上無法還清的債務，這種債務能以不斷增長的利息折磨人，使他最好的創舉失敗，並把他引到道德破產的地步。」一個人如果養成了好的習慣，就會一輩子享受不盡它的利息；要是養成了壞習慣，就會一輩子都償還不完它的債務。這就是習慣！

　　正所謂：「成也習慣，敗也習慣。」一個人的成就，取決於習慣的好壞，好習慣是成功的基石，而壞習慣則是一生的累贅。既然習慣對於我們的人生來說是如此的重要，那麼養成良好的習慣，摒棄不利於個人前途的習慣就變得愈發重要。

　　有個時期，美國第一富豪蓋提的香菸抽得很凶，有一天，他度假開車經過法國，那天正好下著大雨，地面特別泥濘，開了好幾個鐘頭的車子之後，他在一個小城裡的旅館過夜。吃過晚飯後他回到自己的房裡，很快便入睡了。

　　蓋提清晨兩點鐘醒來，想抽一支菸，打開燈，他自然的伸手去找他睡前放在桌上的那包菸盒，但發現是空的。他下了床，搜尋衣服口袋，結果毫無

所獲。他又搜索他的行李，希望在其中一個箱子裡能發現他無意中留下的一包菸，結果他又失望了。他知道旅館的酒吧和餐廳早就關門了，心想，這時候要把不耐煩的門房叫過來，太不好意思了。他唯一能得到香菸的辦法是穿上衣服，走到火車站，但它至少在六條街之外。

情況看起來並不樂觀，外面仍下著雨，他的汽車停在離旅館尚有一段距離的車庫裡。而且，別人提醒過他，車庫是在午夜關門，第二天早上六點才開門。這時能夠叫到計程車的機會也將等於零。

顯然，如果他真的這樣迫切的要抽一支菸，他只有在雨中走到車站，但是要抽菸的欲望不斷的侵蝕他，並越來越濃厚。於是他脫下睡衣，開始穿上外衣。他衣服都穿好了，伸手去拿雨衣，這時他突然停住了，開始大笑，笑他自己。他突然體會到，他的行為多麼不合邏輯，甚至荒謬。

蓋提站在那兒沉思，一個所謂的知識份子，一個所謂的商人，一個自認為有足夠的理智對別人下命令的人，竟要在三更半夜，離開舒適的旅館，冒著大雨走過好幾條街，僅僅是為了得到一支菸。

蓋提生平第一次認識到這個問題，他已經養成了一個不可自拔的習慣。他願意犧牲極大的舒適，去滿足這個習慣。這個習慣顯然沒有好處，他突然明確的注意到這一點，頭腦便很快清醒過來，片刻就作出了決定。

他下定決心，把那個依然放在桌上的菸盒揉成一團，放進垃圾桶裡。然後他脫下衣服，再度穿上睡衣回到床上。帶著一種解脫，甚至是勝利的感覺，他關上燈，閉上眼，聽著打在門窗上的雨點。幾分鐘之後，他進入一個深沉、滿足的睡眠中。自從那天晚上後他再也沒抽過一支菸，也沒有抽菸的欲望。

蓋提說，他並不是利用這件事來指責抽菸的人。常常回憶這件事，僅僅是為了表達，以他的情形來說，被一種壞習慣制服，已經到了不可救藥的程

度，差一點成為它的俘虜！

習慣是所有偉人們的「奴僕」，也是所有失敗者的「幫兇」。偉人之所以偉大，得益於習慣的鼎力相助，失敗者之所以失敗，習慣同樣責不可卸。由此可見，習慣對於我們的一生，是多麼重要。

李嘉誠在茶樓當行堂的時候，每天都把鬧鐘調快十分鐘，定好響鈴，每天都是最早一個趕到茶樓。後來，他一直將這一習慣保留了大半個世紀。而在今天，大家都知道，李嘉誠的手錶永遠比別人的快十分鐘，早已成了商界津津樂道的美談。正是因為這種良好的習慣，才使李嘉誠獲得今天的成功。

任何人、任何事的成敗，都與他所養成的習慣密切相關。因為人的一生從思想到行為都受著習慣的束縛。因此，養成了正確的習慣，就等於走上了成功的道路。

一個人若要獲得事業上的成功和生活上的幸福，就必須要養成良好的習慣，同時應時時警惕，去除那些危害我們生活的壞習慣。好的習慣可以使你走向成功，而壞的習慣容易耽誤一生。一個人的習慣是很難改變的，但並不是不可改變的，只要摒棄壞習慣，培養好習慣，我們就能掌握住自己的命運。

改掉壞脾氣，學會控制自己的情緒

生活中，不少人脾氣暴躁，遇事容易衝動且不能理智的控制自己脾氣，特別是對一些不順心或自己看不慣的事，常常容易發怒，有時還與周圍的人爭吵，說出一些使人難堪的話，給人造成心靈上的傷害，既影響了別人也影響自己。

從前，有一個脾氣很壞的男孩。他的爸爸給了他一袋釘子，告訴他，每

次發脾氣或者跟人吵架的時候，就在院子的籬笆上釘一根。第一天，男孩釘了三十七根釘子。後面幾天他學會了控制自己的脾氣，每天釘的釘子也逐漸減少了。他發現，控制自己的脾氣，實際上比釘釘子要容易的多。終於有一天，他一根釘子都沒有釘，他高興的把這件事告訴了爸爸。

爸爸說：「從今以後，如果你整天都沒有發脾氣，就可以在這天拔掉一根釘子。」日子一天一天過去，最後，釘子全被拔光了。爸爸帶他來到籬笆邊上，對他說：「兒子，你做得很好，可是你看看籬笆上的釘子洞，這些洞永遠也不可能恢復了。如果你拿刀子捅別人一刀，不管你說了多少次對不起，那個傷口將永遠存在。話語的傷痛就像真實的傷痛一樣令人無法承受。」

可見，發脾氣會對別人造成巨大的傷害，其後果是不可彌補的。所以，我們要學會控制自己的壞脾氣，不要讓它發洩在別人身上。

在生活中，每當你發脾氣時，你應該分析所有使你憤怒的原因，然後避免使自己暴露於那些痛苦之下，採取一些積極有效的措施來控制自己的情緒。例如，可以找一個適當的、不會對別人有傷害的管道去發洩或者自己慢慢調整好。

愛麗絲是一個脾氣異常暴躁、情緒波動極大的女孩，經常因為小事和別人吵架，她的人際關係因此而越來越緊張，結果男友也難以忍受她的壞脾氣，和他分手了。終於有一天，她覺得自己已經處於崩潰邊緣。

她打電話向她的一個朋友湯姆求救。湯姆向她保證：「愛麗絲，我知道現在對妳來說是有點糟，可是只要妳經過適當的指引，一切就會好轉。」

「你現在的第一件事是讓自己安靜下來，好好的享受一下安靜的生活。」

聽了湯姆的話，愛麗絲暫停先前忙碌的生活，給自己休了一個長假，決定要好好的放鬆一下自己。當她已經穩定了之後，湯姆又建議道：「在妳發脾氣之前，不妨想想，究竟是哪一點觸動了妳？」

「每個人都可以擁有兩種思考，一種是讓每一件事情都在腦海裡劇烈的翻攪，另一種則是順其自然，讓思考自己去決定。」說著，湯姆拿出了兩個透明的刻度瓶，然後分別裝了一半刻度的清水，隨後又拿出了兩個塑膠袋。愛麗絲打開來，發現裡面裝的分別是白色和藍色的玻璃球。湯姆說：「當妳生氣的時候，就把一顆藍色的玻璃球放到左邊的刻度瓶裡；當你克制住自己的時候，就把一顆白色的玻璃球放到右邊的刻度瓶裡。最關鍵的是，現在，妳該學會獨立控制自己的情緒，如果妳不試著控制自己的情緒，你會繼續把你的生活搞的一團糟。」

　　此後的一段時間內，愛麗絲一直按照著湯姆的建議去做。後來，湯姆又一次來看愛麗絲，兩個人把瓶中的玻璃球都撈了出來。他們同時發現，那個放藍色玻璃球的水變成藍色了。原來，這些藍色玻璃球是湯姆把水性藍色顏料染到白色玻璃球上做成的，這些玻璃球放到水中後，藍色染料溶解到水中，水就呈現了藍色。湯姆借機對愛麗絲說：「妳看，原來的清水投入『壞脾氣』後，也被污染了。妳的言語舉止，是會感染別人的；就像玻璃球一樣，當心情不好的時候，要控制自己。否則，壞脾氣一旦投射到別人身上的時候，就會對別人造成傷害，再也不能回復到以前。所以一定要控制好自己的言行。」

　　愛麗絲後來發現，當按照他的建議去做時，人真的不會那麼混沌了，事情也容易理出頭緒來。在此之前，她的心裡早已容不下任何新的想法和三思而後行的念頭，已經形成了一種憂慮的習性，這些讓她恐懼慌亂而情緒化。當湯姆再次造訪的時候，兩人又驚又喜的發現，那個放白色玻璃球的刻度瓶竟然溢出水來 —— 看來愛麗絲對克制自己的練習成效不小。慢慢的，愛麗絲已經學會把自己當成一個思考的旁觀者，以看清自己的意念。一旦有了不好的想法就會很快發現，想法失控的時候及時制止。這樣持續了一年，她逐漸

能夠信任自己並且靜觀其變。生活也步入了常軌，並重新得到了一個優秀男士的愛，美好在她的生活中漸漸展現。

看來，改掉壞脾氣，學會控制自己的情緒，對於每個人而言都是相當重要的，它是幸福生活的前提，更是身心健康的保證。一個能夠很好的控制自己情緒的人，總是安詳而快樂的。做自己情緒的主人，不僅讓你重新獲得主導權，而且會使你發現，掌控自己的情緒以後，所有的難題都能夠輕鬆駕馭了！

總之，學會管理和調控自己的情緒，是一個人走向成熟、邁向幸福人生的重要基礎。

相信自己，做最自信的人

有這樣一個動人的傳說。

古希臘的大哲學家蘇格拉底在臨終前有一個不小的遺憾——他多年的得力助手，居然在半年多的時間裡都沒能給他尋找到一個優秀的閉門弟子。

事情是這樣的：蘇格拉底在風燭殘年之際，知道自己的時日不多了，就想考驗和點化一下他的那位平時看來很不錯的助手。他把助手叫到床前說：「我的蠟燭所剩不多了，得找另一根蠟燭接著點下去，你明白我的意思嗎？」

「明白，」那位助手趕快說，「您的思想光輝得很好的傳承下去……」

「可是，我需要一位優秀的傳承者，他不但要有相當的智慧，還必須有充分的信心和非凡的勇氣……這樣的人選直到目前我還沒見到，你幫我尋找和發掘一位好嗎？」蘇格拉底慢悠悠的說。

「好的，好的。我一定竭盡全力的去尋找，不辜負您的栽培和信任。」助手很溫順很尊重的說。

蘇格拉底笑了笑，沒再說什麼。

那位忠誠而勤奮的助手，不辭辛勞的透過各種管道開始四處尋找了。但他領來一位又一位，總被蘇格拉底一一婉言謝絕了。有一次，當那位助手再次無功而返的回到蘇格拉底病床前時，病入膏肓的蘇格拉底硬撐著坐起來，撫著那位助手的肩膀說：「真是辛苦你了，不過，你找來的那些人，其實還不如你……」

蘇格拉底笑笑，不再說話。

半年之後，蘇格拉底眼看就要告別人世，最優秀的人選還是沒有眉目。助手非常慚愧，淚流滿面的坐在病床邊，語氣沉重的說：「我真對不起您，令您失望了！」

「失望的是我，對不起的卻是你自己。」蘇格拉底說到這裡，很失意的閉上眼睛，停頓了許久，才又不無哀怨的說，「本來，最優秀的人就是你，只是你不敢相信自己，才把自己給忽略了，不知道如何發掘和重用自己……」話沒說完，一代哲人永遠離開了他曾經深切關注著的這個世界。

那位助手非常後悔，甚至後悔、自責了後半生。

相信自己，是對自己的充分肯定，是對自己能力的贊同。一個連自己都不相信的人，又能相信誰呢？

有位哲人說：「自信是成功的基石，是每個人事業成功的支點。一個人若沒有自信心，就不可能大有作為，有了自信心，就能把阻力化為動力，戰勝各種困難，敢於奪取勝利。」在許多成功人士的身上，我們都可以看到超凡的自信心。正是在這種自信心的驅動下，他們敢於對自己提出更高的要求，並在失敗中看到成功的希望，鼓勵自己不斷努力，從而獲得最終的成功。

美國前總統羅斯福，當他還是參議員時，瀟灑英俊，才華橫溢，深受人們愛戴。有一天，羅斯福在加勒比海度假，游泳時突然感到腿部麻痺，動彈

不得，幸虧旁邊的人發現和急救及時才避免了一場悲劇的發生。經過醫生的診斷，羅斯福被證實患上了「脊髓灰質炎」。醫生對他說：「你可能會喪失行走的能力。」羅斯福並沒有被醫生的話嚇倒，反而笑呵呵的對醫生說：「我還要走路，而且我還要走進白宮。」

第一次競選總統時，羅斯福對助選員說：「你們布置一個大講臺，我要讓所有的選民看到我這個患小兒麻痺症的人，可以『走到前面』演講，不需要任何拐杖。」當天，他穿著筆挺的西裝，面容充滿自信，從後臺走上演講臺。他的每次邁步聲都讓每個美國人深深感受到他的意志和十足的信心。後來，羅斯福成為美國政治史上唯一一個連任四屆的偉大的總統。

沒有自信，便沒有成功。一個獲得了巨大成功的人，首先是因為他自信。自信是成功的法寶。無論什麼時候，我們都應該充滿自信。只要你自信，有毅力，才能嘗到成功的喜悅。

李四光是中國卓越越的科學家，地質力學的創立人。

在一九二〇年之前，國際地質和地理學界長期流行一種觀點，認為中國內的沒有第四紀冰川。李四光心想：外國地質學家並沒有做過認真調查，憑什麼說中國沒有第四紀冰川？他不相信，一九二一年，李四光親自到河北太行山東麓進行地質考察，一九三三到一九三四年又到長江中下游的廬山、九華山、天目山、黃山進行考察，然後寫出論文，論證華北和長江流域普遍存在第四紀冰川。一九三九年，他又在世界地質學會發表《中國震旦紀冰川》一文，用大量實證肯定中國冰川遺跡的存在，這對地質學、地理學和人類學都是一大貢獻。

二十世紀初，美國美孚石油公司，曾在中國西部打井找油，結果毫無所獲。於是以美國教授為首的一批西方學者，就斷言中國的下無油，中國是一個「貧油的國家」。

地質學家李四光偏偏又不相信這個說法：美孚的失敗不能斷定中國地下無油。他說：「我就不信，石油，難道只生在西方的地下？在這種強烈的自信心的支配下，他開始了三十年的找油生涯。他運用地質沉降理論，相繼發現了大慶油田，大港油田，勝利油田，華北油田，江漢油田。他當時還預見西北也有石油。今天正在開發的新疆大油田，也完全證實了他的預言。

自信是一種自我激勵和鞭策，它會使自己的理想和希望變成奮進的動力和激情，這種精神支柱價值和動力平衡效應是難以言喻的。自己相信自己，就會具有驅動力、富有創造性，當你認識自己、相信自己、遵循自己內心的夢想努力實踐時，你自身就會充滿生命的能量，充滿生命的激情，把精力專注於所從事的事業上。這樣一來，在人生旅途中，不論是荊棘還是坦途，不論是讚揚還是責難，你都會義無反顧的堅持這個方向。正如英國政治家迪斯雷利所說：「當一個人全心全意追求一個目標，甚至願意以生命為賭注時，他是所向無敵的。」

小澤征爾是世界著名的交響樂指揮家。在一次世界優秀指揮家大賽的決賽中，他按照評委會給的樂譜指揮演奏時，敏銳的發現了不和諧的聲音。起初，他以為是樂隊演奏出了錯誤，就停下來重新演奏，但這次還是不對。他覺得是樂譜有問題。這時，在場的作曲家和評委會的權威人士堅持說樂譜絕對沒有問題，是他錯了。面對一大批音樂大師和權威人士，他思考再三，最後斬釘截鐵的大聲說：「不！一定是樂譜錯了！」話音剛落，評委席上的評委們立即站起來，報以熱烈的掌聲，祝賀他大賽奪魁。

原來，這是評委們精心設計的「圈套」，以此來檢驗指揮家在發現樂譜錯誤並遭到權威人士「否定」的情況下，能否堅持自己的正確主張。前兩位參加決賽的指揮家雖然也發現了錯誤，但終因隨聲附和權威們的意見而被淘汰。小澤征爾卻因充滿自信而摘取了世界指揮家大賽的桂冠。

　　自信是發自內心的自我肯定與相信，是相信自己所追求的目標是正確的，也相信自己有力量與能力去實現所追求的那個正確目標。

　　美國著名的教育家拿破崙‧希爾曾說：「信心是生命和力量，信心是奇蹟，信心是創業之本。」所以，有了自信，你就會奮發圖強；有了自信，你就會有百折不撓的努力；有了自信，你就會有戰勝疾病的勇氣；有了自信，你就會有成功的希望。

與其改變環境，不如主動適應環境

　　有一則小故事：

　　有一個人總是落魄不得志，於是向智者請教。

　　智者沉思良久，默然舀起一瓢水，問：「這水是什麼形狀？」這人搖頭：「水哪有什麼形狀？」智者不答，只是把水倒入杯子，這人恍然：「我知道了，水的形狀像杯子。」智者搖頭，輕輕端起杯子，把水倒入一個盛滿沙土的盆。清清的水便一下融入沙土，不見了。

　　這個人陷入了沉默與思索。過了很久，他說：「我知道了，社會處處像一個規則的容器，人應該像水一樣，盛進什麼容器就是什麼形狀。」

　　智者點了點頭。

　　達爾文曾經說過：「不要期待環境為你而改變，而是要爭取盡快的改變自己來適應環境。」只要我們還活著，必然面對生存；只要我們想更好的生存，必須成為適者。外部的生存環境是殘酷的，我們只有認清環境，改變自己，才能獲得更好的發展。

　　有一次，孔子到呂梁山遊覽，那裡瀑布幾十丈高，流水水花遠濺出數里，魚類都不能遊動，卻看見一個男人在那裡游泳。孔子認為他是有痛苦想

投水自殺，便讓學生沿著水流去救他。而那男子卻在游了幾百步之後上岸了，披散著頭髮，唱著歌，在河堤上漫步。

孔子趕上去問他：「剛才我看到你在那裡游泳，以為你是有痛苦要去尋死，便讓我的學生沿著水流來救你。你卻游出水面，我還以為你是鬼怪呢，請問你到那種深水裡去有什麼特別的方法嗎？」

他說：「沒有，我沒有方法。我起步於原來的本質，成長於習性，成功於命運。水迴旋，我就跟著迴旋進入水中；水湧出，我跟著湧出於水面。順從水的活動，不自作主張。這就是我能在裡面游泳的緣故。」

孔子說：「什麼叫做起步於原來的本質，成長於習性，成功於命運？」

他回答說：「我出生於陸地，安於陸地，這便是原來本質；從小到大都與水為伴，便安於水，這就是習性；不知道為什麼卻自然能夠這樣，這是命運。」

上文中的那位男子讓自己適應水流，而不是讓水流適應他，所以他是一位善泳者。正所謂「適者生存」，這就是人類一切問題的答案。

任何人都不可能離開環境而生存，在無法改變環境時，只有改變自己，努力去適應環境。在任何年代，適者都是一個在生存選擇、計劃、行動時，不因循守舊，而善於隨機應變的英雄。

哈佛大學裡有一位著名的經濟學教授，凡是他教過的學生，很少有順利拿到學分畢業的。原因出在，這位教授平時不苟言笑，教學古板，分派作業既多且難，學生們不是選擇翹課，就是混水摸魚，寧可拿不到學分，也不願多聽教授講一句。但這位教授可是美國首屈一指的經濟學專家，國內幾位有名的財經人才，都是他的得意門生。誰若是想在經濟學這個領域內闖出一點兒名堂，首先得過了他這一關才行！

一天，教授身邊緊跟著一名學生，二人有說有笑，驚呆了旁人。後來，

就有人問那名學生說：「為什麼天天圍著那古板的老教授轉？」那名學生回答：「你們聽過穆罕默德喚山的故事嗎？穆罕默德向群眾宣稱，他可以叫山移至他的面前來，等呼喚了三次之後，山仍然屹立不動，絲毫沒有向他靠近半寸；然後，穆罕默德又說，山既然不過來，那我自己走過去好了！教授就好比是那座山，而我就好比是穆罕默德，既然教授不能順從我想要的學習方式，只好我去適應教授的授課理念。反正，我的目的是學好經濟學，是要入寶山取寶，寶山不過來，我當然是自己過去嘍！」

後來，這名學生果然出類拔萃，畢業後沒幾年，就成為金融界了不起的人物，而他的同學，都還停留在原地「喚山」呢！

人不可能一直生活在順從自己意願的環境中，當生存的環境變得越來越艱難時，我們要懂得改變自己去適應它。如果環境不利於我們，我們還要強行讓外界適應我們的話，就可能會花費巨大的代價，而且還不一定能取得成功。所以說，與其試圖讓改變環境適應自己，不如讓自己去適應環境。

科學技術的飛速發展，讓現代社會的競爭變得日益激烈，如果我們想在競爭中生存下來，就要學會適應周圍的環境，養成良好的適應性，找到適合自己的生存法門。只有這樣，才能更好的在這個社會生存。

貞子是日本人，她們家世代採珠，她有一顆珍珠是她母親在她離開日本赴美求學時給她的。

在她離家前，她母親鄭重的把她叫到一旁，給她這顆珍珠，告訴她說：「當女工把沙子放進蚌的殼內時，蚌覺得非常的不舒服，但是又無力把沙子吐出去，所以蚌面臨兩個選擇，一是抱怨，讓自己的日子很不好過，另一個是想辦法把這粒沙子同化，使它跟自己和平共處。於是蚌開始把牠的精力營養分一部分去把沙子包起來。當沙子裹上蚌的外衣時，蚌就覺得牠是自己的一部分，不再是異物了。沙子裹上的蚌的成分越多，蚌就越把牠當作自己的一

部分，就越能心平氣和的和沙子相處。」

母親繼續啟發她道：蚌並沒有大腦，牠是無脊椎動物，在演化的層次上很低，但是連一個沒有大腦的低等動物都知道要想辦法去適應一個自己無法改變的環境，把一個令自己不愉快的異己，轉變為可以忍受的自己的一部分，人的智慧怎麼會連蚌都不如呢？

一個人若想營造成功幸福的人生，就一定要有適應環境變化以及新環境的能力。生活中，我們每個人都會遭遇惡劣的環境，既然我們沒有辦法改變，何不試著去適應呢？這是一個適者生存的時代，只有學會適應社會環境，個人才能生存和發展。要知道，一個人不可能總是生活在同一個環境中，即使是生活在同一個環境中，環境也會時常發生變化，如果不會適應環境的變化或者適應不了新環境，則只能被淘汰或歸於失敗。

總之，適應環境既是一種時代的需求，也是一種藝術。我們只有與現實環境保持良好的接觸，以客觀的態度面對現實，隨時調整自己，保持良好的適應狀態，才會求得最大的快樂和幸福。

經營自己的長處，給你的人生增值

成功的訣竅之一就是經營自己的長處。在人生的座標裡，一個人如果站錯了位置 —— 用他的短處而不是長處來謀生，那是非常可怕的，他可能會在永久的卑微和失意中沉淪。相反的，發展並經營自己的長處，你才能更準確的發現自己的最佳才能，找到到達成功目的最迅捷的途徑。

馬克・吐溫作為職業作家和演說家，可謂是名揚四海，取得了極大的成功。但你也許不知道，馬克・吐溫在試圖成為一名商人時卻栽了跟頭，吃盡苦頭。

　　馬克・吐溫投資開發打字機，最後賠掉了五萬美元，一無所獲；馬克・吐溫看見出版商因為發行他的作品賺了大錢，心裡很不服氣，也想發這筆財，於是他開辦了一家出版公司。然而，經商與寫作畢竟風馬牛不相及，馬克・吐溫很快陷入了困境，這次短暫的商業經歷以出版公司破產倒閉而告終，作家本人也陷入了債務危機。

　　經過兩次打擊，馬克・吐溫終於認識到自己毫無商業才能，於是斷了經商的念頭，開始在全國巡迴演說。這回，風趣幽默、才思敏捷的馬克・吐溫完全沒有了商場中的狼狽，重新找回了感覺。最終，馬克・吐溫靠工作與演講還清了所有債務。

　　可見，人生成功的訣竅在於經營自己的長處，找到發揮自己優勢的最佳位置。現實生活中，每個人對自己的人生道路，對自己的優勢都應該進行一番設計，保持理性的頭腦，真正認清了方向，加以精心培養，就可以少走彎路，事半功倍，早日成功。在人生的路上，只要善於發掘和利用自己的優點，就會成為一個成功人士。

　　一位窮困潦倒的年輕人流浪到繁華的巴黎去找父親的一位摯友，期望父親的朋友能幫助自己找一份聊以糊口的工作。

　　「你精通數學嗎？」那人問。

　　年輕人面露羞澀的搖搖頭。

　　「歷史地理怎麼樣？」

　　年輕人面露尷尬之色，機械的搖搖頭。

　　「那法律呢？」

　　父親的朋友連連發問，年輕人都很木訥的搖搖頭，面露絕望之色。

　　「那你先把自己的住址寫下來吧，我總得幫你找份工作呀！」

　　年輕人很慚愧的寫下了自己的住址，急忙轉身要走時卻被父親的朋友拉

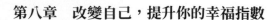

住：「年輕人，你的名字寫得蠻漂亮的嘛，這就是你的優點啊！」

「把名字寫好也是一個優點？」年輕人在對方眼中看到了肯定的答案。

「能把名字寫好，就能把字寫得叫人稱讚，就能把文章寫好！」

受到鼓勵的年輕人，因為父親朋友的一句話，興奮的腳步都變得輕快起來，在這之後，他一點點的放大自己的優點，數年後寫出了享譽世界文壇的經典作品，這就是家喻戶曉的十九世紀法國浪漫主義文學代表大師大仲馬，大仲馬一生創作小說多達百餘部，大都以真實的歷史作背景，以主人公的奇遇為內容，情節曲折生動，結構清晰明朗，語言生動有力堪稱歷史驚險小說，最著名的當屬《三個火槍手》、《基督山伯爵》。尤其是《基督山伯爵》尤為世人所喜愛，這本歷史傳奇的通俗小說給大仲馬帶來了巨額稿費。大仲馬僅從能把字寫好寫漂亮出發，一點點放大自己的優點，最終成為譽滿全球的大作家。

人的一生，應該是經營自己長處、發揮自身優勢的一生。只有客觀、清晰的瞭解自己的特徵、特點、特長，使其日臻嫻熟完善，才能描繪一幅充滿生機、斬獲成功的人生畫卷。

嘉芙蓮女士原是美國俄亥俄州的一名電話接線生，天賦加上長期的職業訓練，她的口齒伶俐、聲音柔和動聽以及態度熱誠在當地很有「口碑」，受到用戶的普遍讚賞。嘉芙蓮是個胸懷創業大志的人，她不想一輩子就當一個普普通通的電話接線員，她想要當老闆，要開創自己的事業。她知道商場如戰場，任何不著邊際的空想都只能是畫餅充飢，一定要從自己的實際情況出發，尋找自己所長與社會所需的結合點，從這裡起步做出自己的一番事業。從這種觀念出發，她回頭審視自己的生活，點子就來了：利用自己的天賦條件成立一家電話道歉公司，專門代人道歉。後來的事情可想而知，嘉芙蓮女士不但擁有了自己的公司，而且還成為了商業界的一位成功人士。

　　從嘉芙蓮女士的成功中，我們不難發現，善用自己的長處是多麼明智的選擇。美國詩人洛威爾曾說過：「做我們的天賦所不擅長的事情往往是徒勞無益的，在人類歷史上因為做自己所不擅長的事情而導致理想破滅、一事無成的例子舉不勝舉。」大凡成功者，他們成功的關鍵都是掌握了自身的優勢，並加倍強化這種優勢，完全投入到自己所喜歡的領域之中，將這種富有特長的興趣愛好發揮到極致。

　　愛默生曾說過：「什麼是野草？就是一種還沒有發現其價值的植物。」所以，世界上根本不存在垃圾，所謂垃圾，就是放錯了地方的寶貝。我們每個人都有自己天生的優勢，也有自己天生的劣勢。關鍵是看我們是否能夠保持理性，善於發現自己的優勢並有效的經營自己的優勢。

　　多年以前，一個年輕的退伍軍人來找戴爾·卡內基，他想要找一份工作，但是他覺得很茫然也很沮喪：只希望能養活自己，並且找到一個棲身之處就夠了。

　　他黯然的眼神告訴卡內基，哀莫大於心死。這一個年輕人前途大有可為，卻胸無大志。而卡內基非常清楚，是否能夠賺取財富，都在他的一念之間。

　　於是卡內基問他：「你想不想成為千萬富翁？賺大錢輕而易舉，你為什麼只求卑微的過日子？」

　　「不要開玩笑了，」他回答，「我肚子餓，需要一份工作。」

　　「我不是在開玩笑，」卡內基說，「我非常認真。你只要運用現有的資產，就能夠賺到幾百萬元。」

　　「資產？什麼意思？」他問，「我除了穿在身上的衣服之外，什麼都沒有。」

　　從談話之中，卡內基逐漸瞭解到，這個年輕人在從軍之前，曾經是一家

公司的業務員，在軍中他也學得一手好廚藝。換句話說，除了健康的身體、積極的進取心，他所擁有的資產，還包括烹調的手藝及銷售的技能。

　　當然，推銷或烹飪並無法使一個人晉身百萬富翁，但是若是這個退役軍人找到自己的方向，許多機會就呈現在眼前。

　　卡內基和他談了兩個小時，看到他從深陷絕望的深淵中，變成積極的思考者。一個靈感鼓舞了他：「你為什麼不運用銷售的技巧，說服家庭主婦，邀請鄰居來家裡吃飯，然後把烹調的器具賣給他們？」

　　卡內基借給他足夠的錢，買一些像樣的衣服及第一套烹調器具，然後放手讓他去做。第一個星期，他賣出鋁製的烹調器具，賺了一百美金。第二個星期他的收入加倍。然後他開始訓練業務員，幫他銷售同樣式的成套烹調器具。四年之後，他每年的收入超過一百萬元，並且自行設廠生產。

　　年輕的退伍軍人之所以取得了成功，關鍵在於他對自己有一個清楚的認識，找到了自己的優勢，並將其恰如其分的運用到工作之中。如果我們也能準確的發現並發揮自身的優勢，經營自己的長處，用積極向上的心態對待人生規劃，那我們也一定會把理想的風帆揚向成功的彼岸，我們的人生規劃也一定會是一部燦爛的畫卷。

風雨過後見彩虹，
苦難之後見幸福

苦難為幸福之本，未經歷任何苦難的幸福如幻夢泡影，不可靠也不可愛。苦難並不可怕，在苦難中我們學會了堅強，苦難是我們人生的財富。只有把苦難當做財富而感恩，我們才能品得苦難的美酒，醉倒在幸福的花香中。只要你換個角度看人生，原來，苦難是化了妝的幸福。

在逆境中追尋幸福的人生

　　人生不如意是常事。儘管每個人都渴望幸福的生活，沒有荊棘，但是，曲折、磨難、逆境總會不請自到。關鍵是我們自己要調整好心態並努力進取。越是身處逆境，越不能向命運低頭；越是遭到挫折，越要懂得發奮；越是遭遇厄運，越要活出精神！

　　一個女兒常常對父親抱怨她的生活，抱怨命運的不公平，抱怨生活的不如意。她不知該如何應付目前的一切狀況，想要自暴自棄了。她已厭倦了對命運的抗爭和奮鬥，在她的生活裡，好像一個問題剛解決，新的問題就又出現了。

　　看著自暴自棄的女兒，父親非常擔心。有一天，父親把女兒帶進了廚房。他先往三個鍋裡倒入一些水，然後把它們放在旺火上燒。不久鍋裡的水燒開了。他往一個鍋裡放些胡蘿蔔，第二個鍋裡放顆雞蛋，最後一個鍋裡放入碾成粉末狀的咖啡豆。他將它們浸入開水中煮，一句話也沒有說。

　　女兒不耐煩的看著父親的這一系列舉動，不知道父親在做什麼。大約二十分鐘後，父親把火關了，把胡蘿蔔撈出來放入一個碗內，把雞蛋撈出來放入另一個碗內，然後又把咖啡舀到一個杯子裡。做完這些後，父親這才轉過身問女兒：「親愛的，妳看見什麼了？」她回答：「胡蘿蔔、雞蛋、咖啡。」

　　父親讓女兒伸出手摸摸胡蘿蔔。她摸了摸，注意到它們變軟了。父親又讓女兒拿一顆雞蛋並打破它。將殼剝掉後，她看到了是顆煮熟的雞蛋。最後，父親又讓她喝了咖啡。品嚐到香濃的咖啡，女兒笑了。她怯生問到：「爸爸，這意味著什麼？」

　　父親解釋說，這三樣東西面臨同樣的逆境 —— 煮沸的開水，但其反應各不相同。胡蘿蔔入鍋之前是強壯的，結實的，毫不示弱；但進入開水之後，

它變軟了，變弱了。雞蛋原來是易碎的，它薄薄的外殼保護著它呈液體的內臟。但是經開水一煮，它的內臟變硬了。而粉狀咖啡豆則很獨特，進入沸水之後，它們反而改變了水。「哪個是妳呢？」他問女兒。「當逆境找上門來時，妳該如何反應？妳是胡蘿蔔，是雞蛋，還是咖啡豆？」聽了父親的話，女兒若有所思。

在廚房裡用開水煮食物是如此，人生的境界也是如此。同樣面臨逆境，有的人跨了過去，功成名就；有的人乃至有些高智商人才，卻陷了進去，被淘汰出局。究其原因，就在於他們是否擁有應對逆境、解決現實難題的能力。人生不會一帆風順，但逆境不會長久，強者必然勝利。只有經歷歷練和磨難，百折不撓，才能激發驚人的潛力，鑄就非凡的輝煌。

日本獨立公司是專為傷殘人設計和生產服裝而設立的，多年來贏得消費者的好評。

這家公司的老闆是一位叫木下紀子的婦女，過去她曾管理過兩個室內裝修公司，並且小有名氣。可是，正當她在選定的道路上迅速發展的時候，不幸降臨到她的頭上，她突然中風，半身癱瘓了，連吃飯穿衣都難以自理。當她從極度的痛苦中擺脫出來，清醒思考的時候，她問自己：這輩子難道就這樣了結了嗎？不！必須振作起來。穿衣服這件事雖然是個小事，但又是每天都必須遇到的事情，對一個殘疾之人來說多麼重要啊！難道就不能設計出一種供傷殘人容易穿脫的衣服嗎？

一個新的念頭突然而至，使她頓時興奮起來。她忘記了自己的痛苦，甚至忘記了自己是一個左半身癱瘓的人。

木下紀子根據自己的想法加上以往管理的經驗，辦起了世界第一家專門為傷殘人設計和生產服裝的服裝公司——「獨立」公司。「獨立」這個字眼不僅向人們宣告傷殘人士的志願和理想，同時也說出了木下紀子自己的心聲：

她要走一條獨立自主的生活道路。

木下紀子按殘疾人士的特點及心理，設計出適合傷殘人穿的服裝。獨立公司開張後生意日益興隆，有時一個季度就可銷售出五萬多美元的服裝。由於她事業上的成功，在日本這個以競爭著稱的國家，竟得到了十家不同行業的支援，木下紀子還準備把她地產品打入國際市場。她的這一計劃不僅得到日本政府的支持，同時也得到了外國友人的幫助，她和一家美國同行組成了一個合資公司。

木下紀子為了公司的發展嘔心瀝血，走過了漫長的路。她向一位來訪者宣稱：「為傷殘人士生產產品固然重要，改變傷殘人士的形象更重要。儘管我們的身體殘廢了，但我們的精神並沒有殘廢。我所做的就是想讓人們看到我們傷殘人士不但生活得非常有朝氣，而且也同樣是生活中的強者。」

面對逆境，沮喪、灰心、絕望的悲嘆命運不公都無濟於事。在逆境中，我們要保持一顆樂觀向上的心，坦然面對失敗，從現在開始，憑藉自身有的力量，挑戰生活，挑戰逆境，我們相信，任何困難和艱險都不會阻止我們邁向成功的腳步。只有歷經磨難，才能到達巔峰，才能看到最美的風景，逆境不可怕，可怕的是沒有挑戰逆境的勇氣。只有認真、努力的對待逆境，它才會變成一條蜿蜒的小路將我們導引向成功的殿堂。

逆境是磨刀石，逆境是試金石，逆境是助推器，逆境使人成熟，經歷了種種苦難，人才能更完善，能真正品嚐到幸福。只要我們在逆境面前迎難而上，直面挫折，一定能成就幸福完美的人生！

強者越挫越勇，而弱者頹然不前

人生在世，誰都會遇到挫折和失敗，它能夠磨練一個人的意志，給人以

豐富的經驗，增強性格的堅韌性和提高其解決問題的能力，引導一個人產生創造性變化，尋找到更好的人生道路。

法國大作家巴爾扎克說：「挫折是能人的無價之寶，弱者的無底之淵。」強者在挫折面前會越挫越勇，而弱者面對挫折會頹然不前。

雷·克洛克似乎是一個生不逢時的美國人，他從出生到工作總是遭受到上天的作弄。雷·克洛克出生的那年，恰逢西部淘金熱結束，一個本來可以發大財的時代與他擦肩而過。按理說，他讀完中學就該上大學，可是一九三一年的美國經濟大蕭條使其囊中羞澀而和大學無緣。後來，他想在房地產上有所作為，好不容易才打開局面，不料第二次世界大戰烽煙四起，房價急轉直下，結果「竹籃子打水一場空」。為了謀生，他到處求職，曾做過救護車司機、鋼琴演奏員和攪拌器推銷員。就這樣，幾十年來低谷、逆境和不幸伴隨著雷·克洛克，命運一直在捉弄他。

這一系列的挫折和失敗並沒有將雷·克洛克擊倒，相反的，他越挫越勇，熱情不減，執著追求。一九五五年，在外面闖蕩了半輩子的他回到老家，賣掉家裡少得可憐的一份產業做生意。這時，雷·克洛克發現麥當勞兄弟開辦的駕車外出時可以在路邊買方便食的品餐廳生意十分的好。經過一段時間的觀察，他確認這種行業很有發展前途。當時雷·克洛克已經五十二歲了，對於多數人來說這正是準備退休的年齡，可這位門外漢卻決心從頭做起，到這家餐廳打工，學做漢堡。麥氏兄弟的餐廳轉讓時他毫不猶豫的借債兩百七十萬美元將其買下。經過幾十年的苦心經營，麥當勞現在已經成為全球最大的以漢堡為主食的速食公司，在海內外擁有三萬多家連鎖分店。據統計，全世界每天光顧麥當勞的人至少有四千五百萬，年收入高達兩百一十·八億美元。雷·克洛克被譽為「漢堡之王」。

人生在世，誰都會遇到挫折。挫折是人生的催化劑，經歷挫折、忍受挫

折是人生修養的一門必修課程。一個人經歷了挫折，方能鍛鍊出堅強的意志，培養在逆境中經受挫折失敗後再接再厲的精神。

　　李‧艾科卡是一個傳奇性人物，在美國，他的名字家喻戶曉。他曾是美國福特汽車公司的總經理，也是克萊斯勒汽車公司的總經理。作為一個強者，他的座右銘是：「奮力向前。即使時運不濟，也永不絕望，哪怕天崩地裂。」他一九八五年發表的自傳，成為非小說類書籍中有史以來最暢銷的書，印刷數量高達一百五十萬冊。

　　李‧艾科卡的一生苦樂參半，他不光有成功的歡樂，也有挫折的沮喪。一九四六年，二十一歲的艾科卡到福特汽車公司當了一名實習工程師。但他對和機器做伴、做技術工作不感興趣。他喜歡和人打交道，想做經銷。於是，艾科卡靠自己的奮鬥，由一名普通的推銷員開始做起，終於一步一步的當上了福特公司的總經理。

　　沒有天天都是順風順水的好日子，生活中總會有些磨難。一九七八年七月十三日，對李‧艾科卡來說是不幸的一天。就在這天，他被妒火中燒的大老闆亨利‧福特開除了。當了八年的總經理、在福特工作已經三十二年、一帆風順、從來沒有在別的地方工作過的李‧艾科卡，突然間失業了。昨天他還是英雄，今天卻好像成了痲瘋病患者，人人都遠遠避開他，過去公司裡的所有朋友都拋棄了他，這是他生命中最大的打擊。「艱苦的日子一旦來臨，除了做個深呼吸，咬緊牙關盡其所能之外，實在也別無選擇。」艾科卡是這麼激勵自己的，最後也是這麼做的。他沒有倒下去。他接受了一個新的挑戰：應聘到瀕臨破產的克萊斯勒汽車公司出任總經理。

　　在之後的五年裡，面對著克萊斯勒這艘有待搶救的沉船，艾科卡憑藉著他的智慧、膽識和魄力，大刀闊斧的對企業進行了整頓、改革，並向政府求援，舌戰國會議員，取得了巨額貸款，重振企業雄風。一九八三年八月十五

日，艾科卡把面額高達八億多美元的支票，交給銀行代表手裡。至此，克萊斯勒還清了所有債務。而恰恰是五年前的這一天，亨利‧福特開除了他。

如果艾科卡不是一個堅忍的人，不敢勇於接受新的挑戰，在巨大的打擊面前一蹶不振、偃旗息鼓，那麼他永遠只是一個微不足道的小人物。然而，正是因為他擁有不屈服於挫折和敢於面對困難的精神，才成就了事業上的輝煌，在挫折中蛻變出美麗的光彩。

挫折在人的一生中是不可避免的，不要哀嘆為什麼那麼倒楣，總會遇到不如意或是失敗，其實每個人都會遇到挫折，只是有大有小而已。孟子說「天將降大任於斯人也，必先苦其心智，勞其筋骨，餓其體膚，空乏其身」。這就是告訴我們，做任何事情若想獲得成功，必須得付出代價，而遇到挫折和失敗是所付出的代價的一部分。遇到失敗或是挫折並不可怕，關鍵的是你如何對待挫折，不能一遇到挫折就心灰意冷、一蹶不振。

泥濘的路上，才能留下腳印

有這樣一個故事：

法治大師剛剛遁入空門時，曾是一名行腳僧。

有一天，已經快到中午了，法治依舊大睡不起。寺廟中的住持方丈很奇怪，推開法治的房門，見床邊堆了一大堆破破爛爛的瓦鞋。主持方丈叫醒法治問：「日上三竿，為什麼還不起床？你不外出化緣，堆這麼一堆破瓦鞋做什麼？」法治睜開朦朧的睡眼，打了個哈欠說：「別人一年一雙瓦鞋都穿不破，我剛剃度一年多，就穿爛了這麼多的鞋子。」

方丈一聽就明白了，微微一笑說：「昨天晚上下了一場大雨，你隨我到寺前的路上走走看看吧。」

寺前是一段黃土坡，由於剛下過雨，路面泥濘不堪。

方丈拍著法治的肩膀說：「你是想得過且過，做一天和尚撞一天鐘；還是想揚名立萬，做一個能光大佛法的名僧？」法治答：「我當然想做一個名僧。」

方丈笑道：「你昨天是否在這條路上走過？」法治說：「當然。」

方丈問：「那麼，你能在這條路上找到自己留下的腳印嗎？」

法治十分不解的說：「昨天這路又乾又硬，哪能找到自己的腳印？」

方丈又笑笑的說：「如果今天我們在這條路上走一趟，你能找到你的腳印嗎？」法治說：「當然能了。」

方丈聽了，微笑著拍拍法治的肩說：「泥濘的路才能留下腳印，世上芸芸眾生莫不如此啊！那些一生碌碌無為的人，不經歷風雨，就像一雙腳踩在又平又硬的大路上，什麼也沒有留下。」

法治恍然大悟。從此以後，他苦心修煉。

的確，只有那些在風雨中走過的人們，才知道痛苦和快樂究竟意味著什麼。那泥濘中留下的兩行印跡，證明了他們的價值。

「不經歷風雨，怎能見彩虹。」任何一種本領的獲得都要經由艱苦的磨練，任何香甜的果實，都是勇士戰勝艱難險阻，用自己的血汗澆灌的。

成功是令人神往的，但通往成功的道路是坎坷的、曲折的、艱難的。縱觀古今中外的成功者，哪一個不是歷盡磨難？如果成功的路上都是一帆風順，都能一蹴而就，那世界上就不會有人成功，有人失意了。只有具備有面對困難百折不撓、遇到挫折堅持不懈精神的人，才有可能登上成功的巔峰。因為遇到一點困難就灰心喪氣，受到一點挫折就悲觀失望，並因此而打退堂鼓，這樣的人是永遠都不可能達到成功目標的。

德國大作曲家貝多芬由於貧困沒能上大學，十七歲時得了傷寒和天花；在這之後，肺病、關節炎、黃熱病、結膜炎又接踵而至；二十六歲時不幸失

去了聽覺，在愛情上他也屢屢不順。在這種境遇下，貝多芬發誓「要扼住命運的咽喉」。在與命運的頑強搏鬥中，他的意志占了優勢，在樂曲創作事業中，他的生命重新沸騰了。英國詩人白朗寧夫人十五歲就癱瘓在病床，後來靠著精神的力量與病魔頑強搏鬥，三十九歲時終於從病床上站了起來。她寫的《白朗寧夫人十四行詩》一書馳名於世界各國。

挫折對於生活的強者來說，猶如通向成功之路的層層階梯；而對生活的弱者來說卻是萬丈深淵。生活告訴我們這樣的哲理：在人類的歷史上成就偉大事業的往往不是那些幸福之神的寵兒，卻反而是那些遭遇諸多不幸卻能奮發圖強的苦孩子。

居禮夫人出生在波蘭一個貧困家庭，她從小就具有一種面對困難不退縮，堅持到底不動搖的堅強意志。在巴黎求學時，居禮夫人租了一間小小的閣樓，那裡沒有電燈，沒有水，沒有生火的煤。每天夜裡，她只能到圖書館去看書。冬天的晚上，她把所有的衣服都穿上睡覺還凍得瑟瑟發抖，她經常一連幾個星期只吃麵包和水。在這樣的環境裡，居禮夫人堅持學習了四年，終於獲得了物理學和數學碩士學位。

一八九五年，居禮夫人與法國物理學家皮耶·居禮結婚。從此，兩人走上了同甘共苦，攀登科學高峰的道路。當時，他們的生活仍然十分貧困，為了尋找一種能穿透不透明物體的射線，只得借了一個舊木棚充當實驗室。實驗室裡既潮濕又黑暗，下雨天還會漏雨。為了節省開支，他們從很遠的地方買來價格便宜的瀝青礦渣作原料，靠著幾件簡陋的設備，開始了繁重的提煉工作。居禮夫人每天穿著布滿灰塵和油漬的工作服，把礦渣倒進大鍋裡燒，用一根一人高的木棍不停的攪拌，還要經常將二十多公斤重的容器搬來搬去……提煉工作經歷了無數次的失敗，但她沒有被困難所嚇倒。整整堅持了四年，終於從好幾噸的礦渣裡提煉出〇·一克鐳的化合物—氯化鐳，它具有

極大的放射性。這一發現轟動了全世界。一九○三年，居禮夫人和她的丈夫雙雙獲得了諾貝爾獎。

正當居禮夫人一家的工作、生活條件有所改善時，不幸的事發生了，一九○六年四月十九日，皮耶‧居禮死於一場車禍。居禮夫人失去了親愛的丈夫和最好的導師，她悲痛極了。但她沒有消沉下去，而是挺起胸膛，繼續進行科學研究。一九一○年，居禮夫人提煉出一克純鐳。她將這一克鐳捐獻給法國鐳學研究院，用於治療癌症病人。一九一一年，居禮夫人再次獲得諾貝爾獎。

居禮夫人就是這樣以頑強的毅力，克服了重重困難，堅持科學研究幾十年，終於發現了放射性元素鐳和釙，成為世界著名的科學家。

人生就像大海裡航行的船舶，不可能總是風平浪靜，一帆風順，要遭遇無數次的險惡風浪。所以，在你的人生旅程中，遇到困難、挫折和失敗，實在是在所難免的，它們是人生的一筆財富，是促使你成功的一劑良藥，不經歷風雨的花兒，怎麼會絢爛？不經歷磨難的人生，怎麼會發出炫目的光彩？只有經歷風雨，才能見世面。只要我們不畏艱險，勇往直前，就一定會到達成功的彼岸。

苦難過後，下一站就是幸福

苦難是一種財富，是對人生的一種考驗。法國作家巴爾扎克說過：「苦難對於天才是一塊墊腳石，對能幹的人是一筆財富，對弱者是一個萬丈深淵。」的確，苦難的遭遇能磨礪出堅強的意志，所以我們應該心存感激，接受它，超越它！人只有經過苦難的煉獄，方能讀懂人生，走向成熟，人生的價值在於對自身苦難的嚴峻正視、深刻思考、透徹理解、不懈抗爭。

有一次在聚會上，一些堪稱成功的實業家、明星等人談笑風生，其中就有著名的汽車商約翰·艾頓。

艾頓向他的朋友、後來成為英國首相的邱吉爾回憶起他的過去—— 他出生在一個偏遠小鎮，父母早逝，是姐姐幫人洗衣服、做家務，辛苦賺錢將他撫育成人。但姐姐出嫁後，姐夫將他攆到舅舅家，舅媽很刻薄，在他讀書時，規定每天只能吃一頓飯，還得收拾馬廄和剪草坪。剛工作當學徒時，他根本租不起房子，有將近一年多時間是躲在郊外一處廢舊的倉庫裡睡覺……

邱吉爾驚訝的問：「以前怎麼沒聽你說過這些呢？」艾頓笑道：「有什麼好說的，正在受苦或正在擺脫受苦的人是沒有權利訴苦的。」這位在生活中失意、痛苦了很久的汽車商又說：「苦難變成財富是有條件的，這個條件就是，你戰勝了苦難並遠離苦難不再受苦。只有在這時，苦難才是你值得驕傲的一筆人生財富。別人聽著你的苦難時，也不覺得你是在訴苦抱怨，只會覺得你意志堅強，值得敬重。但如果你還在苦難之中或沒有擺脫苦難的糾纏，你說什麼，在別人聽來，無異於就是請求廉價的憐憫甚至乞討……這個時候你還能說你正在享受苦難，在苦難中鍛鍊了品格、學會了堅韌嗎？別人只會覺得你是在玩精神勝利、自我麻醉。」

艾頓的一席話，使邱吉爾重新修訂了他「熱愛苦難」的信條。他在自傳中這樣寫道：「苦難是財富，還是屈辱？當你戰勝了苦難時，它就是你的財富；可當苦難戰勝了你時，它就是你的屈辱。」

誠然，每個人的人生中都充滿苦難，人是從苦難中成長起來的。有人能善待苦難，於是能夠忍受苦難，超越苦難，最終成為人們羨慕的成功者。由此可見，真正能激起振奮的只有苦難。

一天，羅伯特·斯契勒來到芝加哥，他要向一群中西部農民發表演說。雖然他滿腔熱誠，但很快便被農民們凝重的臉色潑了一盆冷水。他們強作熱

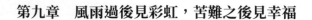

情的接待羅伯特，其中有位農民告訴他說：「我們正過著艱苦的日子。我們需要幫助。我們最需要的是希望。給我們希望吧。」

在羅伯特開始演講前，主持人向這些聽眾作介紹，他把羅伯特形容為一個成功的人，但是聽眾不知道，羅伯特也曾走過他們現在所走的路。

羅伯特的童年是在中西部的一個小農場裡度過的。他的父親本來是一個佃農，後來存夠了錢才買了一個六十五公頃的農場。經濟大蕭條時，羅伯特還只有三歲。那年冬天，他們有時候連買煤也沒錢。那時候連羅伯特也要工作，他要爬進豬欄，撿拾豬吃剩後的玉米芯，用來做燃料。那些日子真苦啊！

第二年春天，又遇到嚴重春旱。羅伯特的父親準備把辛辛苦苦留起來的幾斗寶貴玉米用作種子。

「種了可能枯死，何必還要冒險去種呢？」羅伯特問。

他父親卻說：「不冒險的人永無前途。」

於是，他父親把儲存起來的最後一些玉米粒和燕麥，全都拿出來種了。可是，第四個星期過去了，還不見有雨來臨，父親的臉繃得緊緊的。他和其他農民聚在一起祈禱，請求上帝拯救他們的田的和作物。後來，雷聲終於響起，天下雨了！雖然羅伯特雀躍萬分，但是他的父母知道雨下得不夠。太陽不久就再次出現，天氣又熱起來了。他父親掐了一把泥土，只有上面四分之一是濕的，下面全是粉狀的乾泥。

那年夏天，羅伯特看見河流逐漸變成乾涸，小水坑變成泥坑，平時來去扭動的鯰魚都死了。他父親的收成只有半車玉米，這個收成和他所播的種子數量剛好相等。父親在晚餐祈禱時說：「慈愛的主，謝謝你，我今年沒有損失，你把我的種子都還給我了。」當時並不是所有的農民都像他父親那麼有信心，一家又一家的農場掛起了「出售」的牌子。他父親當時請求銀行給予

幫助，銀行信任他，而且幫助了他。

　　羅伯特還記得童年時穿著補綴的大衣跟父親去銀行，他記得銀行的日曆上有這樣一句格言：「偉人就是具有無比決心的普通人。」他覺得父親就是這種積極態度的榜樣。

　　若干年後的一個寂靜下午，羅伯特家受到龍捲風的侵襲。他們起初慢慢聽到一陣可怕的怒吼聲；慢慢的，風暴逐漸逼近了。忽然天上有一堆烏雲凸了出來，像個灰色長漏斗般伸向地面。它在半空中懸吊了一陣子，像一條蛇似的蓄勢待攻。父親對母親喊道：「是龍捲風，珍妮！我們得趕快離開這裡！」轉瞬間，他們便已慌慌張張的開車上路。南行三公里之後，他們把車子停好，觀看那兇暴的旋風在他們後面肆虐……到他們返回家後，發現一切都沒有了，半小時前那裡還有九幢剛刷過的房屋，現在一幢也不存在，只留下地基。父親坐在那裡驚愕得雙手緊握駕駛盤。這時，羅伯特注意到父親滿頭白髮，身體由於艱辛勞作而顯得瘦弱不堪。突然間，父親的雙手猛拍在駕駛盤上，他哭了：「一切都完了！珍妮！二十六年的心血在幾分鐘內全完了！」

　　但是，他父親不肯服輸。兩星期後，他們在附近小鎮上找到一幢正在拆卸的房子，他們花了五十美元買下其中一部分，然後一塊塊的把它拆下來。就是用這些零碎東西，他們在舊地基上建了一幢很小的新房子。以後的幾年，又建築了一幢幢房屋。結果，他父親在有生之年，看到了他的農場經營得非常成功。

　　講完了自己的故事，羅伯特告訴聽眾：「苦難不會持久，強者卻可長存！」聽眾頓時響起熱烈掌聲。那些已經失去希望以及曾與沮喪情緒搏鬥的人，重新獲得了希望。他們有了新的憧憬，再度開始夢想未來。

　　雖然每個人都不希望苦難降臨在自己身上，然而苦難卻不偏不倚的降臨

在每個人的身上。人是從苦難中成長起來的，沒有苦難的人生是不完美的人生，就像沒有風雨的天空就是不完整的天空一樣。人生只有經受過苦難，思想才會受到錘煉，靈魂才會得到昇華，意志才能得到堅強，才能真正認識人生，從而實現人生的最大價值。其實，苦難就是化了妝的幸福，你能忍受苦難，並在這苦難中默默奮鬥，最終就能揭開苦難神祕的面紗，心平氣和的收穫幸福。

跌倒了，你就要爬起來

　　在漫長的生命過程中，相信每個人都會有「跌倒」的時候，或是在生活中，或是在事業上，但是一定要爬起來，爬起來之後，「跌倒」的過程變得很微不足道，只不過變成了你生活中的一段小插曲，或許，它成了你人生的另一個起點。

　　一位父親很為他的小孩苦惱，都已經十五、六歲了，一點男子氣概都沒有。他去拜訪一位禪師，請求這位禪師幫他訓練他的小孩。

　　禪師說：「你把小孩留在我這邊三個月，這三個月你都不可以來看他。三個月後，我一定可以把你的小孩訓練成一個真正的男人。」

　　三個月後，小孩的父親來接回小孩。禪師安排了一場空手道比賽來向父親展示這三個月的訓練成果。被安排與小孩對打的是空手道的教練。

　　教練一出手，這小孩便應聲倒地。但是小孩才剛倒地便立刻又站起來接受挑戰。

　　倒下去又站起來……如此來來回回總共十六次。

　　禪師問父親：「你覺得你小孩的表現夠不夠男子氣概？」

　　「我簡直羞愧死了，想不到我送他來這裡受訓三個月，我所看到的結果是

他這麼不經打，被人一打就倒。」父親回答。

禪師說：「我很遺憾你只看到表面的勝負。你有沒有看到你兒子那種倒下去立刻又站起來的勇氣及毅力？那才是真正的男子氣概。」

「跌倒了再爬起來」，看起來是一句鼓舞失敗者最好的話，但是要真正實現起來，需要的是自我鼓勵的品質和勇氣。

人不可能總是一帆風順，如果跌倒了就此趴下，一蹶不振，永遠不會到達勝利的巔峰，而跌倒了再爬起來總是會有成功的希望在的。

美國著名電臺廣播員莎莉‧拉菲爾在她三十年職業生涯中，曾經被辭退十八次，可是她每次都放眼最高處，確立更遠大的目標。最初由於美國大部分的無線電臺認為女性不能吸引觀眾，沒有一家電臺願意僱用她。她好不容易在紐約的一家電臺謀求到一份差事，不久又遭辭退，說她跟不上時代。莎莉並沒有因此而灰心喪氣。她總結了失敗的教訓之後，又向國家廣播公司電臺推銷她的談話節目構想。電臺勉強答應了，但提出要她先在政治臺主持節目。「我對政治所知不多，恐怕很難成功。」她也一度猶豫，但堅定的信心促使她大膽去嘗試。她對廣播早已輕車熟路了，於是她利用自己的長處和平易近人的作風，大談即將到來的七月四日國慶日對她自己有何種意義，還請觀眾打電話來暢談他們的感受。聽眾立刻對這個節目產生興趣，她也因此而一舉成名了。如今，莎莉‧拉菲爾已經成為自辦電視節目的主持人，曾兩度獲得重要的主持人獎項。她說：「我被人辭退十八次，本來該被這些厄運嚇退，做不成我想做的事情。結果相反，我讓它們鞭策我勇往直前。」

沒有失敗就沒有所謂的成功，關鍵是看我們對於失敗的態度。生活就是要面對失敗和挫折。當你一蹶不振而悲觀失望時，切記失敗是成功之母，幾次碰壁也算不了什麼，人生後面的路還很長很長。

在通往成功的道路上，多少人跌倒了，就再也沒有爬起來，多少人把這

條路看得遙遠可怕，以為是不可攀登的。其實這些都是懦弱者的表現。對於強者來說，跌倒一次算什麼，只要爬起來，同樣可以筆直的站在藍天下，繼續往前走。

擺脫貧窮的日子，就會有幸福的生活

人生來是平等的，沒有高低貴賤之分，貧窮無罪，貧窮並不可恥，相反，貧窮是一種財富，貧窮是一種力量。

有人問卡西歐計算機株式會社社長樫尾忠雄：「你獲得成功的祕訣是什麼？」他毫不猶豫的回答：「當然是貧窮。」他說：「我切身體會到，貧窮是父母親所留下來的最大的財產。因為貧窮，使人想到要奮發圖強，從身無分文、白手起家創立事業，到最後脫離貧窮。我以前最常想的就是，要過像樣的輝煌生活，要吃像樣的食物……」

可見，貧窮能夠激發人的鬥志，產生出人頭地的願望。在人類歷史上，許多獲得成功的卓越人物，在開始的時候都是窮苦的孩子，往往是因為受了貧困的刺激，不斷進取，努力挖掘他們的潛力，使他們一步步走向成功和富裕，並成就其偉業的。

亨利・威爾遜出生於美國一個偏遠山村的一戶農家。父母為了維持幾個孩子的溫飽不得不同時打好幾份工，但即使是這樣，這家人依然一天只吃一頓飯、吃了上頓沒有下頓，時時面臨飢餓的威脅。用他後來寫的自傳中的話來形容，那就是「當我還在襁褓中的時候，貧窮就已經露出了它兇惡的面目」。

亨利・威爾遜從小就比有錢人家的同齡孩子們懂事得多，這可能就是人們常說的「窮人的孩子早當家」吧！在那時，當他若只是稍稍感到飢餓時是

不會向母親要東西吃的，只有在感到非常飢餓時才會用一雙深陷在眼窩中的眼睛觀察母親，如果看到母親臉上的表情不是十分嚴肅，他才會伸出一雙小手向母親要一片麵包。

貧困使得這個家中的孩子們都沒能受到完整的教育，亨利‧威爾遜更是在十歲就不得不出外謀生，之後當了整整十一年的學徒。學徒的工作又苦又累，如果不是被逼無奈，沒有任何一對父母願意讓孩子受如此的苦難。

當結束了充滿血淚的學徒生涯之後，亨利‧威爾遜又到遙遠的森林裡當伐木工，森林離家很遠，而且當地除了幾名一貧如洗的伐木工之外幾乎沒有人煙。在森林裡當了幾年伐木工之後，已經長成強壯青年的他又繼續依靠自己的能力做其他工作。雖然這期間的工作都十分辛苦，但是他居然利用夜間休息的時間讀了千餘本好書，這些書都是他在工作後跑十幾里山路從鎮上的圖書館裡借來的。就這樣，他一邊辛苦的工作，一邊從書本中學習知識、汲取智慧。

無論面臨怎樣的困苦和艱難，亨利‧威爾遜從來沒有抱怨過任何人和任何事，即使是面對極不公平的待遇時他也仍然如此。

一次，亨利‧威爾遜得知伐木廠附近的一家政府機構要招書記員。以他的能力和水準是完全可以勝任書記員這一職務的，於是工人們都支持他去報名，結果在報名時，一位負責人不屑一顧的告訴他：「若想成為這家機構的書記員，首先要有高等學歷，同時還要有資金豐厚的人願意幫他擔保。」這兩項條件他都不符合。

當初拒絕過他的那位負責人可能怎麼也不會想到，就這樣一個幾乎完全依靠自學獲得知識的孩子竟然在四十歲左右的時候以絕對優勢打敗競爭對手進入美國國會，後來，亨利‧威爾遜又因為出色的政績成為人們愛戴的美國副總統。無論是他本人，還是他為美國歷史，都創造了令世人矚目的偉

大成就。

　　貧窮，並非一事無成，更不代表永遠不會成功，它僅僅是物質上暫時匱乏的一種符號。貧窮是富有之母。掌握了貧窮的真諦，即是開啟了富有之門。安德魯‧卡內基曾說過：「一個年輕人最大的財富莫過於出生於貧窮之家。」貧窮本是困厄人生的東西，但經過奮鬥而脫離貧窮，便是無上的快樂。

　　福勒是一個黑人小孩，他出生在美國路易斯安那州一個貧民窟裡，由於貧困，他不得不在五歲時就開始勞動。福勒的大多數朋友也都是窮人家的孩子，他們都很早就工作。這些家庭祖祖輩輩就有這樣一種觀念：貧窮是命運的安排，因此，他們從來都沒有想過如何改善自己的生活。

　　在這些窮人家的孩子當中，小福勒是與眾不同的：因為他有一位不平常的母親，母親不肯接受命運的安排，更不肯接受這種僅夠糊口的生活。她時常對兒子說：「兒子，我們不應該貧窮。我不願意聽到你說：『我們的貧窮是上帝的意願。』我們的貧窮不是上帝的緣故，而是因為你的父親從來就沒有產生過致富的願望。我們家庭中的任何人都沒有產生過出人頭的的想法。人定勝天。貧窮不是命運的安排，只要你有改變貧窮的想法，就一定會改善目前的生活。」

　　「貧窮不是命運的安排」，這個觀念在福勒的心靈深處刻下深深的烙印，以至改變了他整個的人生。他決定把經商作為生財的一條捷徑，最後選定經營肥皂事業。於是，他挨家挨戶出售肥皂達十二年之久。

　　在此期間，他不斷努力的改變自己的生活狀況。後來，他獲悉供應肥皂的那個公司即將拍賣出售。福勒很想把它買下，他依靠自己在多年銷售活動中樹立的良好信譽，從朋友那裡借了一些錢，又從投資集團那裡得到了幫助，籌集到十一萬五千美元，但還差一萬美元。當他漫無目的的走過幾個街區後，看到一家承包事務所的窗子裡還亮著燈。福勒走了進去，看見辦公桌

後面坐著一個因深夜工作而疲憊不堪的人，福勒直截了當的對他說：「你想賺一千美元嗎？」這句話嚇得這位承包商差一點倒下去，承包商說：「想，當然想。」

「那麼，請你給我開一張一萬美元的支票，當我還這筆借款的時候，將另付出一千美元利息給你。」當福勒離開這個事務所的時候，口袋裡已經有一張一萬美元的支票。

在他不斷的努力下，他終於如願以償的成為了那個肥皂公司的老闆，而且還在其他七個公司和一家報館取得了控股權。當有人與他一起探討成功之道時，他就用母親多年以前所說的那句話回答：「我們是貧窮的，但不是因為上帝，而是我們從來沒有想到致富。」

由此可見，為了脫離艱難的境地而奮力拼搏，是擺脫貧窮的唯一方法。一個人只有付出勞動、精力、誠實和勤儉，才能改善自己的處境。只要想方設法努力奮鬥，就一定會獲得並擁有財富。不要總是把貧窮看作是天大的災難，富裕的生活常常會讓人失去奮鬥的動力，而貧窮則逼迫人不斷的去努力，為脫離艱難的境地而努力掙扎。

扼住命運的咽喉，書寫精彩的人生

在生活的海洋中，事事如意、一帆風順的駛向彼岸的事情是很少的。或許會在學習上遇到困難，或是工作中受到挫折，或是生活上遭到不幸，或事業上遭到失敗，這些都有可能發生。當困難出現時，我們不要唉聲嘆氣，自認倒楣；也不要悲觀絕望，自暴自棄；更不要怨天尤人，詛咒命運。而應該在厄運和不幸面前，不屈服，不後退，不動搖，頑強的同命運抗爭；在重重困難中衝開一條通向勝利的路，成為征服困難的英雄，成為掌握自己命運

的主人。

　　吉米‧哈里波斯是一位美國頗具傳奇色彩的偉大賽車手。從很小的時候起，吉米就有一個夢想，希望自己能夠成為一名出色的賽車手。高中畢業後，他到軍隊中服役，學會了駕駛汽車，並成為了一名開卡車的運輸兵，這對他熟練駕駛技術起到了很大的幫助作用。

　　從部隊退役之後，吉米選擇到一家農場裡開車。在工作之餘，他仍一直堅持參加一支業餘賽車隊的技能訓練。只要有機會遇到車賽，他都會想盡一切辦法參加。因為得不到好的名次，所以他在賽車上的收入幾乎為零，這也使得他欠下一筆數目不小的債務。

　　不過，經過幾次比賽，吉米也獲得了不少經驗和教訓。有一年，吉米參加了威斯康辛州的賽車比賽，這場賽車，他有很大的希望在這次比賽中獲得好的名次。比賽開始後，吉米的賽車位列第三，他一直尋找著機會超越前兩名選手。當賽程進行到一半多的時候，突然，他前面那兩輛賽車發生了相撞事故，吉米迅速的轉動賽車的方向盤，試圖避開他們。但終究因為車速太快未能成功。結果，他撞到車道旁的牆壁上，賽車在燃燒中停了下來。

　　當吉米被救出來時，他的臉已經被毀容了，手也被燒傷，體表燒傷面積達百分之四十。他被送到醫院後，醫生整整給他做了七個小時的手術，這才將他從死神的手中掙脫出來。經歷這次事故，儘管他命保住了，可是他的手萎縮得像雞爪一樣。醫生告訴他說：「以後，你再也不能開車了。」然而，吉米並沒有因此而灰心絕望。為了實現那個久遠的夢想，他決心再一次為成功付出代價。他接受了一系列植皮手術，為了恢復手指的靈活性，每天他都不停的練習用殘缺的手去抓木條，有時疼得渾身大汗淋漓，但他仍然堅持著。

　　吉米始終有著一種拼搏的精神，他堅信自己的能力。在做完最後一次手

術之後，他回到了農場，換用開推土機的辦法使自己的手掌重新磨出老繭，並繼續練習賽車。

僅僅是在九個月之後，吉米又重返了賽場！他首先參加了一場公益性的賽車比賽，但沒有獲勝，因為他的車在中途意外的熄了火。不過，在隨後的一次全程兩百英哩的賽車比賽中，他取得了第二名的成績。又過了兩個月，仍是在上次發生事故的那個賽場上，吉米滿懷信心的駕車駛入賽場。經過一番激烈的角逐，吉米最終贏得了兩百五十英哩比賽的冠軍。

在人生的旅途上，遇到各種各樣的困難是在所難免的。面對困難，是想方設法戰勝它，還是繞道走？勇敢者的選擇只能是前者。因為只有勇敢的戰勝困難，我們的人生才有意義，我們的事業才能成功。

一位哲人說過：「一個人絕對不可在遇到困難時，背過身去試圖逃避。若是這樣做，只會使困難加倍。相反，如果面對它毫不退縮，困難便會減半。」

沒有什麼困難是戰勝不了的，吉米的成功恰恰說明了這一點。困難並不可怕，可怕的是不能以正確的態度面對困難，在困難中使人倒下的往往不是困難本身，而是消極悲觀的態度，是缺乏戰勝困難的勇氣和信心，是沒有堅強的意志。

在人生的道路上，我們會遇到的種種困難，這仿佛都是上帝安排好的，但我們無須抱怨，因為上帝在關上一扇門的時候，往往同時打開一扇窗。所以，我們只有經過不斷的努力，才能找到新的出口。如果缺少這些經歷，就無法取得成功。

第九章　風雨過後見彩虹，苦難之後見幸福

第十章

體驗快樂情緒，
幸福不期而至

　　快樂是一種心靈的滿足程度，是一種積極的心態。生活就是這樣，如果你能以一種豁達知足，樂觀向上的心態去構築每一天，你的日子就會變得燦爛而光明，長此下去，你會得到最純最真的快樂和幸福。

快樂的奧祕只在於你的內心

　　傳說，在天堂上的某一天，上帝和天使們召開了一個腦力激盪會議。上帝說：「我要人類在付出一番努力之後才能找到幸福快樂，我們把人生幸福快樂的祕密藏在什麼地方比較好呢？」有一位天使說：「把它藏在高山上，這樣人類肯定很難發現，非得付出很多努力不可。」

　　上帝聽了搖搖頭。

　　另一位天使說：「把它藏在大海深處，人們一定發現不了。」上帝聽了還是搖搖頭。

　　又有一位天使說：「我看哪，還是把幸福快樂的祕密藏在人類的心中比較好，因為人們總是向外去尋找自己的幸福快樂，而從來沒有人會想到在自己身上去挖掘這幸福快樂的祕密。」上帝對這個答案非常滿意。

　　從此，這幸福快樂的祕密就藏在了每個人的心中。

　　生活中，人人都想擁有快樂，其實，快樂不在別處，就在每個人的心裡。

　　據說，崑崙山一帶出產一種快樂果，凡是得到這種果子的人，一定會喜形於色，笑顏逐開，不知道煩惱為何物。

　　曾經有一個人，為了得到數不盡的快樂，不惜跋山涉水，去找這種果子。他歷盡千辛萬苦，終於到了崑崙山麓，在險峻的山崖上，他找到了這種快樂果，卻發現他並沒有得到預想中的快樂，反而感到一種空虛和失落。

　　這天晚上，他在山上一位老人的屋中借宿，面對皎潔的月光，他發出了一聲長長的嘆息。

　　老人聞聲而至，問他：「年輕人，什麼事讓你這樣嘆息呀？」

　　於是，他說出了心中的疑問：「為什麼我已經得到快樂果，卻沒有得到快

樂呢？」

老人一聽就樂了，老人說：「其實，快樂果並非崑崙山才有，而是人人心中都有。只要你有快樂的根，無論走到天涯海角，都能夠得到快樂。」

老人的話讓這個年輕人頓覺精神一振，就又問：「什麼是快樂的根呢？」

老人就說：「心就是快樂的根。」

快樂是一種心情，是一種感覺，它需要我們去感知，去捕捉，去發現。如果我們能夠認真的過好自己的每一天，用心的去感受生活中的點點滴滴，就能尋求快樂的所在，生活也一定會更加快樂充實。

從前，有一個富商，生意做得很大，生活非常富裕，而且雇了許多傭人伺候他們。但是日子過的並不怎麼快樂。緊挨他家高牆的隔壁，住著一戶窮人，夫妻倆以撿破爛為生，雖說清貧辛苦，卻有說有笑，快快樂樂。富商想不明白：「為什麼家裡錦衣玉食，自己還不如隔壁撿破爛的窮夫妻開心，他們雖然窮，可他們的快樂值千金！」

於是，富商去請教附近寺廟裡的老和尚。為了讓富商弄清原因，老和尚給富商出來一個主意。富商聽完後便依計行事。到了半夜，他悄悄的來到院牆邊，把一個金元寶扔到了隔壁的窮人家裡。

第二天早晨，窮苦夫妻在院子裡發現了金元寶，這個貧窮的家庭頓時變得緊張起來。他們不明不白的圍著這一個金元寶，心情大變，揣測這錢的來路，又思考著能否再弄到更多的錢。商量來商量去，夫妻倆說發財了，不想再撿破爛了，做點什麼呢？但是一日暴富，又擔心被左右鄰居誤以為偷竊了錢財。如此這般，他們三天三夜茶飯不思，坐立不安。自此，富商再也聽不到他們的歌聲和歡笑了。

人人都希望人生快樂，也都在努力編織快樂人生。然而，金錢和權力並不與快樂和幸福成正比。有些人只有很少的錢，但一樣快樂。也有些人身家

豐厚，但也不見得終日笑口常開。

　　人生如夢，歲月無情，人活著是為了一種心情，窮也好，富也好，得也好，失也好，只要心情好，一切都好！所以說，快樂是一種心情，它並不因為人們財富的多寡、地位的高低而增減，全部的奧祕只在內心，那就是快樂。

你願意享受快樂，快樂就會黏上你

　　有這樣一個小故事：

　　很久以前，有個人因為他常常悶悶不樂，所以一年四季都在找快樂。他到處問別人：「請問，到哪裡才能找到快樂？」但被問的人總是搖搖頭說不知道。他越找不到快樂就越不快樂。於是，他下定決心，不找到快樂決不甘休。因此他收拾了行李遠離家鄉，到了人煙稀少的深山、海邊去尋覓，然而依然找不到，最後他準備放棄了。他告訴自己：「算了。我為什麼一定要找到快樂呢？只要我好好做事、好好生活，沒有快樂又能怎樣？我若能找到快樂更好，找不到也不是世界末日啊！我還是回去過我的日子吧！」他對自己說了這一番話後，便興高采烈的回家了。一路上，他哼著歌、吹著口哨，這時候他驚訝的發現自己已經找到了快樂。

　　快樂是不需要刻意去尋找的，它往往就在我們身邊，只是我們常常忽視了它的存在，卻總是喜歡將目光茫然的投得更遠，總想在欣賞遠處風景中尋找渺茫的快樂。

　　快樂無所不在，關鍵要有一個快樂的心情。快樂總是垂青那些童心未泯、精神明亮的人。

　　一位富翁，英年早逝。臨終前，見到窗外的廣場上有一群孩子在捉蜻

蜓，就對他四個未成年的兒子說，你們到那裡給我捉幾隻蜻蜓來吧，我許多年沒見過蜻蜓了。

不一會，大兒子就帶了一隻蜻蜓回來。富商問，怎麼這麼快就捉了一隻？大兒子說，我用你送給我的遙控賽車換的。富商點點頭。又過了一會，二兒子也回來了，他帶來兩隻蜻蜓。富商問，你這麼快就捉了兩隻蜻蜓？二兒子說，不，我把你送給我的遙控賽車租給了一位小朋友，他給我十元，這兩只是我用五元向另一位有蜻蜓的小朋友租來的。爸，你看這是那多出來的五元。富商微笑著點點頭。

不久，老三也回來了，他帶來十隻蜻蜓。富商問，你怎麼捉這麼多蜻蜓？三兒子說，我把你送給我的遙控賽車在廣場上舉起來，問，誰願玩賽車，願玩的只需交一隻蜻蜓就可以了。爸，要不是怕您急，我至少可以收十八隻蜻蜓。富商拍了拍三兒子的頭。

最後到來的是老四。他滿頭大汗，兩手空空，衣服上沾滿塵土。富商問，孩子，你怎麼搞的？四兒子說，我捉了半天，也沒捉到一隻，就在地上玩賽車，要不是見到哥哥們都上來了，說不定我的賽車能撞上一隻落在地上的蜻蜓。富商笑了，笑得滿眼是淚，他摸著四兒子掛滿汗珠的臉蛋，把他摟在了懷裡。

第二天，富商死了，他的孩子在床頭發現一張小紙條，上面寫著：孩子們，我並不需要蜻蜓，我需要的是你們捉蜻蜓的樂趣。

體驗生活，感受過程，就會享受到快樂。快樂與否取決於我們自己的心態，人應該學會享受現在所擁有的一切，擁有本身就是快樂。只要你願意享受快樂，快樂就會黏上你。

心理學家說：「我們的生活有太多不確定的因素，你隨時可能會被突如其來的變化擾亂心情。與其隨波逐流，不如有意識的培養一些讓你快樂的習

慣，隨時幫助自己調整心情。」快樂並非取決於你是什麼人，或你擁有什麼，它完全來自於你的思想，你心中注滿希望、自信、真愛與成功的想法，就是快樂了。假如你下決心使自己快樂，你就能夠使自己快樂！快樂無需理由，它本身就是理由！所以，生活中別忘了時時享受快樂，擁有了快樂就擁有了幸福。

只要善於發現，工作也是充滿樂趣的

　　人的一生離不開工作，而且大部分時間都需要在工作中度過。工作不僅僅是為了滿足我們生存的需要，同時也是實現個人人生價值的需要，不要把工作看成是一種謀生手段，而應該把工作當成一種樂趣，這樣你才能為工作投入，甚至為它癡迷，這時所有的困難都會變得輕鬆起來，因為工作已經成為一種快樂和享受，它為我們的生命增添光彩。

　　有這樣一個故事：

　　在南方的一座小城裡，住著一對夫妻。男的有一家自己的私人企業，生意興旺。由於工作繁忙，他很少在家。孩子在外的讀書，半年才回家一次。

　　女人一個人在家裡，終日無所事事，日子過得很不快樂。

　　男人想讓她快樂起來，就對她說：「妳去親戚朋友家串門子吧，跟他們聊聊天，打打麻將。妳會開心的。」女人照做了，但是依然不開心。

　　有一天，女人對男人說：「我想在家的附近開間花店。這裡還沒有人開，一定能賺錢。」男人同意了。

　　不久，花店開張了。女人每天去打理花店的生意，她變得忙碌起來了。光顧花店的人很多，女人忙得很開心。可是過了幾個月，男人算了算帳，發現女人根本不是經商的材料。她經營的花店不但不賺錢，反倒賠進去不少。

有人問這個男人：「你老婆的那間花店還開嗎？」他說：「還開。」「是賠是賺？」他說：「賺。」「賺多少？」他笑而不答。經再三追問，他才悄悄告訴那人：「錢是一分沒賺到，賺的是快樂。」

可見，人生的價值是在工作中展現的，在工作中發現快樂、找到快樂才是人的價值所在。當你把工作當成一種樂趣，工作就會帶給你快樂。然而，現實生活中，很多人卻把工作視為苦役，一上班就想，又要開始受罪了，何時能熬到頭啊？如此心態，又怎麼能從工作中找到快樂呢？

傑克原本是一個很有前途的心理醫生，剛剛進入這一行業的時候，他像其他人一樣充滿了雄心壯志，但是在這個職位上工作了兩年時間後，傑克開始變得憤世嫉俗，他甚至比前來諮詢的病人更加充滿負面的情緒。他覺得老闆給他的薪水過低，覺得老闆不重用他，而自己提交的升職報告老闆也一次都沒有回覆過他。

而真實的情況是，老闆決定在下半年的集體會議上宣布升傑克為主治醫生一事。然而傑克並不瞭解上司對他的期望，也不是兢兢業業的做事，他總是抱怨說：「再做下去一點意思也沒有了。從早到晚面對病人的抱怨，腦袋都要爆炸了，恨不得找個地方躲起來。患者究竟要治療到何種地步竟然是一群外行人在制定標準，他們對治療一竅不通，但我們卻不得不遵守他們的標準。」

天下沒有不透風的牆，傑克的這些牢騷很快便傳到了老闆的耳朵裡。老闆對傑克的表現感到非常的失望，一直以來老闆就對傑克抱有很高的期望——事實上，傑克的情況老闆不是沒有看到，但是老闆認為，傑克過於年輕，需要接受基層業務的扎實訓練。但是，當老闆聽到傑克的抱怨和牢騷之後，老闆打消了盡快晉升傑克的想法。當傑克再次得知沒有晉升的消息時，傑克徹底的變成了一個典型的工作倦怠者，最終他不得不離開這個職位。

　　由此可見，如果一個人總認為現在從事的工作和自己的興趣不合，必定會對工作提不起興趣，感到工作起來簡直就是在受罪。但在實際生活中，又有多少人能夠真正找到自己稱心如意的工作呢？既然你感興趣的工作並不是那麼容易找得到，那你就應該試著把你現在的工作變成你的興趣所在，從而享受其中的樂趣。其實，這並不是什麼不可能的事。無論是多麼討厭、多麼困難的工作，只要集中精神，投入全部的心力來努力，一定能夠從中找到克服困難的樂趣，最後你就會漸漸的喜歡上這份工作。

　　工作不僅僅是為了滿足我們生存的需要，同時也是實現個人人生價值的需要，不要把工作看成是一種謀生手段，而應該把工作當成一種樂趣，這樣你才能為工作投入，甚至為它癡迷，這時所有的困難都會變得輕鬆起來，因為工作已經成為一種快樂和享受，它為我們的生命增添光彩。

　　托爾斯泰曾經說過：「人生的樂趣隱含在工作之中。」如果你在工作中感覺不到快樂，那絕不是工作的錯。你如果視工作為享受，那麼就會努力的工作，並從中得到快樂，這種快樂會讓你更投入於工作，由此形成一種良性循環；而你如果把工作當作一種痛苦的歷程，便會心生不滿，敷衍了事，最終一事無成。

　　工作中不是沒有樂趣，而是缺少發現樂趣、感受樂趣的心！因此，無論從事著什麼樣的工作，能否從中發現樂趣，要看你對工作所持的態度。能從工作中找到樂趣，快樂工作的人更容易取得成功。

快樂不在於環境，而在於心境

　　有這樣一則故事：

　　從前，有個財主覺得自己很可憐，因為他從沒有感到過快樂。於是他變

賣了家產，換成鑽石，放在一個錦囊中。他想：如果有人能給我一次純粹全然的快樂，我就把這袋鑽石送給他。

他走過許多地方，問過很多人，可是始終沒有找到滿意的答案。人們的回答無非是「如果你有很多錢，就會快樂。」「如果你有很大的權勢，就會快樂。」可他正是因為擁有了錢有了權才失去了快樂，難道世界上就沒有純粹的快樂嗎？

後來，他聽說山裡有一位得道高僧，便前去拜訪。高僧知其來意後，問：「你準備了多少錢，可以讓我看看嗎？」財主把裝著鑽石的錦囊拿給高僧，沒想到高僧抓起錦囊拔腿就跑。財主大吃一驚，回過神來開始拼命的追。他跑得滿頭大汗，也沒看到高僧的影子，他絕望的跪倒在大樹下痛哭。沒想到費盡千辛萬苦，不但沒買到快樂，錢財也被搶走了。就在他萬念俱灰的時候，卻發現錦囊就掛在大樹的樹枝上，他馬上取下錦囊，發現鑽石都還在。頓時開心大笑。這時，高僧從樹後走出來問：「你現在快樂嗎？」

財主頓有所悟。

快樂是一種心境，不在於財富的多少，地位的高低，如果沒有快樂的心情，不會用欣賞的眼光去發現快樂，那你將與快樂無緣。

一個窮人與妻子，他們有三對兒子兒媳婦，還有三對女兒女婿，共同生活在一間房子裡，擁擠的居住環境讓他感到快要崩潰了。無奈之下，他便去山上的廟裡找老和尚求救。他說：「我們全家十幾口人住在一間房子裡，整天爭吵不休，我的精神快崩潰了，我的家簡直是地獄，再這樣下去，我就要死了。」老和尚說：「你按我說的去做，情況會變得好一些。」窮人聽了這話，非常高興。老和尚得知窮人家還有一隻羊、一條狗和一群雞，便說：「我有讓你解除困境的辦法了，你回家去，把這些家畜帶到屋裡，與人一起生活。」窮人一聽大為震驚，但他是事先答應要按老和尚說的去做的，只好依

計而行。

　　過了一天，窮人滿臉痛苦的找到老和尚說：「大師，你給我出的什麼主意？事情比以前更糟，現在我家成了十足的地獄，家裡雞飛狗跳，那隻山羊撕碎了我房間裡的一切東西，牠讓我的生活如同噩夢。人怎麼可以與牲畜同處一室呢！」「完全正確！」老和尚溫和的說：「趕快回家，把那些牲畜趕出屋去！」

　　第二天，窮人找到老和尚，他滿臉紅光，興奮難抑，他拉住老和尚的手說：「謝謝你，大師，你又把甜蜜的生活給了我。現在所有的動物都出去了，屋子顯得那麼安靜，那麼寬敞，那麼乾淨，你不知道，我是多麼開心啊！」

　　境由心生，快樂靠自己決定。一個人心裡想些什麼，是別人無法控制的，因此，快樂與否的感覺操縱完全在自己的手中。

　　快樂是一種簡簡單單的心境，是來自一種平平淡淡的條件滿足。現實生活之中，人只要有了一種內心的滿足，就是找到了快樂的泉源。快樂完全掌握在自己手中。生活中充滿快樂，只要你將煩惱從心靈中驅走，選擇快樂，為快樂騰出安身的空間，那麼快樂就會隨你而行。

　　著名的哲學家蘇格拉底是單身漢的時候，和幾個朋友在一起，住在一間只有七八平方公尺的房間，他一天到晚總是樂呵呵的。有人問他：「那麼多人擠在一起，連轉個身都困難，有什麼可開心的？」蘇格拉底說：「朋友們在一起，隨時都可以交換思想，交流感情，這難道不值得高興嗎？」

　　過了一段時間，朋友都成了家，一個個先後搬出去了，屋子裡只剩下蘇格拉底一個人。每天，他依然開心。那人又問：「你一個人孤孤單單，有什麼好高興的？」蘇格拉底說：「我有很多書啊，一本書就是一個老師。和這麼多老師在一起，時時刻刻都可以向老師請教，這怎麼不令人高興呢？」

　　幾年後，蘇格拉底也成了家，搬進了一棟公寓裡，這座公寓有六層，他

家住一樓。一樓不安靜，不安全，也不衛生，上面住戶老亂扔東西下來。可他還是一副喜氣洋洋的樣子。那人又問他：「你住這樣的地方，也感到高興嗎？」蘇格拉底說：「你不知道住一樓多少妙處啊，比如進門就是家，不用爬樓梯；搬東西方便，不用花大力氣；朋友來訪，不用四處打聽……這些妙處啊，簡直說不完。」

過了一年，蘇格拉底把一樓讓給了一位腿腳不方便的朋友，自己住到了六樓。六樓又曬又冷，爬起來還累，但他依然快快活活。那人不解的問：「住頂樓有什麼好處？」蘇格拉底說：「好處多的呢。比如每天下樓可以鍛鍊身體，看書時光線好……」

後來，那個人又問蘇格拉底：「你總是那麼快樂，可我卻感覺到你每次所處的環境並不那麼好啊？」

蘇格拉底說：「決定自己心情的，不在於環境，而在於心境。」

其實，真正的快樂是一種心境，是一種為營造和保持良好心境做出的正確選擇。在日常生活中，我們可以透過改變自己的態度來控制情緒，從而使自己快樂起來。

快樂是一種生活態度，一種生活習慣。快樂的生活需要快樂的心情，而快樂的心情是需要自己營造的，快樂的心情從哪裡來呢？快樂的心情從我們的生活中來。生活需要快樂的心情，快樂心情又來自生活，就是這樣的互相離不開。

享受你所擁有的快樂生活

生活中，我們每個人都可以擁有快樂，這個快樂就是現在。我們擁有著現在，現在我們可以吃飽穿暖，現在我們有可以棲息的房屋，晚上我們可以

進入夢鄉，白天我們有事可做，那麼我們有什麼理由不快樂，有什麼理由不感到幸福呢？

從前，有個男孩子住在山腳下的一幢大房子裡。他喜歡動物、跑車與音樂。他爬樹、游泳、踢球，喜歡漂亮女孩子。他過著幸福的生活，只是經常要讓人搭車。

一天，男孩子對上帝說：「我想了很久，我知道自己長大後需要什麼！」

「你需要什麼？」上帝問。

「我要住在一幢前面有門廊的大房子裡，門前有兩尊天使雕像，並有一個帶後門的花園。我要娶一個高挑而美麗的女子為妻，她性情溫和，長著一頭黑黑的長髮，有一雙藍色的眼睛，會彈吉他，有著清亮的嗓音。」

「我要有三個強壯的男孩，我們可以一起踢球。他們長大後，一個當科學家，一個做參議員，而最小的一個將是橄欖球隊的四分衛。我要成為航海、登山的冒險家，並在途中救助他人。我還要有一輛紅色的法拉利汽車，而且永遠不需要載送別人。」

「聽起來真是個美妙的夢想，希望你的夢想能夠實現。」上帝說。

後來，有一天踢球時，男孩磕壞了膝蓋。從此，他再也不能登山、爬樹，更不用說去航海了。因此他學了商業經營管理，之後經營醫療設備。

他娶了一位溫柔美麗的女孩，長著黑黑的長髮，但她卻不高，眼睛也不是藍色的，而是褐色的；她不會彈吉他，甚至不會唱歌，卻做得一手好菜，畫得一手好花鳥畫。

因為要照顧生意，他住在市中心的高樓大廈裡，從那兒可以看到藍藍的大海和閃爍的燈光。他的房屋門前沒有天使的雕像，但他卻養著一隻長毛貓。

他有三個美麗的女兒，坐在輪椅中的小女兒是最可愛的一個。三個女兒

都非常愛她們的父親。她們雖不能陪父親踢球，但有時她們會一起去公園玩飛盤，而小女兒就坐在旁邊的樹下彈吉他，唱著動聽的歌曲。

他過著富足、舒適的生活，但他卻沒有紅色法拉利。有時他還要取送貨物 —— 甚至有些貨物並不是他的。

一天早上醒來，他記起了多年前自己的夢想。「我很難過。」他對周圍的人不停的訴說，抱怨他的夢想沒能實現。他越說越難過，簡直認為現在的這一切都是上帝與他開的玩笑。妻子、朋友們的勸說他一句也聽不進去。

最後，他終於悲傷的病倒了住進了醫院。一天夜裡，所有人都回了家，病房中只留下護士。他對上帝說：「還記得我是個小男孩時，對你講述過我的夢想嗎？」

「那是個可愛的夢想。」上帝說。

「你為什麼不讓我實現我的夢想？」他問。

「你已經實現了。只是我想讓你驚喜一下，給了一些你沒有想到的東西。我想你應該注意到我給你的東西：一位溫柔美麗的妻子，一份好工作，一處舒適的住所，三個可愛的女兒 —— 這是個最佳的組合。」上帝說。

「是的，」他打斷了上帝的話，「但我以為你會把我真正希望得到的東西給我。」

「我也以為你會把我真正希望得到的東西給我。」上帝說。

「你希望得到什麼？」他問。他從沒想到上帝也會希望得到東西。

「我希望你能因為我給你的東西而快樂。」上帝說。

他在黑暗中靜想了一夜。他決定要有一個新的夢想，他要讓自己夢想的東西恰恰就是他已擁有的東西。

後來他康復出院，幸福的住在四十七樓的公寓中，欣賞著孩子們悅耳的聲音、妻子深褐色的眼睛以及精美的花鳥畫。晚上他注視著大海，心滿意足

的看著遠處的萬家燈火。

　　人生的快樂不是掛念過去，也不是憧憬未來，而是活在此刻，享受當下此刻。從某種意義上說，無論是過去還是未來，都是由當下決定的，只有抓住了當下，人生才會有快樂的過去和順暢的未來。

　　快樂就是享受現在你能擁有的美好生活。如果你使自己專心致志於你的現在，那麼你現在的這種體驗必定極其美好。過去了的就讓它過去，也不要總是對將來充滿幻想，珍惜你現在的每時每刻，把現在緊抓在手，這才是你最珍貴的幸福生活。如果我們快樂了每一個今天，也就等於快樂了我們的人生。

學會分享，你的快樂就會加倍

　　有這樣一個小故事：

　　有一位猶太教的長老，酷愛打高爾夫球。

　　在一個安息日，他覺得手癢，很想去揮揮桿，但猶太教規定，信徒在安息日必須休息，什麼事都不能做。這位長老卻忍不住，決定偷偷去高爾夫球場，想著打九個洞就好了。

　　由於安息日猶太教徒都不會出門，球場上一個人也沒有，因此長老覺得不會有人知道他違反規定。

　　然而，當長老在打第二洞時，卻被天使發現了，天使生氣的到上帝面前告狀，說某某長老不守教義，居然在安息日出門打高爾夫球。 上帝聽了，就跟天使說，會好好懲罰這個長老。

　　第三個洞開始，長老打出超完美的成績，幾乎都是一桿進洞。

　　長老興奮莫名，到打第七個洞時，天使又跑去找上帝：「上帝呀，你不是

要懲罰長老嗎？為何還不見有懲罰？」

上帝說：「我已經在懲罰他了。」

直到打完第九個洞，長老都是一桿進洞。因為打得太神乎其技了，於是長老決定再打九個洞。

天使又去找上帝了：「到底懲罰在那裡？」

上帝只是笑而不答。

打完十八個洞，成績比任何一位世界級的高爾夫球手都優秀，把長老樂壞了。

天使生氣的問上帝：「這就是您對長老的懲罰嗎？」

上帝笑著說：「你想想，他有這麼驚人的成績以及興奮的心情，卻不能跟任何人說，這不是最好的懲罰嗎？」

快樂，只有和他人一起分享，才是幸福。一個人在生活中需要與人分享自己的痛苦和快樂，沒有分享，他的人生就是一種懲罰。

有句話是這樣說的：「把痛苦向一萬個人訴說，那就只剩下萬分之一的痛苦；把快樂與一萬個人分享，那就將得到一萬分的快樂。」這句話看似簡單，卻揭示了學會分享的重要性。

分享是一種美德，更是一種快樂。分享能夠讓人減少痛苦，獲得快樂。

有一個人想要知道天堂的幸福與地獄的不幸的是什麼樣子的，為此他來到這兩個天壤之別的地方。實地參觀後，他感到很吃驚。所謂享有天堂幸福與地獄不幸的人所處的環境，竟然一模一樣。他們坐在同樣飯菜的桌前，手舉長勺，只是因為勺太長了，誰也無法用它把飯菜放到自己嘴裡。然而身處天堂的人滿臉微笑，身處地獄的人卻一臉沮喪。地獄的人之所以愁眉苦臉，是因為他們手裡的長勺是用來敲擊他人手中的長勺，以防他人比自己先吃到飯；而天堂裡的人之所以喜笑顏開，是因為他們是用自己手中的長勺，盛滿

了飯先給對方吃。

　　這個故事生動的告訴世人，人活在這個世上，一定要學會分享與給予，養成互愛互助的行為習慣。只要學會分享，地獄也能變成天堂。

　　人們都想快樂，然而有些人總是快樂不起來，原因很簡單，沒有學會分享。快樂的最高境界是忘我，不是為自己，而是為了滿足大家共同的利益，給予的、奉獻的、分享的快樂，才是真正永久的快樂。古波斯拜火教的始祖瑣羅亞斯德說：「為別人做好事，不是一種責任，而是一種快樂，因為這能增加你自己的健康和快樂。」這就是分享帶給你的快樂。

　　生命中總有很多東西是需要有人來一起分享的。只有學會分享，才能得到快樂；只有學會分享，才能得到幸福。

讓悲傷從你的世界路過

做最幸福的「普通人」，用盡全力感受生命中的每一寸陽光

作　　者：劉丙仁

發 行 人：黃振庭

出 版 者：崧燁文化事業有限公司

發 行 者：崧燁文化事業有限公司

E-mail：sonbookservice@gmail.com

粉 絲 頁：https://www.facebook.com/
　　　　　sonbookss/

網　　址：https://sonbook.net/

地　　址：台北市中正區重慶南路一段六十一號八
　　　　　樓 815 室

Rm. 815, 8F., No.61, Sec. 1, Chongqing S. Rd., Zhongzheng Dist., Taipei City 100, Taiwan

電　　話：(02)2370-3310

傳　　真：(02)2388-1990

印　　刷：京峯彩色印刷有限公司（京峰數位）

── 版權聲明 ──────────────

本書版權為作者所有授權崧博出版事業有限公司
獨家發行電子書及繁體書繁體字版。若有其他相
關權利及授權需求請與本公司聯繫。

未經書面許可，不得複製、發行。

定　　價：375 元

發行日期：2022 年 01 月第一版

◎本書以 POD 印製

國家圖書館出版品預行編目資料

讓悲傷從你的世界路過：做最幸福
的「普通人」，用盡全力感受生命
中的每一寸陽光 / 劉丙仁著 . -- 第
一版 . -- 臺北市：崧燁文化事業有
限公司 , 2022.01
　　面；　公分
POD 版
ISBN 978-986-516-973-2(平裝)
1. 幸福 2. 生活指導
176.51　　110020430

電子書購買

臉書